RÊVERIE HOSTIL, PREMONIÇÕES NA EXPERIÊNCIA ANALÍTICA E TEXTOS SELECIONADOS

Blucher

RÊVERIE HOSTIL, PREMONIÇÕES NA EXPERIÊNCIA ANALÍTICA E TEXTOS SELECIONADOS

Martha Maria de Moraes Ribeiro

Organização:

Paulo de Moraes Mendonça Ribeiro

Revisão Técnica:

Ana Márcia Vasconcelos de Paula Rodrigues

Paulo de Moraes Mendonça Ribeiro

Sônia Maria Nogueira de Godoy

Rêverie hostil, premonições na experiência analítica e textos selecionados

Editora Edgard Blücher Ltda.

Publisher Edgard Blücher
Editor Eduardo Blücher
Coordenação editorial Jonatas Eliakim
Produção editorial Ariana Corrêa
Preparação de texto Douglas Mattos
Diagramação Guilherme Henrique
Revisão de texto Ana Maria Fiorini
Capa Laércio Flenic
Imagem da capa Waldomiro Sant'Anna. *O divã* ou *A procura* (2003).

Blucher

Rua Pedroso Alvarenga, 1245, 4º andar
04531-934 – São Paulo – SP – Brasil
Tel.: 55 11 3078-5366
contato@blucher.com.br
www.blucher.com.br

Segundo o Novo Acordo Ortográfico, conforme 6. ed. do *Vocabulário Ortográfico da Língua Portuguesa*, Academia Brasileira de Letras, julho de 2021.

Dados Internacionais de Catalogação
na Publicação (CIP)
Angélica Ilacqua CRB-8/7057

Ribeiro, Martha Maria de Moraes

Rêverie hostil, premonições na experiência analítica e textos selecionados / Martha Maria de Moraes Ribeiro ; organização de Paulo de Moraes Mendonça Ribeiro ; revisão técnica de Ana Márcia Vasconcelos de Paula Rodrigues, Paulo de Moraes Mendonça Ribeiro, Sônia Maria Nogueira de Godoy. – São Paulo : Blucher, 2023.

360 p.

Bibliografia

ISBN 978-65-5506-353-0

1. Psicanálise I. Título

22-7145 CDD 150.195

Índice para catálogo sistemático:
1. Psicanálise

Agradecimentos

Em meu nome e em nome de minha mãe, Martha, quero agradecer a preciosa contribuição das colegas da SBPRP Ana Márcia Vasconcelos de Paula Rodrigues e Sônia Maria Nogueira de Godoy, que colaboraram na organização e revisão técnica deste livro, iniciada pela Martha e completada por essa devotada e amorosa equipe.

Agradecemos também a amizade infinita e generosidade do colega da SBPSP Antonio Sapienza, que teceu valorosas considerações sobre o texto "Rêverie Hostil e Rêverie Benigna" e apresentou-as em reunião científica da SBPSP, a qual foi transcrita e publicada originalmente neste livro.

Aos nossos amigos queridos, os colegas Miguel Marques e Thais Helena Thomé Marques, que escreveram o Posfácio do livro, bem como à grande amiga e eterna professora Marisa Giannecchini Gonçalves de Souza, que caminhou com Martha na elaboração de seus textos, nosso profundo reconhecimento e amor.

Finalmente, agradecemos à Sociedade Brasileira de Psicanálise de Ribeirão Preto, sede de nosso manancial de experiências e conhecimentos, cuja Diretoria de Publicações colaborou ativamente para o êxito desta publicação.

Paulo de Moraes Mendonça Ribeiro

Prefácio

Para ser grande, sê inteiro: nada
Teu exagera ou exclui.
Sê todo em cada coisa. Põe quanto és
No mínimo que fazes.
Assim em cada lago a lua toda
Brilha, porque alta vive.

Fernando Pessoa

Como escrever um Prefácio para o livro de quem nos ensinou quase tudo? Para além do fato de que minha mãe, Martha, deu à luz a mim e aos meus irmãos, ela pariu também boa parte do psicanalista que sou. Para além da preciosa capacidade de rêverie da Martha, da qual fui beneficiário direto como recém-nascido, junto de seu grande seio-bom, acrescentam-se também aspectos que Winnicott diria constituírem sua humanidade de mãe-suficientemente-boa, portanto, não perfeita.

Os que tiveram o privilégio de conhecer Martha sabem da sua enorme generosidade, a qual se conjuga com a turbulência emocional inerente ao ser conectado às mazelas da condição humana. Sensibilidade aguçada para a percepção dos fatos psíquicos do indivíduo e dos fatos sensíveis da Humanidade constituíam sua personalidade singular, profundamente comprometida e engajada no que se propunha a viver e a fazer.

Como médica clínica, especializada em Clínica Geral e em Endocrinologia, Martha atendeu a centenas e centenas de pessoas, que até hoje lembram com muito carinho de suas consultas: "Sua mãe salvou a minha vida!", frase não muito rara de ouvirmos na nossa infância, período em que Martha exerceu a Medicina. Com o tempo, sua prática clínica sofreu uma transformação interessante; passou a se constituir principalmente de pacientes padecendo de patologias psicossomáticas, ou mesmo de manifestações histéricas. Lembro bem de uma ocasião na qual se comentava na rua do seu consultório que naquele lugar tinha uma médica milagreira, pois mais de uma vez o paciente entrava de maca ou cadeira de rodas e saía caminhando...

Essa transformação a levou a se especializar em Psicanálise. Martha sempre foi uma aluna exemplar e apreendeu logo o nosso ofício, acessando em sua personalidade a função sonhante (rêverie) e a capacidade para intuição, na qual se inclui sua condição pre-monitória. Martha dominou esses conceitos profundamente e os expandiu para além dos limites convencionais, o que vai ficar claro ao leitor da obra.

Contribuiu muito com a criação da Sociedade Brasileira de psicanálise de Ribeirão Preto (SBPRP), sendo uma de suas pioneiras, especialmente no tocante à função de transmissão da Psicanálise aos iniciantes. Gerações de analistas se beneficiaram da sua devoção à difusão do método analítico, expandindo a ciência e semeando conhecimentos e experiências clínicas de grande riqueza.

Embora Martha tivesse o dom da escrita, que os leitores testemunharão ao longo deste livro, ela era eminentemente uma psicanalista clínica e nos ensinou que, como na clínica médica, um psicanalista fiel à sua *clínica* é aquele que se *inclina* em direção à dor psíquica de seu analisando; clínico é aquele que se curva em reverência à função sagrada que é servir a evolução de uma personalidade.

Devoção ao Outro para melhor observá-lo, acessando o seu singular universo psíquico, promovendo condições para desenvolvimento emocional, eram as motivações que conduziram a vida profissional e pessoal de Martha. Generosidade, sua marca registrada. O leitor deste livro certamente captará isso, especialmente presente na fartura de modelos clínicos usados para ilustrar as conjeturas teóricas apresentadas.

A corajosa autora despe-se de seus pudores pseudocientíficos e expõe sua criativa forma de trabalhar. Movimentos como cantarolar para uma analisanda em surto regressivo a "Bachiana brasileira nº 5" de Villa-Lobos ou massagear com a ponta do dedo a testa de um paciente, como fazia com seus filhos pequenos para se acalmarem em choros convulsivos, são exemplos da liberdade que a autora alcançou e nos oferece nesta obra.

Este livro é, certamente, um manancial de aprendizagens, quer para o analista iniciante que está em busca de modelos identificatórios para seu vir-a-ser na psicanálise, quer para o psicanalista experiente, que ao longo da leitura poderá vislumbrar uma profusão de vértices observacionais originais, compondo e enriquecendo os seus pessoais. Os ensinamentos do livro, mais do que conteúdos teóricos valiosos ao praticante da clínica psicanalítica, se constituem em ensinamentos de sabedoria.

Sabedoria, como nos ensinou Bion (2016),[1] é outro departamento. Ele nos indaga se o crescimento de nossa sabedoria acompanha o

---

1 Bion, W. R. (2016). Seminário n. 5. In: *Seminários italianos*. Trad. André G. Growald. Karnac, pp. 59-69 (trabalho original publicado em 1977/78).

ritmo de crescimento de nossa inteligência. A proliferação de inteligência pode, eventualmente, abafar preciosas nascentes de sabedoria. Nas páginas que se seguem, Martha nos oferece, para além de um livro "inteligente", mananciais que estimulam no leitor uma experiência emocional muito mais próxima do que poderíamos apontar como desenvolvimento de Sabedoria. O leitor atento poderá acompanhar esse movimento na própria evolução da obra da autora.

Uma ótima leitura para todos!

Paulo de Moraes Mendonça Ribeiro
Membro Efetivo da SBPSP e Membro
Efetivo com Funções Didáticas da SBPRP

Conteúdo

1. Introdução – Minhas memórias teórico-clínicas: uma trajetória em busca de significados

Observo-me a escrever como nunca me observei a pintar, e descubro o que há de fascinante neste acto: na pintura, vem sempre o momento em que o quadro não suporta nem mais uma pincelada (mau ou bom, ela irá torná-lo pior), ao passo que estas linhas podem prolongar-se infinitamente, alinhando parcelas de uma soma que nunca será começada, mas que é, nesse alinhamento, já trabalho perfeito, já obra definitiva porque conhecida. É sobretudo a ideia do prolongamento infinito que me fascina. Poderei escrever.

– José Saramago, *Manual de pintura e caligrafia*

Durante um tempo recente, comecei a experimentar um fenômeno espontâneo: rememorar algumas experiências que vivi como médica clínica (endocrinologista), e depois vieram as vivências como psicanalista clínica; todas foram anotadas por mim e, agora, surgiram não apenas como memórias (vínculo K), mas como estados de espírito ou lembranças vivas que me impulsionaram a recuperar fatos e reconstruir significados. Estes resultaram neste relato, o qual expressa minha fé nas experiências que vivi.

Revejo minhas anotações sentindo-as como novas; são novas as experiências vividas, e não memórias de um passado encadernado numa biblioteca que não é mais visitada. Desse modo, fui descobrindo, desvelando, revelando pensamentos que estavam soterrados e, de alguma forma, esquecidos. Empreitada tal qual a dos desbravadores do Cemitério Real de Ur, conforme descrito por Bion. Nessa releitura, senti reviver, resgatar ideias, transformando-as em pensamentos renovados e úteis.

Compreendi, assim, o que ensinaram alguns dos meus mestres: a criatividade de quem escreve, pinta ou compõe requer "esquecimento" para que as memórias, as novas ideias, sejam trazidas à luz em novos contextos (K → O).

Alguns trechos, reli com inusitada alegria, pois fizeram parte de um árduo trabalho na constituição de nossa Sociedade Brasileira de Psicanálise de Ribeirão Preto, a SBPRP. Nos seus primórdios, éramos avaliados em visitas realizadas pelo Sponsoring Committee da Associação Psicanalítica Internacional (IPA), colegas que vinham do exterior, nas pessoas de Jacqueline Amati Mehler (Itália), Moises Lemligj (Peru) e outros que, em nome da IPA, em um esforço contínuo durante cinco anos, nos acompanharam no trabalho de nos constituir como uma sociedade de Psicanálise autônoma.

Fui a primeira a ocupar o cargo de diretora do instituto, depois de conquistarmos o título de sociedade componente da IPA, organizando, junto com uma equipe, os primeiros cursos de formação de analistas da SBPRP.

Trago relatos clínicos dessa época, alguns que foram apresentados ao Sponsoring Committee e outros trabalhados em seminários e encontros científicos. A leitura desses casos se constitui em uma espécie de reviver "como" a Psicanálise clínica surgiu e evoluiu na SBPRP.

Aprendi em nossa "Sociedade-mãe", a SBPSP (de São Paulo), a "sonhar" a sessão com meus analistas e supervisores. A escrita psicanalítica, transformando fatos em ficção ao refletir a versão imaginativa da experiência ocorrida na sessão, permanece de forma viva no trabalho narrado.

Ao trabalhar certas experiências analiticamente com intensidade e emoção, os fatos clínicos serão constantemente transformados pela relação, seja a analítica, ocorrida nos relatos transcritos, seja a da experiência do leitor ao entrar em contato com uma vivência emocional da leitura. A história segue se desdobrando e permanece viva no leitor, no analisando e no analista, os personagens da cena analítica vão sendo criados e recriados no texto do teatro analítico, vida afora.

Bion sempre incentivou os analistas a cultivar e manter um acervo cultural para enriquecer suas experiências clínicas. Preconizava que só assim chegariam com seus analisandos em camadas profundas de suas mentes, a locais onde abrigariam os elementos mais conflitantes da realidade psíquica.

Faço votos de que esta seja uma leitura fértil, especialmente para os jovens analistas e aqueles em formação, pois eles têm, diante de si, um universo de potencialidades, ao qual estes "modelos" clínicos, humildemente descritos no texto, podem ser fonte de inspiração no eterno vir a ser de um psicanalista.

Martha Maria de Moraes Ribeiro, 15 de janeiro de 2021

2. As duas margens do rio: considerações psicanalíticas sobre o fenômeno e a clínica psicossomática[1]

Se quer seguir-me, narro-lhe; não uma aventura, mas
experiência, a que me induziram, alternadamente,
séries de raciocínios e intuições. Tomou-se tempo,
desânimos, esforços. Dela me prezo, sem vangloriar-me.
... a vida consiste em experiência extrema e séria; sua
técnica exige consciente alijamento,
e despojamento de tudo que obstrui o crescer
da alma, o que a entulha e soterra.

– João Guimarães Rosa, "O espelho"

Minha experiência clínica está ligada primeiro à vivência como médica, depois como psicanalista.[2] As raízes perdem-se no acervo de conhecimentos que venho desenvolvendo através da minha própria

1 Artigo publicado em 1997 no *Jornal de Psicanálise* (vol. 30, n. 55/56, pp. 339-57).

2 Antes de dedicar-me exclusivamente à clínica psicanalítica, tive a oportunidade de trabalhar por vários anos como clínica geral e endocrinologista, tratando de pacientes que, em grande parte, já haviam passado por outros clínicos que me encaminhavam as pessoas consideradas pacientes "somatizantes" e "difíceis" de tratar.

vida. Existem invariáveis características, singulares, que marcam cada ser humano como único, no tempo e no espaço, e infinitas variáveis que tornam difícil apresentar uma visão retrospectiva em relação a uma experiência que está sempre se renovando, num fluir constante. Nenhum homem, disse um dia o filósofo Heráclito, consegue banhar-se duas vezes na mesma água do rio, porque o homem muda a cada momento, e sempre será uma nova água a correr.

Trarei aqui alguns conceitos que aprendi das ricas fontes do "húmus" psicanalítico, tentando transmiti-los da melhor forma que puder, adaptando-os à minha forma de ser, com a finalidade de expandir meu pensar e transmitir uma experiência vivida, esperando que o leitor possa acompanhar-me e desenvolver reflexão crítica.

Ao atravessar o rio de uma margem à outra, encontrei, na formação para o exercício da Medicina, um abismo profundo em dois campos diferentes: em um havia a visão do corpo ocultando o psiquismo; em outro, a visão do psiquismo ocultando o corpo. Antes o aprendizado enfatizava técnicas predominantemente somáticas, ocultando parte da complexa realidade do homem, que é sempre atingido pela dor no corpo e na mente, em todas as situações da vida.

Quer se tratando de sua expressão física ou psíquica, a dor humana, com seu caráter inefável, é a ponte privilegiada que propicia a ligação entre o soma e a psiquê, ou corpo e mente. É a forma mais arcaica de comunicação humana e, em geral, o que leva a pessoa a procurar cuidados.

Embora Freud (1900/1996) tivesse privilegiado, a partir de sua autoanálise, os sonhos como a via régia de acesso ao inconsciente, foi por meio da linguagem corporal (não verbal) de suas pacientes histéricas que ele penetrou nas motivações inconscientes do conflito psíquico. Posteriormente, outras vias de acesso foram privilegiadas sobre o processo analítico, sobressaindo-se as associações livres e as manifestações transferenciais.

Ao longo da evolução da teoria e da técnica psicanalítica, os sintomas deixaram de ser priorizados como sinalizadores dos processos mentais inconscientes. Gradativamente, a escuta psicanalítica da grande maioria dos autores desinteressou-se de decifrar códigos de expressão somática, alegando que quem somatiza tem, como base de sua doença, um déficit ou falha da função simbólica.

A partir de Groddek (1927/1977) e outros autores, temos um retorno às descobertas de Freud, acreditando ser a doença uma forma de linguagem, com inscrição de manifestações somáticas correlacionadas às manifestações psíquicas.

McDougall (1978/1983a) afirma que o psicossoma funciona como um todo. Assim, a dor, surgindo em um compartimento, inevitavelmente provoca algum efeito no outro. Entretanto, nem sempre as exteriorizações de tais dores são acessíveis à nossa observação. A potência da mensagem transmitida poderá ser maior na sua expressão somática ou na sua expressão psíquica, dependendo do terapeuta que irá decodificar sua linguagem. O registro de sensopercepção do psicoterapeuta ou do médico clínico funcionará como seu instrumental de captação.

Hoje se acredita que todas as manifestações de fenômenos vitais são psicossomáticas. Enquanto se pesquisava nessa área, buscando relações de causa e efeito ou fatores etiológicos, persistiu-se contrapondo o físico ao emocional, o orgânico ao psíquico. A busca de significado e de nomeação das emoções norteia a pesquisa atual, que conduz à importância da complexa questão ligada à simbolização.

A capacidade de simbolizar é a marca distintiva e específica da condição humana. Os símbolos permitem uma evolução do ser humano no sentido de poder conceituar, generalizar, abstrair e expandir o pensar. São os símbolos que permitem que um todo seja reconhecido nas partes que se fragmentaram e também que de um todo venha a se reconhecer as partes cindidas.

Os pacientes que adoecem e são difíceis de abordar do ponto de vista psíquico têm sido estudados na escola francesa por Marty e M'Uzan (1963/1994), que os identificam como portadores de "pensamento operatório".[3] Na escola inglesa, Nemiah e Sifneos (1970) classificam os mesmos pacientes como "alexitímicos" – pessoas com dificuldades de expressar afetos e sentimentos ou de expor sobre sua vida emocional. Esses pesquisadores chegaram a conclusões semelhantes ao observarem que tais pacientes são portadores de déficits ou de falhas na função de simbolização e, consequentemente, têm uma vida de fantasia empobrecida, com investimentos libidinais e relações objetais também empobrecidas, sobrecarregando a via somática nas situações conflitivas a que todos estamos sujeitos como seres humanos, predispondo-os às doenças e aos sintomas psicossomáticos.

Ligando esses fatos, estudiosos dos fenômenos psicossomáticos, como Chiozza (1988) e Zusman (1991), demonstraram o nível sígnico e simbólico das comunicações dos pacientes. Afirmam em seus escritos que a doença psicossomática se manifesta nos níveis sígnico e simbólico. Os sintomas, na semiologia médica, são acontecimentos referidos pelo paciente na anamnese e, portanto, pertencem à área simbólica. Os sinais das doenças são notações somáticas (icterícia, anemia, cianose), portanto pertencem à área sígnica.

A possibilidade de passagem da manifestação sígnica para a manifestação simbólica para expressar um mesmo fenômeno vital

---

3 McDougall (1978/1983b), em seu artigo "O antianalisando em análise", classifica certos analisandos como robôs. São pacientes que fazem uma transferência operatória em que os afetos transferenciais são raramente expressos, e a agressividade tão livremente dirigível às pessoas com quem convivem não transparece durante a análise. Segundo a autora, tais pacientes são diferentes dos inanalisáveis clássicos, ou daqueles que não toleram a frustração e batem em retirada diante da primeira eclosão de afetos transferenciais. Eles apresentam uma forma de inércia que ameaça constantemente a sequência da investigação analítica.

não é uniforme em todos os seres humanos, como afirma Zusman (1991). Assim, os pacientes com pensamentos operatórios, os alexitímicos, as mentes primitivas, os psicossomatizantes, podem ter uma predominância do fenômeno sígnico, o que não exclui que tenham pensamentos simbólicos, embora nesses casos estes se apresentem empobrecidos.

Azoubel Neto (1993), ao diferenciar os níveis sígnico e simbólico da experiência, demonstrou que, para algumas mentes primitivas, a dor mental é tão grande, para um ego tão rudimentar, que elas necessitam de uma ação sobre o corpo. Estudando o comportamento dos índios carajás em face da dor do luto pela perda de familiares, o autor observou que eles se mutilavam nessas situações, fazendo cortes em seu próprio corpo. Concluiu ele que o sentir, nessas mentes primitivas, está sob a hegemonia física, sensorial. É preciso produzir uma agressão corporal para evidenciar que a dor é mental. Há predominância da manifestação sígnica sobre a manifestação mental ou simbólica.

Há pessoas que têm um ego desenvolvido, mas fazem um *splitting* entre a parte não psicótica da personalidade, que evolui livremente, e outra parte que corresponde a um ego corporal que somatiza como defesa contra angústias psicóticas. Tais pessoas permanecem temporariamente em nível de manifestação sígnica para evitar uma dor mental intensa e desconhecida.

Indivíduos portadores de asma brônquica exemplificam o que descrevi: são pessoas em que a expulsão de ar pelos pulmões está prejudicada e, por isso, vão retendo secreções tóxicas. Seu corpo envia mensagens predominantemente sígnicas quando, no decorrer da doença, ocorrem cianose na pele, dispneia, tosse, face de medo, de pânico. Tais mensagens são de ordem pré-simbólica, enviadas pelo psiquismo, quando o indivíduo se sente ameaçado pelo reaparecimento de acontecimentos dolorosos, ameaçadores, fóbicos, geradores de culpa, cuja representação é lançada fora do consciente. Paradoxalmente, embora tais reações possam pôr em risco a vida do indivíduo, a doença física destina-se a proteger a pessoa de um dano psíquico inominável.

É dentro dessa visão que McDougall (1978/1983a) afirma que "através de mecanismos de clivagem, projeção e expulsão para fora da psiquê, o espírito humano é capaz de esquivar-se, negar, ou mesmo, destruir todo vestígio de representação do fenômeno perceptivo da sensação dolorosa, desarticulando, assim, a unidade do psicossoma" (p. 156).

Encontrei acolhimento para observações clínicas em um trabalho de Montagna (1996), quando este sinaliza sobre certos pacientes portadores de angústias psicóticas e narcísicas severas que, não sendo contidas em nível mental, irão se expressar somaticamente. Eles interpõem entre o psiquismo e o soma um "espaço estéril" no qual ocorrerão manifestações corporais. Diz o autor que tais espaços correspondem às áreas alexitímicas e operatórias da mente que se expressam em determinadas circunstâncias, quando sentimentos não suportáveis serão eliminados dos níveis conscientes.

Com o desenvolvimento da técnica psicanalítica para tratamento de pacientes psicóticos, foi possível retornar a Freud (1895/1996), que descobriu o inconsciente por meio da linguagem do corpo nos histéricos. A linguagem dos psicóticos, dos psicossomatizantes, é a linguagem de estados primitivos da mente; é a linguagem que traz diariamente aos nossos consultórios as comunicações verbais e não verbais que necessitam ser compreendidas, correlacionadas e simbolizadas.

Dentro da experiência clínica, há um grande valor na comunicação entre paciente e médico, terapeuta ou analista. Melanie Klein (1946/1982) conceituou duas posições básicas: esquizoparanoide e depressiva, abrindo caminho para o entendimento das ansiedades esquizoides, persecutórias e depressivas. Ansiedades persecutórias são comuns nos psicóticos, psicossomatizantes, esquizofrênicos, e identificam-se com os mecanismos que ameaçam fragmentar o ego. Assim, nos indivíduos com ansiedades persecutórias, ocorrem processos de *splitting* e projeção do ego para dentro do objeto, por meio do mecanismo que M. Klein denominou de identificação projetiva.

Bion (1955/1969) expandiu o conceito de Melanie Klein (1946/1982) sobre *splitting* e identificação projetiva, baseando-se no fato de que, se existe uma projeção por cisão do ego, deverá haver um objeto para o qual esta se destina. Surgiu, depois, a noção de continente com rêverie, que aguarda e se propõe a receber e acolher as identificações projetivas para re-significá-las e transformá-las (Bion, 1962/1994).

A passagem do fenômeno pré-verbal ou pré-simbólico (elementos concretos ou coisas em si) dos pacientes psicóticos, limítrofes, psicossomáticos, para o pensamento simbólico (que contém a ausência, o vazio) necessita de alfabetização dos dados da experiência emocional que se fará dentro do campo transferencial, usando a linguagem de Grotstein (1981). Tal operação ocorre por meio da função alfa, estudada por Bion (1962/1994), que conecta sensações provindas dos órgãos dos sentidos com as emoções que essas percepções sensoriais evocam, e integra os objetos sensoriais com as emoções por eles estimuladas. Agindo sobre as experiências sensoriais, a função alfa liga o mundo externo ao interno, transformando-as em elementos alfa. Esses elementos unidos formarão a barreira de contato que é o limite entre o consciente e o inconsciente. Elementos alfa servirão para a estruturação do pensamento, tanto em vigília quanto durante o sono.

Transcrevo um exemplo do cotidiano que ilustra a passagem do fenômeno pré-verbal ou pré-simbólico para pensamento verbal[4] ou

---

4 Segal (1981/1983) afirma que os símbolos são necessários não só para a comunicação com o mundo externo, mas também na comunicação interna. A capacidade

simbólico por meio da função alfa: diferentemente de outras formas de simbolismo inconsciente, a "fala" tem que ser aprendida. Sob o vértice da relação continente-contido, por exemplo, uma criança pode ter um doloroso espasmo muscular. A mãe (continente) nomeia: "Isso é câibra". Tal alfabetização da dor fornece a palavra que, ligada à experiência, inscreve-se em nível mental e passa a ser simbolizada. O ato de nomear circunscreve o fenômeno, fornecendo um continente à criança, que poderá internalizá-lo, verbalizar e conter a dor, quando esta ocorrer novamente.

A elaboração das experiências de desencontro com o objeto de frustração ou de dor mental são indispensáveis à vida humana, podendo seguir dois caminhos em relação ao desenvolvimento psíquico:

1. Se o ódio resultante da frustração pelo objeto ou se a dor mental não forem excessivos à capacidade do ego de suportá-los, o resultado será um sadio rumo à simbolização, à formação do pensamento, por meio do que Bion denominou de "função alfa".
2. Se o ódio ou a dor mental forem excessivos, os protopensamentos são deformados, o que Bion denominou de elementos beta. São experiências sensoriais muito primitivas que adquirem uma natureza concreta porque não puderam ser pensadas. Eventualmente, aguardam a possibilidade de re-significação. Tais elementos tornam-se aglomerados, e seu conjunto formará a tela beta.

Bion (1962/1980) demonstrou que há situações em que a função alfa é deficiente ou falha. Nessa situação, os dados da experiência emocional não serão alfabetizados e haverá prevalência de elementos beta ou de elementos de concretude do mundo sensorial. Essa teoria dá suporte para as comunicações dos pacientes alexitímicos, dos

---

de comunicar-se consigo mesmo usando símbolos é a base do pensamento verbal. Nem toda comunicação interna é pensamento verbal, mas todo pensamento verbal é uma comunicação interna por meio de símbolos, palavras.

portadores de pensamento operatório e dos psicossomatizantes de difícil alcance pela técnica psicanalítica clássica.

A ideia de que o fator somatizante dos psicossomáticos seja decorrente de um déficit ou falha na função simbólica não explica a ocorrência de frequentes somatizações em pacientes nos quais a função simbólica está não só preservada, mas até mesmo bastante desenvolvida. Essa questão é intrigante. Entretanto, a teoria da reversão da função alfa, descrita por Bion (1962/1980), veio lançar novas luzes. Assim, diante de estímulos fortemente dolorosos, a função simbólica começa a se processar, porém, ao enfrentar a dor psíquica intensa, ela recua e produz elementos beta, que retornam com traços de ego e superego, ficando acumulados. Tais elementos agem no sentido de se livrar das experiências sensoriais ou dolorosas que não puderam ser digeridas ou pensadas, buscando alívio imediato e onipotente, por meio dos seguintes caminhos:

1. Sob forma de alucinações ou delírios, à custa da expulsão de tais elementos, por meio de identificações projetivas na realidade externa.
2. Sob a forma de *actings*, por meio da atividade muscular.
3. Como doenças e sintomas psicossomáticos quando a evacuação se faz em direção ao corpo.

Em 1989, Meltzer, descrevendo o modelo da mente, afirmou que a melhor concepção teórica para o entendimento dos fenômenos psicossomáticos é a que Bion propõe sobre a evacuação dos elementos beta ou de seu conjunto para o corpo, estruturando, assim, os sintomas psicossomáticos.

Nas vicissitudes dessa viagem de uma margem para a outra do rio – ou no caminho corpo → mente, ou ainda Medicina → Psicanálise, que percorri –, fui adquirindo experiências e compreensão dos fenômenos psicossomáticos. Com fins didáticos ou de praticidade, explicito aqui as duas margens pelas quais naveguei, trazendo casos clínicos que me facilitaram ilustrar essa travessia.

A primeira margem do rio: a Medicina

Bion (1970/1973) diz que o médico, ao examinar um paciente, usa seu equipamento sensorial – "o ouvir", "o ver", "o tocar" e "o cheirar" –, e que os psicanalistas podem fazer isso com a intuição. Entretanto, os poetas, os linguistas e os estudiosos de semiótica nos ensinam que existem palavras tão amplas e ricas que também podem transmitir o "ouvir", o "ver", o "cheirar", o "tocar"..., levando ao "sentir", aos significados e ao entendimento de dores e emoções.

Etimologicamente, médico clínico é aquele que "se inclina", que "cuida", que "ouve" sobre a dor humana, e isso está relacionado com a função de continente com rêverie, como descreve Bion (1962/1980).

Como médica clínica, fui crescentemente despertada pela observação dos processos psíquicos e somáticos ocorrendo em um mesmo fenômeno vital. Tal percepção me levou à conscientização da formação psicanalítica da personalidade em desenvolvimento.

A ciência psicanalítica é a ciência dos afetos humanos que se dedica à dor mental. A dor humana é, portanto, o referencial que aproxima essas duas profissões, porque a dor, na sua expressão física ou psíquica, é a ponte que propicia a ligação entre o soma e a psiquê, ou corpo e mente, sendo a forma mais arcaica de comunicação. A mensagem poderá ser maior na sua expressão somática ou na sua expressão psíquica. Caberá ao terapeuta decodificar sua linguagem e abordá-la.

No campo pertinente à análise, a percepção e ausculta de uma mensagem de dor transmitida variam de analista para analista, de analisando para analisando e entre o par analista e analisando, além de variar conforme o momento na análise.

Experiências vividas com pacientes que atravessaram comigo as duas margens do rio: Medicina – Psicanálise

Alguns pacientes que atendi como médica clínica, depois de um certo tempo, voltaram a procurar-me em busca de análise.

Algumas situações clínicas descreverei a seguir:

Caso A – A poetisa atendida pela médica clínica

Um dos casos clínicos que tratei refere-se a uma senhora idosa. Acompanhei-a como médica clínica durante oito anos. Foi casada e viveu com seu par um amor maduro e verdadeiro, ou seja, viveu uma grande paixão no sentido exato da palavra.

Era septuagenária e foi uma pessoa que durante toda a vida sofreu de males que afetaram seu físico e seu psíquico. Na primeira infância teve febre tifoide e sobreviveu. Seu intestino passou a ser o órgão receptor de todos os seus males. Era portadora da síndrome do cólon irritável: tinha cólicas abdominais frequentes, relacionadas com crises de diarreia intercaladas com crises de constipação intestinal, agravadas por uma alergia alimentar e medicamentosa. Com o passar da idade, foram-lhe aparecendo fenômenos de arritmia cardíaca por miocardioesclerose, que, ao serem desencadeados, levavam a paciente a correr riscos de vida.

Durante um período de tratamento, houve grande melhora clínica, e sua veia poética foi aflorada. Ela começou a fazer poesia. Os melhores poemas seu orgulhoso marido levava para serem publicados no jornal de maior circulação da cidade. Havia quase sempre uma publicação semanal.

Certo dia, fui chamada à sua residência em caráter de urgência. Encontrei-a em franca crise de diarreia, desidratada, com cólicas intestinais, enjoos, vômitos, fibrilação atrial e com sensações de que iria morrer. Com esse quadro clínico, fiz uma investigação e não encontrei nenhum agente tóxico, infeccioso ou alérgico que pudesse ter desencadeado o processo. Tomei as medidas clínicas necessárias, como hidratação, uso de antiarrítmicos etc., e continuei ali, observando e conversando com ela e o marido. Quando ela e eu pudemos ficar a sós, soube que ela havia feito, na véspera, um poema que ela queria destruir. Queria que o marido queimasse o manuscrito porque, segundo a paciente, seus sintomas haviam sido desencadeados após ela ter criado aquele poema, de que ele gostara muito e insistia em publicar. Ela dizia que estava assim doente por castigo de Deus, por ter criado algo tão erótico. Pedi para ver o poema, que se intitulava "O amor não envelhece", no qual ela, septuagenária, falava de amor, de paixão, de sexo, de vida! Fiquei encantada com o que li.

O poema, no caso dessa paciente, foi o veículo de explosão de sua sexualidade reprimida; foi o veículo de explicitação do relacionamento apaixonado que ela vivia com o marido.

Dentro da paciente, havia uma voz que dizia: "Sexualidade de velho não existe! Não pode ser publicada! Não se publicam os segredos de alcova de um casal!".

E de outro vértice ela ouvia: "Publica! É verdadeiro o que você escreve, publica sim!".

E o conflito veio: "Se publico, vou me entregar! Se publico, vou me expor! A sociedade iria me ironizar!".

Esse material clínico, escrito há vários anos, despertou-me muitas inquietações. Estudei-o inicialmente sob o vértice da Teoria Estrutural de Freud (1923/1996), destacando que a formação dos sintomas pode ser compreendida pelos mecanismos de defesa do ego. Somatizando, adoecendo fisicamente, a poetisa buscou soluções para o conflito. Transformando a dor psíquica em dores epigástricas, alterações da motilidade intestinal, taquicardia, fibrilação (signos – elementos pré-simbólicos, não verbais), a paciente usou mecanismos de defesa, procurando aliviar a pressão do superego, demonstrando, assim, que boa parte dos sintomas entram na pauta de penitência e castigo (Ribeiro, 1985).

Ao conversarmos sobre esse episódio, em consulta médica domiciliar, compreendendo-a, pudemos juntas nomear suas dores, desfazendo o estado confusional de equação simbólica, semelhante ao que é descrito por H. Segal (1981/1983), de que escrever sobre sexo era como fazer sexo em público.

Agora, posteriormente, a título de exercício, usando o referencial bioniano para estudar essa vivência clínica, quero destacar o seguinte: a função alfa é a primeira que predomina no aparelho psíquico. Se bem-sucedida, tal função irá transformar as primeiras experiências emocionais em elementos alfa, e esses em pensamentos úteis. Conceituar, fazer poesia, criar, abstrair... representa evolução exitosa da função alfa.

A poetisa teve sua função alfa em funcionamento exitoso quando criou o poema, mas, ao enfrentar a dor mental e o conflito por se sentir exposta na sua intimidade, essa função recuou, produzindo elementos beta, diferentes dos elementos beta originais, por serem aderidos de vestígios de ego e de superego (Bion, 1962/1980). Tais elementos rumaram em direção ao corpo, transformando-se em sintomas psicossomáticos conforme a descrição que fiz.

Falando de outra maneira, a mesma pessoa capaz de fazer abstração e produção de poemas usando recursos criativos artísticos pode, dependendo do "quantum" de ansiedade insuportável, regredir à concretude de pensamentos e a outros fenômenos ligados à reversão dos elementos $\alpha \rightarrow \beta$. De um modo um tanto esquemático, se poderia correlacionar os fenômenos observados da seguinte maneira: estando tomada de angústia de conteúdos impensáveis, a poetisa vivencia a invasão desses elementos não digeridos na direção do próprio corpo e somatiza.

A poetisa atendida pela médica psicanalista

Essa poetisa desenvolveu, durante os anos em que a tratei clinicamente, um forte vínculo comigo. Assim, dois anos depois de minha mudança para a Psicanálise, ela veio procurar-me para tratamento, já com 77 anos. Situações de "catástrofe" antigas, ligadas agora à passagem do tempo, à finitude da vida, à morte, estabeleciam-se como fatos reais que puderam ser reabertos devido à profundidade da relação transferencial comigo e às regras do *setting* analítico que agora se fazia presente, como o número de sessões, o tempo de 50 minutos, horários, interpretação transferencial etc.

A analisanda aparentemente tinha um intenso "medo da morte" como um "fato em si". Por isso, vivia doente fisicamente e em estado de depressão. Acentuaram-se tais sintomas com o passar da idade, quando as "marcas do tempo" começaram a se fazer presentes em seu belo corpo físico.

O medo de "morrer" não era simplesmente medo de morrer ou medo da morte como um fato em si. Seu grande medo era de "ficar sozinha", medo da "solidão", ou medo de perder seus objetos significativos que agora eram representados por mim, na transferência, pelo marido e pelos filhos na vida real, pois queria controlá-los para ficarem juntos de si para sempre. Morte, para ela, seria estar ausente, longe de quem lhe dava "segurança" e afetos.

A seguir, transcreverei uma sessão de análise para demonstrar a chegada a níveis mais profundos dessa mente privilegiada e criativa.

A sessão analítica

O fato de conhecer-me anteriormente fez com que ela se lembrasse da data do meu aniversário. Ela entra para a sessão de análise trazendo-me uma garrafa de champagne para que "eu tomasse com o meu marido". O presente pode ser compreendido como expressão de um modelo de continente ↔ contido, com seu contido, o líquido, em turbulência.

Entregou-me o presente e, em seguida, começou a falar sobre um sonho que tivera naquela noite, dizendo estar "assustada" com ele.

No sonho, ela estava num velório...

Estava num velório de um tio, e o caixão estava num ponto estratégico da sala, atrapalhando as pessoas que circulavam em torno do falecido, e ninguém percebia isso... Ela percebeu e chamou alguém da família para juntos arranjarem a posição do defunto, ficando mais fácil a visitação em torno dele.

A seguir, associou o seguinte: quando uma de suas irmãs morreu, ela estava no velório e sofria porque a irmã, em vida, era muito vaidosa e, morta no caixão, estava toda desarrumada. Quando chegou ao velório e olhou para aquela imagem da irmã no caixão, levou um susto: chamou outra pessoa da família e pediu ajuda para arrumá-la. Tiraram a faixa crepe que lhe envolvia o rosto, arrumaram o cabelo e colocaram um lenço no pescoço para que tivesse uma aparência melhor. Depois de todos esses feitos, a filha da falecida gritou-lhe: "Tia, deixe-a assim... deixe a mamãe assim!". A lembrança desse fato a faz chorar quando recorda da situação vexatória pela qual passou quando essa sua irmã faleceu.

Minha rêverie, ou meus pensamentos-sonhos durante essa narração, diante dessa fala e ao receber o presente, evocaram-me "dia do aniversário" como "*cesura* do nascimento". Ela convoca-me para "beber à vida", mas, logo a seguir, algo se insinua dentro dela, e ela começa a falar sobre a "*cesura* da morte". Fiz esta interpretação:

> *A: A senhora vem comemorando a vida, trazendo-me uma garrafa de champanhe... lembrando de vida, de*

> *comemorações, mas sua fala diz o contrário... fala só de morte...*
>
> *P: É que eu tenho medo de morrer... de morrer, não, meu medo é de "ser enterrada viva".*
>
> *Sabe, Martha, o que eu temo mesmo é ser enterrada viva... Duas situações ocorreram-me e intensificaram esse medo: a primeira foi durante uma "reversão anestésica" quando eu ainda estava curarizada. Não podia mover nenhum músculo e ouvia tudo sem poder mover-me... E não podia abrir o olho, nem fazer sinal com a mão... Eu ouvia minha filha dizer-me: "Mamãe, acorda..." e eu não podia responder... Achei que aquilo era estar entre a vida e a morte. Outra situação ocorreu quando extraí as amígdalas, e o anestésico não pegou... As amígdalas foram arrancadas à força, e tudo ficou muito inchado, e eu não podia falar, nem me comunicar.*

Essa paciente vai trazendo elementos, e começa a se formar na mente da analista uma condição propícia para desencadear pensamentos-sonhos que chamamos de função de rêverie... Formou-se assim, em minha mente, uma imagem emotiva (um pictograma emotivo) naquele instante da sessão, ou um fotograma: lembrei-me dos bebês que ficaram "soterrados" no México após o terremoto e foram resgatados com vida após 15 dias soterrados porque eram bebês recém-nascidos.[5]

A partir dessa ideia, nesse momento da sessão, pude dizer que morte para ela significava uma não comunicação, era um estar infinitamente sozinha.

---

5 Os bebês prematuros e recém-nascidos possuem condições fisiológicas especiais que permitem a sua sobrevivência, do ponto de vista da respiração-circulação, de modo diferente do ser humano adulto.

Quando lhe contei a história que veio à minha mente sobre os bebês soterrados, coloquei-me junto dela, na transferência, dizendo ainda que nós, analistas, somos como os "bombeiros do México" – e que eu estava ali, junto dela, para encontrar vida... Ou resgatar, com ela, elementos para pensar sobre esses medos e compreendê-los, porque eu a sentia tão forte quanto os bebês e com muita força de vida para enfrentar suas dores e angústias.

Ela sorriu diante dessas colocações e disse-me que sabia que fora um bebê bem forte, e ia relatar-me uma situação que ocorrera em sua vida aos 3 meses de idade. Disse-me que nessa idade sua mãe não tinha mais leite de peito para amamentá-la. A família toda ficava procurando "amas de leite", e qualquer leite que não fosse o materno não dava certo, aparecia intolerância com diarreias ou vômitos. Continuou dizendo que um dia experimentaram dar-lhe leite artificial, e ela desenvolveu, por isso, um abdome agudo, seu intestino ficou paralisado (íleo paralítico), e seus médicos diziam que ela ia morrer.

Disse-me que foi a avó materna quem a salvou dando-lhe para beber um óleo de oliva (contrariando as ordens dos médicos) e fazendo massagens no abdome. Soltou gases e fezes em abundância e curou-se.

Nesse momento, ela faz uma pequena pausa e fala que tem achado sua vida longa... pois tem jovens conhecidos seus que estão morrendo em idades prematuras. Então lembra-se de um conhecido recente, que faleceu de morte trágica aos 30 anos, e emociona-se. Digo a ela que sente que estou a seu lado, como a avó que salvou sua vida, mas que ela tem muito medo de me perder, medo de que eu morra antes dela.

Ao ouvir-me, ela ilumina seus lindos olhos azuis, o rosto fica mais corado, e ela passa a falar sobre outras lembranças da vida:

Mostra-me uma fotografia que estava em sua bolsa. A foto refere-se a uma festa em sua casa, onde ela era anfitriã. Estavam comemorando o aniversário de 100 anos que seu sogro faria se não tivesse falecido! Havia na foto uma mesa e um buffet com lindas baixelas de prata. Ela está atrás do buffet (lindíssima, aos 50 anos), e ao seu lado está um homem, servindo a todos, com roupas de "chef" de cozinha; ela referiu-se a ele como um primo mais jovem que era alegre, que animava todas as festas da família, mas faleceu de acidente vascular cerebral (AVC) aos 64 anos.

Nesse contexto ela confirma minha interpretação e teme perder-me lembrando-se do "chef" que festejava a vida, já que esta é efêmera, e a morte é um fato que ocorrerá a todos nós, podendo acontecer-nos em qualquer idade.

Ela faz um pequeno silêncio e diz que sente estar incomodando-me com essas histórias tão pesadas... e começa a chorar ao lembrar-se de uma ocasião em que foi operada da vesícula e queria que eu a acompanhasse ao centro cirúrgico. Chegou a pedir isso ao cirurgião, mas ele não autorizou minha presença lá porque eu já não estava mais trabalhando como médica clínica (o que iria fazer num centro cirúrgico uma psicanalista?). Ela volta ao tema do medo de perder-me e perder-se sozinha (anestesiada – morta em vida).

A sessão encerra-se por aí.

Comentários

O clima entre nós é de trabalho analítico. Bion, em seu trabalho com grupos, nos mostra que duas pessoas (♀♂) estão juntas para atender a suas necessidades emocionais, sendo essa uma cooperação diferente daquela do modelo cirúrgico, em que alguém fica passivo e a outra pessoa é que trabalha. Em análise trabalhamos juntos. Ninguém pode estar anestesiado, principalmente o analista.

De certa forma, essa analisanda tenta levar-me às lembranças de sua infância. Mas, logo no início, eu digo a ela que estamos juntas, e o sentimento mais importante na atualidade é o que está acontecendo entre nós. A relação é comigo mesma... Se eu entrasse nas suas histórias vividas tentando descobrir somente o significado verbal, como nas técnicas anteriores, eu ficaria com essa analisanda num mesmo plano entretendo-me com verbalizações repetitivas.

A poetisa, a partir da metade de sua vida, passou a psicossomatizar com mais frequência. Suas doenças e sintomas (intestinais, colón irritável) eram provenientes de doenças curáveis... quando o intestino entrava em disfunção, como acontece na síndrome do cólon irritável, ela tinha sempre alguém ao seu lado para curá-la... quando havia diarreia, vômitos, desidratação, anorexia, emagrecimento etc., ela fazia com que todos se "inclinassem" diante dela... e um soro, um antiespasmódico, um "alimento especial", um "óleo de oliva", junto com a presença "viva" de alguém que cuida com afetos, melhoravam seus sintomas. São, portanto, os "afetos", junto com os medicamentos, os elementos que "curam" nesse nível.

Depois, logo depois, os sintomas reapareciam... e por quê? Porque a dor verdadeira não pôde ser pensada em profundidade para ser elaborada, transformada.

O que mais a médica psicanalista pode dar a essa analisanda que a mesma médica clínica não pôde?

Ocorre na análise um processo de "investigação a dois", por meio das sucessivas experiências emocionais que vão dando significado profundo às dores mentais e colocando os objetos internos nos devidos lugares.

Em Psicanálise há grandes mudanças no atendimento: transformo-me, pela Teoria da Transferência de Freud, em um "objeto de grande significação" para essa analisanda, como são os seus objetos primários, dos quais ela dependia desde seus inícios, quando sentia ansiedades profundas, para sentir segurança e conforto psíquico.

Durante o processo analítico, se ela conseguir "introjetar-me" como um "bom objeto" nesse vazio escuro que lhe ocorreu desde seus inícios, sua dor e seus medos irão mudar, e ela poderá ter um final de vida em clima de maior tranquilidade.

Caso B

Inicialmente fui médica clínica dessa minha analisanda que citarei agora. Se eu fosse "abolir o tempo", pensaria ser a situação psicossomática do bócio difuso tóxico ou doença de Basedow Graves o que a desestabilizou há 24 anos. Não havia contratos nem *setting* analítico, mas acredito que começamos desde aquela ocasião a abrir fatos psíquicos em parceria, mesmo por meio da Endocrinologia Clínica.

Portanto, durante 20 anos, essa pessoa viveu uma peculiar transferência comigo. Foi somente há quatro anos que se iniciou o trabalho analítico. Chamarei essa analisanda de C.

Quando ocorreu nosso primeiro encontro terapêutico há 24 anos, C., que já perdera o pai aos 5 anos de idade, havia perdido a mãe, concomitantemente ao nascimento de seu terceiro filho. A doença tireoidiana (hipertireoidismo) se apresentou com um quadro típico de doença consumptiva, muito resistente às drogas habituais, e seu tratamento clínico demorou aproximadamente um ano. A doença e os sintomas físicos desapareceram, mas C. telefonava-me com frequência durante esses anos, querendo conversar comigo. Tentei enviá-la a colegas psicanalistas, para análise, mas ela resistia sempre.

Anos depois, C. procurou-me para análise, porque havia sofrido um colapso (físico e mental), que foi contido pela análise. Ocorreu após a morte de três de seus irmãos, em praticamente dois anos (um de aids, um de suicídio e um de intoxicação por lítio, pois era esquizofrênico); e sua única irmã viva havia desenvolvido um câncer de mama. Questões de falha na sua função de continência à dor, necessidades de restauração e de possibilidade de luto, em outra etapa da vida, motivaram-na a procurar-me como psicanalista.

Nessa ocasião, ela estava em estado de depressão profunda, usando medicação psiquiátrica.

C. tinha 51 anos de idade e uma bela aparência física. Saudável, aparentava ter dez anos a menos. Esportista, vestia-se com roupas leves, embora predominantemente de cor preta; seus olhos eram verdes e profundos, e os cabelos, pretos. O marido era um empresário bem-sucedido, e contavam quatro filhos saudáveis.

A história de C. era pungente de realidade e dados históricos... e minha expectativa era a revivência desses fatos na relação comigo. C., então, poderia começar a pensar, enterrar os seus mortos, aprendendo a fazer lutos verdadeiros e conviver com os objetos vivos que têm para amar. Até então, vivia petrificando a vida, misturando objetos vivos e mortos, temendo muito a morte, aterrorizada com questões relativas à temporalidade, e principalmente com grande pânico pela ideia de adoecer.

Ocorria-me, ao tomar o caso de C. para análise, que sua relação comigo era antiga e intensa, com todo o colorido que Bion (1957/1994) descreveu como "transferência na psicose". Surgiram-me, por isso, temores quanto à possibilidade ou não de ela vir a se enquadrar no *setting* analítico. Inicialmente ela provocava-me real compaixão por suas vivências históricas sombrias. Tomei-a para análise porque havia em mim um estado de compaixão madura, imaginando que C. pudesse conseguir ter para si um destino diferente dos seus antepassados.

Transcrevo uma sessão dessa época, numa segunda-feira; a primeira sessão após um feriado prolongado:

Chega 15 minutos atrasada com um papel nas mãos. Deita-se no divã, e percebo-a irritada (pelo jeito de entrar e cumprimentar-me).

Coloca um papel sobre as minhas mãos, dizendo-me: "Leia aqui, você deve entender, porque é letra de médico e vocês são todos iguais".

Olhei aquele papel enquanto ela se deitava. Era um pedido de tomografia no qual um oftalmologista especificava o local exato em que ela teria que medir as câmaras do seu olho esquerdo. Percebi que ela queria que eu enxergasse e decifrasse esse termo: exoftalmia. Pensei que foi por causa "dessa palavra" que nos conhecemos há 24 anos…

Perguntei a ela o que significava aquilo, especialmente a exoftalmia.

> *P: É isso mesmo, imaginei mesmo que você entenderia bem tudo isso [fala arrogantemente e não esclarece].*

Digo que, por meio daquele ato, estava querendo dizer-me algo… que deveríamos pesquisar. Ela responde-me:

> *P: Já sei, acontecem muitas coisas, e eu acho que você anda "esquecida"… Vou me irritando com você. Por exemplo, você falou algo sobre meu pai na última sessão que eu não concordei. Você disse que eu me lembrava dele, e eu não me lembro nada! Ele morreu quando eu tinha 5 anos! Você está confundindo-me com outros analisandos seus… Tanta gente vem aqui. Isso também não é tão importante assim!*
>
> *[Sentia-me atingida… Ela queria confundir-me, mas pude dizer-lhe:]*
>
> *A: Você está irritada e confusa com seus pensamentos todos. Quer que eu a ajude a decifrá-los: há uma história sua com seu pai, e você coloca-me dentro dela; há uma história sua comigo, que começou quando você teve aquela doença na tireoide, há muitos anos.*
>
> *[Ela continua polemizando:]*
>
> *P: Você vê, Martha, o que é que tem a ver meu pai com o meu olho? Eu só não quero mais é somatizar. Detesto ser*

> *portadora de algo que me deixa com aparência ruim. O olho é muito importante para mim. Fui ao cirurgião plástico, e foi ele quem viu primeiro essa posição do meu olho... e me mandou procurar um endocrinologista. Perguntei ao oftalmologista se isso tem a ver com o ressurgimento de uma nova crise de tireoide ou não. Ele respondeu-me que isso pode ocorrer sempre que a doença tireoidiana aparece como descompensação. Depois, perguntei se havia cirurgia para isso, ele disse que sim, e descreveu uma cirurgia que é cheia de riscos. Falou a seguir que meu caso não é complicado, que poderia ser resolvido com uma plástica no olho. Aí eu disse que isso eu não faria com ele, pois já tenho o "meu cirurgião plástico".*

Era eu, na transferência, o objeto que ela queria atingir. Lembrava-me da leitura de Caper (1999/2002) sobre "a patologia da receptividade" do analista quando este se identifica com as projeções do paciente. Isso ocorre porque o analisando, astutamente, manipula o relacionamento do analista com seus próprios objetos internos. A habilidade de C. estaria em querer inocular-me "o desejo de cura", pois, anteriormente, conhecera-me como a "médica que cura". Perguntei-lhe:

> *A: Sua "exoftalmia" lembra-lhe o quê?*
>
> *P: Lembra-me que há muitos anos procurei você, após o nascimento do A. [terceiro filho], e minha mãe havia morrido. Fiquei doente com hipertireoidismo, e você tratou-me pela primeira vez... Você se lembra? Cheguei com os olhos para fora da órbita, o coração muito acelerado, diabética, emagrecendo... e tinha três filhos pequenos. Nessa ocasião eu confundia o cansaço físico*

com a doença... Sabe, Martha, eu não quero mais somatizar... Estou aqui há tanto tempo e quero que você ajude a minha mente a controlar meu corpo.

[Intervenho nesse momento, interpretando-a:]

A: Quando anteriormente você me procurou como médica, a ação dos medicamentos fez com que desaparecessem seus sintomas físicos. Imaginou-se "curada". Depois ao procurar-me como psicanalista, imaginou que eu iria livrá-la para sempre de todos os seus males: "do corpo e da alma". Isso a faz ficar decepcionada comigo.

[Ela confirma:]

P: Martha, fico com raiva de você, porque eu não quero "somatizar" nunca mais. Procurei você para me tratar daquela doença, e você me tratou. Agora voltou a mesma doença e me surpreendeu desse jeito. A diferença agora está em que eu percebo o início dos sintomas. Começou a crescer meu olho esquerdo, mas os exames laboratoriais e outros sintomas clínicos ainda não ocorreram. A diferença agora está em poder perceber-me e cuidar de mim, antes que aconteça o pior, ou que a doença avance. Vivi a vida inteira procurando alguém que tomasse conta de mim.

Quem tomava conta de mim era a R. (irmã mais velha), e eu sonhei com ela esta noite. Sonhei que estava com a R. num dos quartos da casa, e ela dormia. Estava linda... Mas dormia e roncava alto. Aí entra uma menininha de 3 anos com uma fraldinha na mão e cutuca R. E aí ela dá um ronco mais alto, e eu acordo. Olho para o lado, e era meu marido que estava roncando. Precisei ir dormir em outro quarto, sozinha.

> *[Termino a sessão dizendo:]*
>
> *A: Você sonha estar ainda pequenina e sozinha. Ao sentir que "tomo conta" de você de uma forma bem diferente, ajudando-a a pensar, isso vai fortalecendo-a e tornando-a independente de mim e de quem quer que esteja ao seu lado. Todo esse barulho que percebe como ronco, na sessão hoje vem acordá-la para a realidade, porque agora você começa a pensar e perceber o início dos seus sintomas. Poderia sentir-se mais equipada para viver...*

A Medicina como profissão, para a analista, fora anteriormente um bom objeto interno. A Psicanálise hoje é quem ocupa esse lugar. A analista tem conhecimento desses fatos.

"Medicina cura? Psicanálise não cura?", pergunta essa analisanda diante da peculiaridade dos acontecimentos históricos que tem vivido.

A "Psicanálise", estabelecendo-se como um bom objeto interno da analista, permite-lhe identificar as projeções da paciente como objetos de seu conhecimento, e só assim poderá interpretar. A interpretação identifica o analista como um ser separado, o que faz a analisanda perceber que ele possui um forte elo de ligação com seus próprios objetos internos, e também que esses objetos não foram transformados em "objetos de fantasia" (Strachey, 1934).

Quando C. começa a perceber que há diferenças entre a médica que a cura e a médica que a analisa ajudando a pensar, a preencher seus vazios, ela começa a compreender a grande diferença que há entre curar um paciente e analisá-lo.

O analista que está tentando "curar" o paciente estaria desempenhando o papel de superego arcaico deste, fazendo-o sentir que alguns dos seus relacionamentos com objetos internos são "bons", e outros são "maus" e precisam ser alterados.

A análise consiste em interpretar descrevendo os relacionamentos do paciente com seus objetos internos, sem tentar alterá-los, dando autonomia para que o analisando os altere, se quiser ou se puder fazê-lo. Somente assim cada um terá "uma mente própria" (Caper, 1999/2002).

Pensando na relação histórica dessa analisanda comigo, percebo que anteriormente a tratei de uma doença física (hipertireoidismo) na qual seu corpo concretamente perdia "matéria-prima", pois os hormônios tireoidianos em excesso queimavam gorduras e proteínas, danificando a integridade e a estrutura física do corpo. Atualmente, se a relação continente-conteúdo com rêverie não for eficaz, ou se as identificações projetivas forem excessivamente violentas (micro-momentos psicóticos violentos), ela poderá perder matéria-prima da mente, ou perder chances de transformar suas emoções brutas (elementos beta) em elementos do pensamento (elementos alfa). Alucinações, delírios e somatização são transformações projetivas, que procuram quem pense o que não pode ser pensado (Bion, 1962/1980, 1962/1994).

A segunda margem do rio: a Psicanálise

Acredito que foram minhas origens como clínica médica, que trouxeram ao meu consultório muitos analisandos sofrendo de transtornos do pânico,[6] que me ajudaram a realizar e sedimentar

6 "Pânico vem do prefixo grego '*pan*', que significa 'todos'. 'Pânico', então, significa 'todos os medos'. 'Medo' ou 'fobia' podem ter o mesmo significado. A palavra '*phobia*' vem de 'Phobos', nome de um deus da Grécia Antiga, filho de Ares e Afrodite, que era a personificação do medo. Phobos acompanhava seu pai, Ares, o deus da guerra, em todos os campos de batalha" (Martinez et al., 1985, p. 262, tradução livre).

teorias psicanalíticas, aguçando o valor da atenção nas investigações das complexas relações mente-corpo, que continuarei a descrever.

A maioria dos autores propõe que as crises de pânico são eclosões psicossomáticas que chamam particularmente nossa atenção pelo sofrimento psíquico que promovem. São decorrentes da tendência do indivíduo a interpretar, de maneira catastrófica, as sensações corporais, que são percebidas como desastres físicos ou mentais.

A relação mente-corpo impõe-se forte e simultaneamente nesses transtornos do pânico. Grande número de pesquisadores concorda que o distúrbio do pânico resulta da combinação multissistêmica de fatores psicológicos, fisiológicos e genéticos (Gabbard, 1990/1992).

Para nós, psicanalistas, a área do pânico guarda íntima relação com as vivências do terror sem nome ou hipotalâmicas (área do medo) descritas por Bion (1962/1994). O tratamento psicanalítico se propõe a dar nomes e significados específicos à experiência emocional da parceria. Tal nomeação só tem sentido dentro do campo transferencial, pois nesse contexto é que podemos estudar psicanaliticamente a relação mente-corpo.

Os exemplos que estudei nessa segunda margem do rio referem-se a pessoas mentalmente evoluídas, mas com predomínio de funcionamento da parte psicótica da personalidade, evidenciando um ego que se fragiliza diante de estímulos dolorosos como experiências de ausência, separação, perdas, entre outras. Nessas ocasiões, tais pacientes sentem-se ameaçados por morte iminente, ameaça de loucura, estados de fragmentação, dispersão, perda de identidade, perda da noção de tempo e de espaço... Como consequência, constroem em suas mentes contatos com a realidade por meio de delírios, alucinações, *actings* e somatizações.

Em seu trabalho "Pré-concepção e transferência", Junqueira de Mattos (1995), vinculando os conceitos de Freud, Klein e Bion, afirma que já nascemos com uma predisposição inata para a transferência, portanto, para as relações objetais. Esses pacientes que sofrem dos transtornos do pânico têm falhas em camadas primitivas de seu desenvolvimento, e o apego à imagem do analista é vivenciado via vínculo psicótico, e também não psicótico, como descreveu Bion (1957/1994).

Segundo especialistas, como Gabbard (1992/1990), há um estreito vínculo entre ansiedade de separação e transtorno do pânico. Francis Tustin (1986/1990), estudando estados primitivos da mente, descreve que há analisandos que não reagem bem à separação do objeto, como ocorre em outros casos, em que a experimentam numa vibração de personalidade de modulação neurótica. Segundo a autora, a vivência nos estados primitivos da mente é de dramática ruptura física: o chão abre-se a seus pés e "a pessoa é precipitada num abismo". Nessas condições, a angústia de separação é aterradora.

Ao descrever a posição autista-contígua, Ogden (1989/1996) propõe uma hipótese para dar conta de fenômenos como os que estão sendo apresentados. Ele propõe o conceito "posição autista-contígua" como uma organização psicológica ainda mais primitiva que a posição esquizoparanoide. Segundo esse autor, o modo autista-contíguo é pré-simbólico e guarda intensa relação com as experiências prevalentemente concreto-sensoriais. A codificação dos níveis sensoriais está diretamente ligada à aprendizagem das sutis características dos desejos subjetivos em áreas arcaicas. A experiência sensorial, ainda segundo Ogden, tem qualidades ligadas a forma, dureza, maciez, frio, calor, aspereza, lisura, entre outras, que são os elementos iniciais de certas qualidades do ser na relação com os objetos.

Na evolução do processo analítico, esse campo de separação e volta à união encontra a possibilidade de estudo microscópico, graças à relativa estabilidade das regras do *setting* analítico. É frequente que a ausência da analista em férias, viagens e/ou fins de semana acione fantasias de morte e vivências de abandono e rejeição. Em certas circunstâncias, os chamados telefônicos, a voz do terapeuta em secretária eletrônica ou a visão de qualquer objeto que lembre o analista podem amenizar ou eliminar completamente a crise de pânico.

Neste momento passo a expor experiências recentes que penso servir para colocar ideias sobre o vértice analítico, visando estudar os fenômenos psicossomáticos.

Vinheta clínica de análise 1

T. é pessoa muito evoluída intelectualmente. Procurou-me para análise após a morte de uma amiga. Nessa época, começou a ter crises de pânico, com vivências de dispersão e fragmentação, acompanhadas de sintomas como diarreia, insônia e queda de cabelos; ficou ameaçada de paralisação da vida ativa intelectual. Sofria intensa inibição ao trabalhar e criar profissionalmente, e temia perder as funções e cargos que exercia. Paradoxalmente, falava com a analista usando, predominantemente, belas metáforas, mas que em nível profundo constituíam um sistema defensivo para manter a analista a distância.

Historicamente, T. tem colecionado um vasto museu de perdas: um primeiro namorado, aos 20 anos, faleceu de broncopneumonia; a mãe faleceu na segunda tentativa de suicídio; uma amiga, com quem viveu uma relação homossexual durante 17 anos, faleceu de câncer; e já estava em análise quando sua segunda amante apresentou câncer de mama. Ela dizia sentir-se o próprio "lixo atômico": ao se ligar às pessoas, acabava matando-as. Transferencialmente temia por mim... pois, onipotentemente, poderia destruir-me também. Por eu continuar viva, pensando ali com ela, trabalhando seus vazios, seus terrores, ela sofria muito com as separações em férias e feriados. Separação é sempre equacionada à morte, a novas perdas.

Após a separação por um feriado prolongado, T. chegou à sessão do final da manhã e me avisou: "Há uma luz acesa no portão". Em seguida, se deitou e continuou a falar:

> *Esta noite, eu andei às voltas com os relógios. Ontem, esteve no meu setor um colega de Brasília, e eu o levei para conhecer o setor todo, em retribuição às gentilezas que me fez quando estive lá. Depois, fomos tomar um chopp e combinei de levá-lo ao aeroporto no outro dia, às 6 horas. Pedi à telefonista que me acordasse, mas fiquei preocupada, acordando a toda hora. Nessa noite, sonhei que estava precisando viajar, e eu ia perguntando às pessoas próximas que horas eram. Cada pessoa falava uma hora diferente da outra e nunca conferia nenhum horário. Não era que estavam mentindo para mim. Eu olhava nos seus relógios, e eles estavam marcando a hora que cada um dizia, mas era uma hora diferente da outra; não conferia. A minha mala estava desfeita, e eu não conseguia arrumá-la para a viagem. Depois, eu acordei e pensei o quanto aquele sonho me angustiava. Eu achei que as pessoas queriam me deixar doida. Parecia que as pessoas queriam enlouquecer-me.*

Nesse ponto, T. fez uma pausa, e eu falei sobre a necessidade que ela sentiu de ter um ponto integrador, que possa ser um horário de análise, um local de consultório que tenha uma luz acesa, onde ela poderia reencontrar-me. Depois de uma pausa, ela respondeu:

> *Lembrei-me de que naquele sonho tinha um personagem masculino que era alguém de quem eu gostava muito.*

> *No meio daquela confusão de saber as horas, ele também não tinha horário certo para me dar. Fiquei pensando nesse sonho; eu me lembrei de um fato da minha infância, de uma situação que contrastava demais com aquela do sonho, porque nele eu senti muita angústia e muito medo de enlouquecer. Tive a sensação de estar perdida e tudo desencontrado. Quando eu era criança, meu avô era relojoeiro. Ele fazia e consertava relógios. Eu gostava muito de estar naquela loja onde havia relógios de todos os tipos, de todas as formas e de todos os sons. Era muito agradável ficar no meio daquilo, e me lembrei agora da imagem querida de meu avô.*

Segundo Esther Bick (1969), a necessidade de um objeto continente, no estado não integrado infantil, parece gerar a procura frenética de um objeto – uma luz, uma voz, um cheiro ou outro objeto sensorial que possa prender a atenção e, dessa forma, ser sentido, pelo menos momentaneamente, como algo que mantém unidas as partes da personalidade.

T. tinha dentro de si um objeto desmantelado-desmantelador, ameaçado-ameaçador que requeria consideração e consertos. Durante o sonho, lembrou-se do local de "consertos de relógios" do avô, que corresponde à "oficina-ateliê" da sala de análise. Era intensa a consciência da urgência de consertos internos e sua relação com situações atuais da vida da analisanda. As ameaças internas, até então, apareciam sob a forma de objetos devorados-devoradores (cânceres), tempestades de poeira atômica radioativa, representando as angústias de aniquilamento.

A ausência real da analista, no feriado prolongado, desencadeou em sua mente uma volta às experiências catastróficas e, a partir de então, por meio da análise, surgiram possibilidades de "desintoxicação" do terror.

Alguns elementos sensoriais pré-simbólicos, no caso de T., lhe permitiam organizar, dentro da experiência analítica, via sonhos e verbalizações, a comunicação criativa e afetiva de símbolos (Ogden, 1989/1996): a presença real da analista, a qualidade de sua escuta e fala, o espaço de tempo reservado para a intimidade analítica e a existência de uma luz.

Meltzer (1978/1990) afirma que os elementos beta constituem-se na matéria dos pensamentos indigeríveis para o aparelho mental que não puderam ser armazenados como memória e ficaram acumulados na mente. Tal fato se assemelha às teorias iniciais de Freud (1895/1996) sobre histeria, quando as experiências traumáticas foram sentidas, de alguma forma, como corpos estranhos dentro do aparelho mental, e deste poderiam ser extraídas por "processos externos", como a hipnose ou a catarse. Depois, com a Psicanálise, surgiu a possibilidade de vincular esses elementos acumulados a outras recordações, associações, sonhos etc. No caso de T., essa reciclagem dos elementos beta promoveu aberturas para a elaboração de lutos patológicos.

Seguindo o caminho da metodologia psicanalítica, via função de "rêverie" (Bion, 1962/1980), uma recuperação da amnésia dos fatos e sua subsequente elaboração correspondem à ideia de evolução dos elementos beta para alfa e implicam a esperança de reciclá-los com benignidade. Somente então se tornam disponíveis para o uso da memória-sonho (Meltzer, 1978/1990).

Enfatizo que a função de "rêverie" para acolhimento das identificações projetivas estilhaçadas-estilhaçantes, dando-lhes novos significados, é fundamental para a transformação dos terrores sem nome em configurações pensáveis e úteis para o indivíduo.

Vinheta clínica de análise 2

Gomes (1986), ao estudar personalidades tipo borderline e psicótica, afirma que há algumas peculiaridades referentes à "introjeção". Apenas nomear, alfabetizar as dores, para tais pacientes, assemelha-se a passar-lhes um filme de longa-metragem em língua estrangeira desconhecida e sem legenda. As imagens vão desfilando diante de seus olhos, mas ficam inacessíveis à introjeção para a mente. Para a autora, nesses casos, a função da interpretação é muito mais que usar um "fonema intelectual" para identificar a dor. Qualidades de tom de voz, empatia, acolhimento, uso de modelos etc. devem fazer parte de um acervo do analista para conter as partes fragmentadas e cindidas da personalidade.

R. é formado em curso superior, ocupa cargo importante na empresa da qual seu pai é diretor e tinha cerca de 35 anos de idade quando procurou análise. Sua vida transformara-se num "claustro", pois não conseguia sair de casa nem mesmo para pequenas viagens, exceto se acompanhado de familiares. Crises de pânico ocorriam em diferentes situações e momentos, com vivências de morte iminente, com acompanhantes clínicos de taquicardia, sudorese, mãos frias, palidez, opressão torácica e angina pectoris.

Com frequência, ele utilizava memórias de condições instáveis vividas por ele na gravidez e no seu nascimento, trazendo-me história de catástrofes para si mesmo e para sua mãe. Assim, relatava-me que, nos três últimos meses de gravidez, a situação médico-obstétrica foi assustadora. Uma placenta prévia com sangramento materno ameaçou-o de nascimento prematuro. Ao longo da análise, verifiquei que a repetição verbal, contando tais fatos, expressava níveis míticos impressos em sua personalidade.

As crises de pânico eram sempre uma constante em sua vida. Tendo uma parte da mente muito sadia, R. lutou para crescer. Separação para ele foi sempre equacionada com morte. Transformava a celebração de ritos de passagem, como aniversários, formaturas, casamento, nascimento do filho, em vivências de terror.

Antes de viver a experiência analítica, vinha rigidamente recusando a verdade primordial e inevitável de que "a separação é inerente ao viver humano".

Manteve sempre a crença de relação idílica-fusional com a mãe. Entretanto, aspectos sadios de sua mente, avessos a esse conluio, permitiram uma luta de rebeldia, mas, a cada vez que levantava um clamor de vida própria e independente, sentia medo de ser castigado: castrado e morto.

Por meio da análise, pudemos ir percebendo que, pelas crises de pânico, ele tentava manipular onipotentemente a analista. Às vezes, R. concordava e dizia que era assim que costumava fazer com a própria mãe.

Seu mundo interno ampliava-se em relação à compreensão de seus sintomas psicossomáticos. Havia reflexos disso em sua realidade externa: ele tinha conseguido alçar voos internacionais sozinho, correspondendo ao alto cargo que ocupava na empresa em que trabalhava. Nesse momento da análise, ele estava a serviço, com um grupo da empresa, na África. Costumava trazer suas angústias para as sessões que precediam essas viagens internacionais.

Certo dia, deitou-se no divã e cantarolou: "Ai... ai... ai... ai... Tá chegando a hora. O dia já vem raiando, meu bem... e eu tenho que ir embora". Em seguida, passou a um estilo mais narrativo: "Essa noite acordei sobressaltado. Estava sonhando e montando para mim um esquema para inventar alguma desculpa para o meu grupo não ir viajar..." [ri... um riso maroto].

Aguardei-o. Ele prosseguiu:

> *Hoje levei o meu filho ao pediatra. É o seu retorno, depois de 2 anos, que ele completou agora. Ele está forte e sadio para quem nasceu prematuro, pesando 2.100 g! Está medindo 93 cm, a metade de minha altura! O pediatra disse que ele atingirá, pelas previsões, 1,86 m, a minha altura! Está bem de saúde e só voltará ao retorno aos 3 anos de idade. [Sua voz era comovida ao falar do filho.]*

Disse-lhe que, como um menino pequenino, estava sentindo que crescia de forma saudável, não sentindo tanto desamparo ao se separar da analista *para* a viagem a um país distante, estranho e desconhecido. Ele respondeu: "*É, mas o meu medo continua*... estou precisando levar o Lexotan, o Inderal, as gotas de Rescue [composto floral], o meu travesseiro..."

Perguntei-lhe, com certa espontaneidade: "E sua analista, como irá com você?".

Ele, de início, se assustou e riu... dando-se conta da minha indagação e, em seguida, respondeu:

> *R: Você vai comigo, sim, na minha mente, nas experiências que tenho aprendido aqui com você. Elas levam-me a pensar que posso separar-me fisicamente, sem que ninguém precise morrer. Estou precisando usar ainda toda essa parafernália para viajar, mas antes eu não conseguia ir nem daqui a São Paulo sem a família.*
>
> *[Usei, então, o seguinte modelo:]*
>
> *A: Quando chegou da viagem que fez à Alemanha, você contava-me sobre a queda do muro que separava as duas Alemanhas, em Berlim. Hoje, elas estão unidas, porém são diferentes, porque uma parte está mais evoluída e*

ajudando a crescer a outra parte que ficou paralisada. Você sente que há, dentro de você, uma parte que evoluiu e está podendo alçar voos; há outra parte que está crescendo. As duas partes, como as duas Alemanhas, irão igualar-se. Há indicações disso quando, ao nomear seus remédios, travesseiro, por exemplo, você ri de si mesmo, não acreditando tanto neles... Percebo que você anda acreditando mais é em você mesmo, no que tem aprendido aqui, nessa experiência, juntos.

R: Depois da viagem que fiz à Alemanha, como você disse, caiu um muro que havia dentro de mim. Estou cada vez mais livre, mais corajoso, mas continuo com minhas manias. Tenho sempre que repetir as mesmas coisas, como num ritual, quando elas dão certo. Peguei a mesma mala de minha mãe que levei à Alemanha para viajar e estou cuidadosamente arrumando-a. Passo uns 15 dias arrumando a mala para não esquecer nada. Tenho visto no jornal que a temperatura está oscilando na África do Sul, entre 6 e 15 graus. Está frio... Tenho medo de sentir frio e coloquei na mala cuecão, gorro, luvas, casacos... Gosto mais do calor... fico arrumando tudo com muito cuidado, e os objetos mais importantes, como os remédios, eu levo a metade da cartela na bolsa e metade na mala, porque, se houver extravio de bagagem, eu não fico desprotegido, desamparado...

Outra coisa: a empresa pagou-nos a passagem aérea na classe econômica. Paguei mais e vou viajar na primeira classe... Lá as poltronas são mais confortáveis, e a assessoria dos comissários de bordo é mais intensa. Eles estão sempre perto da gente. Quando viajo com minha família,

> *voo sempre na classe econômica, porque, tendo-os por perto, não preciso ser tão paparicado...*
>
> *Essa viagem à África do Sul só tem voo noturno. Gosto sempre de viajar de dia. Não vou tomar o Lexotan no avião, só tomarei à noite, quando chegar. Quero ficar acordado a noite toda assistindo a filmes, porque, se acontecer algum pânico no avião, eu não estarei dopado com remédios e poderei pensar. Ficarei "fusorado", com meu relógio interno desgovernado, porque terei que adiantar meu relógio por cinco horas.*
>
> *Você vê... são essas sensações de medo, de separação que me fazem buscar todos esses rituais. Sei que sou como os índios, que, quando vão guerrear, dançam e fazem "a pajelança", como eles dizem. Assim, acreditam que ficarão com o corpo fechado e não morrerão no combate. Minha mente é primitiva como a dos índios, e esses rituais todos, eu os uso para aplacar esse medo intenso que ainda sinto. Na hora de partir, de despedir, é como se eu fosse do tamanho do meu filho de 2 anos!*
>
> *[E terminou:]*
>
> *Apesar de estar usando toda essa parafernália, esses ritos e esses objetos concretos para viajar, percebo que o que tem ajudado efetivamente é eu aprender a pensar aqui com você nessas experiências. Ando acreditando que tenho muito mais medo de viver do que de morrer... Afinal, que diferença faz – se a gente um dia tem que morrer mesmo – morrer aqui ou na África do Sul?*

Classicamente, o desamparo é comum ao ser humano. As crianças, os índios, os psicóticos defendem-se com onipotência quando não dispõem de cuidados realísticos de pensamento. R., ao assustar-se com a indagação da analista, demonstra ter algum equipamento introjetado para lhe ser útil.

Pacientes como R. vivem prevalentemente em um mundo pré-simbólico. A dificuldade de introjeção, portanto, de simbolização, e o anseio fusional com o objeto levam esses analisandos a estabelecer, na experiência analítica, níveis regressivos de contato em que a separação é equivalente à morte.

No campo do pensar sobre a vida desses pacientes, quero destacar um fragmento escrito pela analista Judith T. C. Andreucci, em 1969:

> *O movimento, a vida, no seu contínuo fluir representam, para estes doentes, uma ameaça constante da desintegração, do fim, do nada. O psicótico, para escapar ao nada, trata de eliminar onipotentemente a vida, o tempo, a realidade, as mudanças, volvendo àquele estado de imobilidade que, no decorrer da ontogênese e da filogênese, parece apresentar a maior segurança contra o perigo de aniquilação total.*

A função metabolizadora da mente da analista (função alfa) acolhe ansiedades graves do analisando, devolvendo-as com novo significado (Bion, 1962/1980). O sentido emerge à medida que o analisando, paulatinamente, vai conseguindo introjetar o "objeto contensor" descrito por E. Bick (1969), estruturando em si um espaço psíquico interno. Repetidamente, a cada encontro com a analista, haverá esperança de reciclar a proliferação desordenada de elementos beta, ressignificando-os para serem introjetados de forma adequada. São análises demoradas... Qualidades especiais de disponibilidade interna da analista, ao atender tais casos, serão necessárias.

Reflexões finais

Os analisandos "psicossomáticos" citados na segunda parte do texto sofreram, precocemente em suas vidas, situações trágicas que desenvolveram seus males, seus pânicos por intensa angústia de separação. Entretanto, ao procurarem colaboração junto ao analista, estão em busca de mecanismos criativos para poder simbolizar e pensar. Assim somos também todos nós.

A análise assemelha-se a um parto, possibilitando o nascimento psicológico (Tustin, 1981/1988). Esses pacientes estão enredados em compressões terroríficas e catastróficas. Na medida em que a análise prossegue, há descompressão dessa área e novos significados são requeridos: em grande parte, ocorre uma alfabetização de vivências emocionais desconhecidas. Elementos beta acumulados, que têm íntima conexão com os distúrbios psicossomáticos, aguardam transformação em elementos alfa pensáveis. Dessa maneira, o analisando poderá sair do mundo aprisionado das sensações, do concretismo, e alcançar a liberdade de viver, prevalentemente, no mundo de linguagem afetiva, simbólica, e dos pensamentos compartilhados.

Referências

Andreucci, J. T. C. (1969). Contribuições para o estudo de situações arcaicas vivenciadas na situação analítica. *Revista Brasileira de Psicanálise, 3*(3/4), 312-340.

Azoubel, D., Neto. (1993). O luto e a dor mental entre os índios. In *Mito e Psicanálise: estudos primitivos sobre formas primitivas de pensamento* (pp. 139-162). Editora Papirus.

Bick, E. (1969). La experiencia de la piel em las tempranas relaciones de objeto. *Revista Uruguaya de Psicoanálisis, 11*(2), 167-172.

Bion, W. R. (1969). A linguagem e o esquizofrênico. In M. Klein, P. Heimann & R. E. Money-Kyrley (Orgs.), *Novas tendências na Psicanálise* (A. Cabral, Trad.; pp. 231-252). Zahar Editores. (Trabalho original publicado em 1955)

Bion, W. R. (1973). A Medicina como modelo. In *Atenção e interpretação* (P. C. Sandler, Trad.; pp. 7-28). Imago. (Trabalho original publicado em 1970)

Bion, W. R. (1980). *Aprendiendo de la experiencia*. Paidós. (Trabalho original publicado em 1962)

Bion, W. R. (1994). Diferenciação entre a personalidade psicótica e a personalidade não psicótica. In *Estudos psicanalíticos revisados* (W. M. M. Dantas, Trad.; 3ª ed., pp. 55-77). Imago. (Trabalho original publicado em 1957)

Bion, W. R. (1994). Uma teoria sobre o pensar. In *Estudos psicanalíticos revisados* (W. M. M. Dantas, Trad.; 3a ed., pp. 127-137). Imago. (Trabalho original publicado em 1962)

Caper, R. (2002). Tendo mente própria. In *Tendo mente própria: uma visão kleiniana do self e do objeto* (H. Pedreira, Trad.; pp. 167-187). Imago. (Trabalho original publicado em 1999)

Chiozza, L. (1988). La capacidad simbólica de los trastornos somáticos. *Revista de Psicoanálisis*, *45*(5), 915-938.

Freud, S. (1996). *Edição standard brasileira das obras psicológicas de Sigmund Freud: Vol. 2. Estudos sobre a histeria (1893-1895)* (C. M. Oiticica e V. Ribeiro, Trads.). Imago. (Trabalho original publicado em 1895)

Freud, S. (1996). A interpretação dos sonhos. In *Edição standard brasileira das obras psicológicas de Sigmund Freud: Vol. 5. A interpretação dos sonhos (II) e Sobre os sonhos (1900-1901)* (W. I. Oliveira, Trad.; pp. 361-665). Imago. (Trabalho original publicado em 1900)

Freud, S. (1996). O ego e o id. In *Edição standard brasileira das obras psicológicas de Sigmund Freud: Vol. 19. O ego e o id e outros trabalhos (1923-1925)* (C. M. Oiticica e V. Ribeiro, Trads.; pp. 15-77). Imago. (Trabalho original publicado em 1923)

Gabbard, G. (1992). Transtornos de ansiedade. In *Psiquiatria psicodinâmica na prática clínica* (A. E. Fillman, Trad.; pp. 149-168). Artes Médicas. (Trabalho original publicado em 1990)

Gomes, M. C. A. P. (1986). O núcleo da mágoa crítica: um estudo psicanalítico sobre certas vivências depressivas arcaicas. *Revista Brasileira de Psicanálise, 20*(1), 19-67.

Groddeck, G. (1977). *The meaning of illness: selected psychoanalytic writings* (G. Mander, Trad.). International Universities Press Inc. (Trabalho original publicado em 1927)

Grotstein, J. S. (Ed.). (1981). Wilfred R. Bion: the man, the psycho-analyst, the mystic: a perspective on his life and work. In *Do I dare disturb the universe? A memorial to W.R. Bion* (pp. 1-35). Caesura Press.

Junqueira de Mattos, J. A. (1995). Pré-concepção e transferência. *Revista Brasileira de Psicanálise, 29*(4), 799-824.

Klein, M. (1982). Notas sobre alguns mecanismos esquizóides. In M. Klein, P. Heimann, S. Isaacs & J. Riviere, *Os progressos da Psicanálise* (A. Cabral, Trad.; 2a ed.; pp. 253-267). Zahar Editores. (Trabalho original publicado em 1946)

Martinez, C. F., Fernández-Galiano, E., & Melero, R. L. (1985). *Diccionario de la mitología clásica* (Vol. 7). Alianza Editorial.

Marty, P., & Muzan, M. (1994). O pensamento operatório (V. A. C. Beusson, Trad.). *Revista Brasileira de Psicanálise, 28*(1), 165-174. (Trabalho original publicado em 1963)

McDougall, J. (1983a). A dor e o psicossoma. In *Em defesa de uma certa anormalidade: teoria e clínica psicanalítica* (C. E. Reis,

Trad.; pp. 153-166). Artes Médicas. (Trabalho original publicado em 1978)

McDougall, J. (1983b). O antianalisando em análise. In *Em defesa de uma certa anormalidade: teoria e clínica psicanalítica* (C. E. Reis, Trad.; pp. 83-97). Artes Médicas. (Trabalho original publicado em 1978)

Meltzer, D. (1989). Desenvolvimento recente do modelo da mente e sua relação com os sonhos na prática clínica. *Revista Ide, 18*, 106-113.

Meltzer, D. (1990). *Desarrollo kleiniano: Vol. 3. El significado clínico de la obra de Bion* (E. Lopez, Trad.). Spatia. (Trabalho original publicado em 1978)

Montagna, P. L. K. (1996). Algumas reflexões sobre relação mente--corpo em Psicanálise e função do analista. *Revista Brasileira de Psicanálise, 30*(2), 463-478.

Nemiah, J. C., & Sifneos, P. E. (1970). Affects and fantasy in patients with psychosomatic disorder. In O. Hill (Ed.), *Modern Trends in Psychosomatic Medicine*. Cambridge University Press.

Ogden, T. H. (1996). Sobre o conceito de uma posição autista-contígua (M. S. G. Moreira, Trad.). *Revista Brasileira de Psicanálise, 30*(2), 341-364. (Trabalho original publicado em 1989)

Ribeiro, M. M. M. (1985). O ego e o id. *Jornal de Psicanálise, 18*(36), 22-26.

Rosa, J. G. (1988). O espelho. In *Primeiras histórias* (24ª ed., pp. 65-72). Editora Nova Fronteira.

Segal, H. (1983). Notas a respeito da formação de símbolos. In *A obra de Hanna Segal: uma abordagem kleiniana* à prática clínica (E. Nick, Trad.; pp. 77-98). Imago. (Trabalho original publicado em 1981)

Strachey, J. (1934). The nature of the therapeutic action of psychoanalysis. *The International Journal of Psychoanalysis*, *15*, 127-159.

Tustin, F. (1988). Psychological birth and psychological catastrophe. In J. S. Grotstein (Ed.), *Do I dare disturb the universe? A memorial to W. R. Bion* (pp. 181-196). Maresfield Library. (Trabalho original publicado em 1981)

Tustin, F. (1990). Objetos autistas. In *Barreiras autistas em pacientes neuróticos* (M. C. Monteiro, Trad.; pp. 85-97). Artes Médicas. (Trabalho original publicado em 1986)

Zusman, W. (1991). La opción sígnica y proceso simbólico. *Tiempo y espacio*, *13*, 189-220.

3. Rêverie hostil e rêverie benigna: estudo clínico do fenômeno da rejeição e sua correlação com a noção de "rêverie" proposta por Bion em sua obra[1]

O presente trabalho nasceu de minhas vivências clínicas ao observar certas configurações psíquicas evocando, em alguns pacientes, profunda dor mental – no caso, a dor do sentimento de rejeição –, que me sensibilizaram por sua frequência, motivando-me a estudá-las. Pretendo aqui estudar o sentimento de rejeição e sua relação com o conceito de rêverie, proposto por Bion.

Bion, em *Learning from experience* (1962/1991), ao trazer-nos a noção de "rêverie" aplicada à Psicanálise, afirmou que estaria usando o termo com "restrição", dizendo que a função de rêverie estaria sempre ligada ao continente (mãe-analista), e não ao conteúdo. Em *Cogitations*, escrito em 1960 e publicado em 1992, expande-se o uso do termo "rêverie", ligando-o não somente ao continente (mãe-analista), mas ao contido (bebê-analisando).

1 Artigo publicado em 1999 na *Revista Brasileira de Psicanálise* (vol. 33, n. 3, pp. 431-447) e como "Hostile and benign reverie" no *Journal of Melanie Klein and Object Relations* (vol. 17, n. 1, pp. 161-180).

Parthenope Bion Talamo (1996), em entrevista à Sociedade Brasileira de Psicanálise de São Paulo (SBPSP), estimula-nos a tal estudo ao falar das ideias de Bion sobre "rêverie", dizendo o seguinte:

> *Suas idéias sobre "rêverie" são um longo processo de aperfeiçoamento da atenção flutuante. Creio que Freud usou essa expressão e Bion a decifrou. Certamente, as próximas gerações de analistas, talvez mesmo a nossa própria geração, poderão decifrá-la um pouco melhor. É somente fazendo esse tipo de trabalho, com a nossa teoria, que podemos nos desenvolver em análise. (p. 104)*

Níveis primitivos e psicóticos da mente, ao descarregarem emoções, produzem excessivas identificações projetivas. Estas não têm somente finalidade de alívio, mas também são usadas como forma de linguagem não verbal em direção ao analista.

Em consequência desse violento bombardeio de identificações projetivas, Bion (1962/1991) intuiu que deveria haver no analista um continente ativo para recebê-las e, a partir daí, introduziu a noção de rêverie, usando o modelo mãe-bebê. O bebê atormentado, com fome, com angústias de aniquilamento etc., procura livrar-se desses sentimentos por meio das identificações projetivas na mãe ou, inicialmente, no seio materno. Se a mãe for capaz de entender essa linguagem e entrar em sintonia acolhendo, desintoxicando, devolvendo ao bebê atormentado suas projeções, agora modificadas, mais toleráveis, haverá novas significações. A rêverie – aspecto emocional do amor materno – junto com a capacidade inata do bebê de tolerar frustrações, por meio da função alfa, poderá levar o bebê à capacidade de simbolizar e pensar.

Essa rêverie materna corresponde à rêverie positiva ou benigna pela qual o analista acolhe as identificações projetivas, os delírios, as alucinações, os "*actings*" do paciente, para transformá-los e nomeá-los.

Quero destacar, como contraponto, a rêverie hostil. Bion (1960/1992), em *Cogitations*, formulou essa noção. As projeções do paciente, comandadas por astúcia psicótica, são dirigidas ao analista visando atacá-lo, transformá-lo e, no êxito, colocá-lo de modo deformado qual um objeto que faz parte de uma coleção de tudo que não deu certo em sua vida: sala de troféus de um museu de triunfos psicóticos sobre objetos potencialmente vivos e vitalizadores. Esse é o perigo a que o analista necessita estar atento.

Usando o modelo mãe-bebê, a rêverie hostil seria o seguinte: se há angústia de aniquilamento, fome, a maneira de resolvê-la seria atacar ávida e invejosamente a mãe qual os ataques de amor canibal do bebê-tubarão.

A rêverie hostil não tem como única finalidade ou função destruir o analista. É tática de sobrevivência, pois o bebê-tubarão ataca a mãe para ver se ela sobrevive a ele. Se ela sobreviver, vai se confirmando a não onipotência destrutiva, entrando, para isso, a função de rêverie benigna da mãe ou do analista, numa dinâmica esperançosa de que haja introjeção dessa experiência em nova pauta.

Tenho percebido em minha experiência clínica, com certa frequência, situações em que o paciente "prefere" ter uma repetição daquilo que a mente dele fabrica, por meio do delírio, a sofrer um contato inédito dentro da experiência analítica rumo a novo conhecimento. Assim, o paciente, para evitar o contato com a experiência, "prefere" repetir uma dor violenta já conhecida e com a qual está familiarizado a ter uma experiência de alívio de uma dor desconhecida com o analista. É uma outra leitura da importância de atender à compulsão à repetição proposta por Freud (1920/1996), conectada à sinistra dinâmica dos impulsos de morte. É interessante observar que, em *Cogitations*, Bion (1960/1992) retoma essa questão do deslocamento, ou "*displacement*", mas agora visando estudar o fenômeno da rejeição. Bion atenta, no capítulo sobre o tema, para a questão de que há certas pessoas que, desde o início da vida, fazem um "*splitting*" e constroem, com bastante refinamento, uma rede de rêverie hostil para lidar com seus objetos e com o mundo externo.

O deslocamento é um mecanismo de defesa descrito por Freud (1900/1996). É classicamente um mecanismo de defesa estudado nos seus trabalhos sobre interpretação dos sonhos e no exame dos sintomas ligados a neuroses traumáticas.

A dor do sentimento de rejeitar e ser rejeitado é intensa; a pessoa não a tolera e, imediatamente, tal sentimento é negado e deslocado. Este, não sendo operado no aparelho psíquico por uma falha em sua função alfa, provoca uma dinâmica de entretenimento para um conluio que aponta para a recusa do sentimento doloroso; assim, não é elaborado no nível mental. Se houver deslocamento que passe despercebido pela dupla analítica, não só se mantém como é reforçado o sistema delirante.

O sujeito da rejeição atual, no caso o analista, sofre um investimento de tudo aquilo que a pessoa suprimiu de ruim na sua velha história. Ou seja, o paciente diz na transferência: "você é igual ao fulano que já me fez tanto mal", ou "você é igual ao sicrano que também me fez tanto mal". A partir daí, vai desenvolvendo devaneios de rêverie hostil. É como se houvesse uma cápsula de autoenvenenamento, em que uma parte da mente fica funcionando como um acúmulo de objetos maus que governam a rêverie da amargura. Está assim criado um casulo no qual a personalidade fica prisioneira, entretendo uma dinâmica permanente de ressentimento, rejeição, vingança e insucessos.

Um modelo apropriado para entender esse fenômeno é o texto de Freud (1925/1996) "Uma nota sobre o bloco mágico", em que ele diz que, quando uma pessoa anota alguma coisa numa folha transparente que fica sobre um bloco de cera e quer apagar o recado atual, ela levanta a folha inicial, e o que está embaixo permanece.

Fixa-se no bloco de cera uma memória que não se apagará facilmente. Então o objeto da história mais antiga da vida do sujeito que sente a rejeição fica sendo o personagem principal de sua história atual, ou seja, um fato atual vem estimular a velha memória do sujeito e as figuras do seu passado. Tornando atuais seus objetos maus e rejeitadores, ficam eles, agora, sendo os personagens mais importantes do evento que ocorre na atualidade.

A desconstrução dessa rede de rêverie hostil implica a esperança de que algo de útil irá surgir a partir da experiência analítica, quando o analista puder, com cordialidade, falar à parte não psicótica da mente do paciente, mostrando sua capacitação para distinguir o que é verdadeiro e o que é falso. Além disso, nesses momentos se evidencia que resulta inútil a criação de manobras cindindo os sentimentos de rejeição e de ódio referentes a alguém significativo de seu passado que está ausente no tempo e no espaço. Essas são ciladas evasivas em busca de culpados no passado, mas que acarretam destruição do presente e fechamento do futuro.

Desenvolvimento teórico visando à microscopia dos dois tipos de rêverie

O desenvolvimento da experiência emocional vivida pelo par analítico dentro do *setting*, com a presença viva e autônoma do analista, provoca encontros que se alternam com desencontros, reproduzindo as inevitáveis separações, frustrações, privações, que se assemelham às vicissitudes do vínculo do bebê com sua mãe, que se torna seu objeto esperado.

Quando há inscrições de espera é porque há registro de ausentes. O registro de quem está ausente é que dá capacidade simbólica, por meio da tolerância ao vazio. Se não houver consentimento em registrar a ausência, esta pode ser preenchida por um objeto de perseguição, que é um objeto mau, e pode haver uma proliferação de objetos maus.

Bion (1955/1969) expandiu o conceito de Melanie Klein (1946/1982) sobre identificação projetiva, baseando-se no fato de que, se existe uma projeção por cisão do ego, deverá haver um objeto para o qual esta se destina. Surgiu, assim, a noção de continente com rêverie, que aguarda e se propõe a receber e acolher as identificações projetivas para re-significá-las e transformá-las.

Após trabalhar com pacientes psicóticos e limítrofes, Bion (1962/1994) postulou a existência da função alfa. Tal função integra sensações provindas dos órgãos dos sentidos com as emoções que essas percepções sensoriais evocam e integra os objetos sensoriais com as emoções por eles estimuladas. Agindo sobre a experiência sensorial, a função alfa liga o mundo externo ao mundo interno, transformando as experiências sensoriais em elementos alfa. Esses elementos, unidos, formarão a barreira de contato que é limitadora entre o consciente e o inconsciente. Os elementos alfa servirão para estruturar o pensamento, tanto em estado de vigília quanto durante o sono.

As experiências de desencontro com o objeto esperado são inerentes e indispensáveis à vida humana, podendo seguir dois caminhos em relação ao desenvolvimento:

1. Se o ódio resultante da frustração pelo objeto esperado não for excessivo à capacidade do ego de suportá-lo, o resultado será um sadio rumo à simbolização, à formação do pensamento por meio do que Bion denominou "função alfa".
2. Se o ódio for excessivo, os protopensamentos são deformados, os quais Bion denominou de "elementos beta". São experiências sensoriais muito primitivas que adquirem uma natureza concreta porque não puderam ser pensadas. Eventualmente, aguardam a possibilidade de ressignificação. Tais elementos

tornam-se aglomerados e seu conjunto formará a tela beta. Esses aglomerados são semelhantes a um ninho de mísseis, ou a uma bomba armada prestes a entrar em erupção, formando, até certo ponto, uma organização ou uma contenção instável da parte psicótica da personalidade.

Para Bion (1962/1991), os elementos beta que formam a tela beta originam-se a partir da reversão da função alfa e carregam traços de superego e de ego, sendo relacionados aos objetos bizarros. Nesses mesmos estudos, Bion afirma que a parte psicótica da personalidade tem a capacidade de evocar emoções no analista, graças ao funcionamento da tela beta. Assim, os elementos beta, emanados de tal tela por identificação projetiva, evocam no analista muito mais a necessidade de produzir nele um envolvimento emocional do que dele receber interpretações psicanalíticas.

Bion (1962/1994) também nos expõe os destinos dos elementos beta, agindo no sentido de livrar as experiências sensoriais que não puderam ser digeridas ou pensadas, buscando alívio imediato de diferentes maneiras:

1. expelindo esses elementos por meio de identificações projetivas, constituindo alucinações ou delírios;
2. evacuando em direção ao corpo, estruturando doenças e sintomas psicossomáticos; e
3. expelindo por meio de atividade muscular sob a forma de "*actings*".

Estudei, em trabalho anterior (Ribeiro, 1997),[2] os destinos dos elementos beta na gênese dos fenômenos psicossomáticos e, agora, o presente estudo refere-se aos destinos desses mesmos elementos, transformados em "*actings*", alucinações e delírios, atuando por meio de identificações projetivas em direção ao analista.

---

2 Este artigo pode ser lido nesta edição (pp. 17-59). (N.E.)

A rêverie hostil, habitualmente, segue a direção paciente → analista ou, tendo em vista o modelo primitivo, a direção criança → mãe. A rêverie benigna, idealmente, deve funcionar do analista em direção ao analisando, e da mãe em direção ao bebê. Por se tratar de pares humanos (analista-analisando ou mãe-bebê), em algumas ocasiões poderá haver inversão dessas direções. Antonino Ferro (1995) estuda tais fenômenos citando "crianças que cuidam dos pais".

Em "Esboço de Psicanálise", Freud (1940/1996) diz que é comum que, em perturbações psicóticas agudas, ainda exista oculta, em algum espaço da mente do paciente, uma pessoa normal.

A rêverie benigna da analista abre uma dinâmica de esperança, enquanto a rêverie hostil entretém desespero ou situações sem saída: o passado decretando a abolição do presente e do futuro. Tais eventos estão a serviço da psicose e de certas situações em que os fantasmas do passado governam os vivos e os presentes. Ao transcrever duas sessões de análise consecutivas, tento examinar as manifestações dessas manobras psicóticas e colaborar com o desenredamento dessa teia, qual talismã negativo ou magia negra.

Material clínico ilustrando transformação na experiência analítica da díade: rejeição – rêverie hostil

Leontes teve uma história peculiar de vida. Terceiro filho de um casal de quatro filhos. Seus ascendentes eram europeus que chegaram ao Brasil sem erudição. Com força e trabalho conseguiram lavrar a terra e educar os filhos, conseguindo ele ser o primeiro a estudar na universidade.

L. havia dormido junto com seus três irmãos num quarto ligado ao dos pais, sem portas, até os 12 anos de idade. Dizia ficar acordado até tarde e perceber os sons e as músicas das intimidades de seus pais, que lhe despertavam grande mal-estar, nojo e grandes insônias. Ele se acariciava com as mãos e só assim adormecia.

Aos 13 anos sua família mudou-se para uma propriedade nova, e L. teve pela primeira vez um quarto com portas separadas de seus pais. Nesse período as técnicas de drenagem masturbatória se ampliaram. Tendo crescido rapidamente e se transformado em um homem de aparência sedutora, conquistava as mulheres como um "Don Juan". Após deixá-las apaixonadas, descartava-as como um ser coisificado.

Conheci-o há oito anos numa primeira entrevista, quando me procurou por estar com problemas conjugais. Na ocasião, recusou o tratamento analítico, opondo-se às regras do contrato de trabalho (número de sessões, horários etc.).

Voltou a procurar-me depois de seis meses, por insistência da esposa. Fatos novos estavam deixando-o transtornado. Temia perder a cabeça, agredir e até matar a esposa. Sentia que tal perturbação começava a impedi-lo de continuar trabalhando. Ao procurar-me, estava sofrendo uma ameaça de desagregação de vínculo conjugal, de vínculo de trabalho, de vínculo emocional.

Nessa entrevista contou-me que, durante os jogos amorosos, o casal se excitava fantasiando situações de lembrança de outros relacionamentos amorosos ocorridos antes de iniciarem o namoro. Afirmava que tais fantasias necessitavam ir se ampliando, e a esposa, sob essas condições, fez-lhe a revelação, pela primeira vez em dez anos, que tivera relações sexuais com penetração pênis-vagina com um namorado durante os dois anos em que estiveram separados, antes de contraírem matrimônio. Contava-me que viera de uma família de ideologia machista e que "mulher dele" nunca poderia ter tido um relacionamento íntimo com outro homem.

Esse fato, ao ser relatado, explodiu em sua vida como uma bomba, porque o desastre, que agora narrava, ele já albergava dentro de si. Havia toda uma história de catástrofes anteriores, ou seja, uma história de traição que voltou à sua memória e o induzia a destruir a esposa, até a matá-la, apesar de senti-la fiel durante o matrimônio de dez anos.

Ele viveu loucamente como se esse tempo não houvesse existido e a história não tivesse mudado. Não podia recorrer às lembranças do casamento atual como produtivas, de criatividade, de parceria, embora tivesse filhos sadios e êxito profissional.

Dizia-me que o fato acontecido com a esposa o decepcionara tanto que precisava acabar com ela. A mulher, propriedade dele, nunca poderia ter tido outros homens, esquecendo-se de que ela tem pai, irmão e filhos homens.

Eu me deparava, impactada, com um desconhecido que se desdobrava entre nós. Ele, sempre cheio de defesas, barrava-me muitas vezes com agressão e hostilidade de ter um contato mais próximo.

Houve várias ausências na análise desde o nosso primeiro encontro. Ele viajava para congressos, mas essas ausências eram abolidas de sua mente. Eram escotomizadas, ocorrendo um distúrbio espaçotemporal com a realidade que nos impedia de investigá-las na relação analítica. Chegaram nossas primeiras férias, determinadas por mim, em que me ausentei por duas semanas.

Seu retorno das férias despertava-me certa intranquilidade... Com quem estaria L. na minha ausência? Que usos teria feito da minha opção de deixá-lo durante as férias? Seu passado histórico de se sentir excluído, rejeitado e ressentido, como iria manifestar-se na relação transferencial? Conhecendo um pouco de seu mundo interno caótico, desde seus inícios, eu o esperava com certa apreensão.

Primeira sessão após as férias

Em meu sistema de atendimento, os pacientes possuem a chave do portão que dá para um jardim interno, e por ele se chega à sala de espera do consultório. Tal sala comunica-se com minha sala de atendimento por uma porta dupla. A sala de atendimento, por sua vez, comunica-se com uma terceira, de estudos, onde fico lendo quando meus pacientes se atrasam ou faltam. Entre a sala de espera e a de atendimento há uma campainha. Combino com os pacientes que a campainha deverá ser acionada se a porta que liga as duas salas estiver aberta, significando isso que o horário já se iniciou.

Às 19 horas (era seu horário de segunda-feira), abri a porta para chamá-lo para essa primeira sessão. Como não havia ninguém na sala de espera, fui para minha sala de estudos, tendo o cuidado de deixar as portas semiabertas.

Tentei ler alguma coisa, mas estava ao mesmo tempo dividida, prestando atenção a qualquer movimento que indicasse a chegada de meu paciente. Nada ouvia. Passaram-se dez minutos e, de repente, ele tocou a campainha por duas vezes: primeiro fracamente, com um pequeno toque, e depois demoradamente, fazendo um grande ruído. Ele entrou sorrateiro e silencioso.

Fui a seu encontro e percebi-o com a face transtornada de raiva, pálido e abatido. Mal me cumprimentou e perguntou, asperamente, se era para ter tocado ou não a campainha. Respondi-lhe que sim, antes que nos acomodássemos eu, na minha poltrona, e ele, no divã. Ele se deitou e ficou imóvel no divã, sem modificar em nada sua fisionomia de raiva. Permaneceu assim, em silêncio, por mais dez minutos. Resolvi, no final desse tempo, romper o silêncio, que é incomum a esse paciente: "Sinto que está havendo um desencontro aqui, nesse nosso primeiro encontro após as férias".

Ele, enfurecido e com muito ódio na voz, me respondeu:

> *Sua voz está irritada hoje. Percebi isso desde que perguntei sobre a campainha e você disse que deveria tê-la tocado, sim... [Arrogantemente diz:] Se minha análise aqui com você não lhe é agradável, é só dizer que eu vou embora já. É assim que faço quando sinto que não estou agradando as pessoas...*

Vi uma criança pequena, desamparada, que precisa tanto da mãe, mas chega batendo, chutando, empurrando, gritando, mostrando o contrário do que estava necessitando: ser acolhida. Falei isso a ele, o que o encorajou a continuar:

> *P: A coisa aqui começou quando cheguei e coloquei a chave no portão. Tive que rodar duas vezes a chave na fechadura para abrir o portão de entrada. Enquanto isso acontecia, comecei a ficar confuso sobre o dia de recomeçar a análise após suas férias. Depois entrei e vi a luz acesa e a sala com as rosas frescas na jarra. Fiquei mais tranquilo quanto à data de sua volta das férias. Depois, aquele silêncio... a porta aberta e você que não aparecia; eu olhava e não a via na sua sala. Então a minha aflição foi aumentando novamente. Eu não quis tocar a campainha logo, porque achava que iria invadir a sua casa.*
>
> *A: Percebo, pelo seu tom de voz, pela comunicação de seu sofrimento, que agora está melhor da sensação de caos que teve ao perder-me durante as férias e, ao chegar, não me ter encontrado. Primeiro, mesmo tendo que girar duas*

vezes a chave para abrir o portão, você entrou. Houve esperança de encontrar-me ao ver a luz acesa, as rosas frescas e os móveis. Depois perdeu-me de novo no tempo eterno de dez minutos, quando eu estava ausente da sala. Agora, ao ver-me e ouvir minha voz, está podendo perceber que não me matou com a separação nem com seu ódio. Agora, estamos aqui e podemos falar dessa sua dor, chamada rejeição.

P: Essa sensação de rejeição que sinto faz-me sofrer e brigar com minha mulher, com meus irmãos, com minha mãe e com meus amigos. Estou sempre me sentindo rejeitado. Às vezes minha mulher faz qualquer gesto, eu já me recolho, sofro, grito e brigo com ela. Meu filho de 6 anos gosta mais dela do que de mim; o outro, de 4 anos, parece que gosta de mim. Na escola punham-me apelido com facilidade, porque eu não conseguia ficar calmo diante de uma crítica, ou de alguma palavra sugestiva de que alguma pessoa estava me rejeitando...

[Sem interrupção, disse:] Mas antes de tudo isso acontecer aqui, hoje eu vinha pensando em lhe falar sobre o pavor de morrer que estou sentindo depois de perder meu irmão. Meu pai e ele tiveram morte prematura e súbita. Meu irmão tinha feito todos os exames na minha cidade. Acho que os cardiologistas de lá têm aparelhos sofisticados, mas não sabem interpretar os exames. Nas suas férias fui procurar, com um amigo meu, um nome de um cardiologista clínico da capital e ele me indicou o dr. José da Luz. Só não gostei é que marcaram a consulta para o dia 12, dia em que eu tenho análise aqui com você, e vou perdê-la.

Falei que durante minha ausência, apesar de não ter sintomas físicos, levado pelo medo de morrer, pela paralisação do "órgão das emoções", dos afetos, do relógio que controla a vida – o coração –, ele precisou procurar alguém muito especial que tem luz (vida) no sobrenome, que o iluminasse para pensar e dar nome a essas angústias que naquele momento estava podendo nomear ali comigo: medo de separação, de ficar sozinho, de morrer, de ser rejeitado por mim... Ao encontrar-me pôde, então, nomear suas angústias, pensar e sentir que estávamos juntos outra vez e aprender com essa experiência.

Ainda assustado e um pouco mais descontraído, respondeu-me:

> *Martha, eu quero viver muito. Tenho tudo para viver bem e não consigo. Antes de meu irmão morrer eu queria construir um prédio de consultórios no centro da cidade. Parei com tudo, esperando a morte também. Agora quero retomar o projeto e construir tudo bem bonito.*

Ele terminou descrevendo com minúcias como seria o projeto que quer construir. Descreveu as salas, os três pavimentos e o terceiro andar todo ajardinado, com muito verde e muita luz, que poderia ser alugado para grandes festas.

Terminei a sessão dizendo que ele estava, nesse momento, podendo encontrar a vida que existia dentro dele e, assim, programar, construir, fazer planos; não para se paralisar ou morrer, mas para construir e viver.

Comentários

Durante a sessão, de imediato, não pude sinalizar ao paciente o que passo a destacar agora. Desde o início percebi-o alucinado, perseguido, num estado de mente explosivo que se prolongou por grande parte da sessão. Não houve momento em que eu pudesse sinalizar a explosão para que ele fosse acordado da alucinação de sua ambivalência comigo, mostrando que o acolhia, e não o rejeitava.

Quando ocorre separação, há necessidade de reconhecer a ausência do objeto para desejá-lo. O objeto ausente seria o objeto do acolhimento, do desejo, e um convite para simbolizar e pensar. Não podendo tolerar nem o vazio nem a ausência, ele transformou-me em objeto mau, saturando sua mente, formando um microdelírio ou uma cápsula cheia de objetos maus. Uma parte de sua mente ficou funcionando como rêverie de objetos maus, ou rêverie hostil, e ele ficou aprisionado em si mesmo, entretendo-se numa dinâmica de ressentimentos comigo. Desde o início fui revestida de um significado de má vontade, de indisposição de atendê-lo, de rejeição a ele, provavelmente por transformações projetadas em mim, ligadas a resíduos de inveja, ciúmes e arrogância. Assim, quando assinalo o nosso re-encontro, ele logo o transforma em des-encontro. A porta estava aberta, as rosas estavam no vaso, a luz estava acesa e eu estava ali, disponível. Em vez de sentir acolhimento, ele concretiza o microdelírio e sente-se rejeitado. É ele quem me rejeita, invertendo tudo. A parte psicótica de sua mente astutamente faz um arranjo, por meio da fantasia onipotente de me controlar, fazendo manobras comigo para repetir sua história de vida.

Nesse funcionamento psicótico, ele tem uma captação aguda da musicalização da minha voz, dos meus gestos e da minha postura. O meu "sim", sinalizando que o toque da campainha já estava combinado, é sentido por ele como um "sim" gritado, com irritação, com rejeição, dentro desse sistema delirante.

Os chamados dez minutos de eternidade não significaram somente a metáfora que usei para falar da dor, da ausência, da exclusão e do vazio. Foi também a sinalização de rupturas, de momentos de pânico e de eclosão de angústias catastróficas. Contando histórias de morte, de infarte do miocárdio, de vítimas do coração, ele faz um deslocamento. Desloca para o coração a dor mental para evitar a consciência da separação, dizendo-me que iria resolver questões afetivas na capital, e não comigo.

Na minha ausência, em sua fantasia, ele seria castigado ao ter-me transformado em objeto morto. Isso porque as rosas que enfeitam a vida também enfeitam a morte e chamam a atenção para o fato de que ele não estaria ali só em função do ódio e da intolerância, mas também em contato com um objeto morto. Este não se move por impulsos autogerados. É preciso existir em mim vitalidade, movimento, para que ele possa perceber-me viva ao seu lado.

No momento do nosso re-encontro, não tendo tolerado minha ausência por não poder pensá-la, ele substitui uma libertação de dor por uma compulsão à repetição, de dinâmica perversa. Ao não ter sinalizado que ele estava identificando-se com quem o maltratou, com quem o abandonou, portanto, com o agressor, de vítima ele passou a ser carrasco ("eu chuto... eu brigo... eu interrompo o trabalho..."). De vítima e de perseguido, com todo o preconceito que ele carrega de ter sido sempre maltratado, ele inverteu a situação e passou a ser ameaçador. Assim ele seguiu cultuando um modelo de terror para entreter memórias que lhe interessam e para continuar, maniacamente, em dinâmica perversa.

A dinâmica sadomasoquista na sessão apareceu nas manipulações ao falar de situações ligadas à mão dele: nas voltas da chave que teve que dar na fechadura para abrir a porta, nos toques da campainha (mamilos) que fez com força etc. Seguiu-se a isso muito medo e apreensão por parte dele. Nesse funcionamento psicótico, ele segue se entretendo, evitando uma depressão muito grande que é temida por ele.

Sapienza e Junqueira Filho (1996) enfatizam a importância da captação das "pré-moções e emoções sexuais" em estado nascente. Isso ocorrendo, facilitará a linguagem e a comunicação para transformações em pensamento. Caso contrário, aparecerão, prevalentemente, reações de descarga e "*acting out*", que na prática clínica se transformarão nas denominadas transferências eróticas relacionadas à sexualização do vínculo e à agressividade, que serão disfarces do ódio à própria experiência psicanalítica ou à repetição, com a analista, da sua velha história.

Segunda sessão após as férias

O horário era o mesmo: 19 horas. Ele chegou 20 minutos atrasado.

Nesse dia eu já o esperava na sala de atendimento e pude perceber sua chegada ruidosa, diferente da sessão anterior. Ele abriu o portão e entrou conversando e rindo animadamente com uma pessoa, que de início imaginei ser sua esposa, que eu vira só uma vez. Fiquei surpresa quando me apresentou a moça como sua cunhada mais nova. Ela sentou-se na sala de espera, e ele entrou e deitou-se no divã. Foi logo justificando que trouxera a cunhada porque ela estava em sua casa, tinham iniciado um assunto e queriam aproveitar a viagem, de sua casa ao meu consultório, para continuar conversando. Não podiam perder tempo porque no dia seguinte ela viajaria para Londres.

Disse a ele que eu o estava percebendo muito alegre e animado naquele momento. Ele respondeu:

> *P: Discuti muito com minha esposa por causa da minha cunhada. Ela queria levar a irmã de carro com motorista até o aeroporto, e eu achava que isso seria uma grande mordomia. Sugeri que fossem de ônibus. Depois, pensando nas coisas que tenho conversado aqui com você, relacionadas a não sentir culpa e poder*

> *viver com conforto material, aceitei que elas fossem com o meu carro, que é melhor, e com um motorista experiente. Depois vi que minha mulher havia dado 200 dólares de presente à irmã para ela gastar como quisesse na Inglaterra, e pensei: "Será que isso não é pouco? Devo dar mais?".*
>
> *A: Apesar de ter chegado alegre e animado, sinto-o, agora, confuso e sem saber como lidar com uma mulher que desaparece e depois volta, como aconteceu entre nós após as férias.*

Ouviu minha intervenção e, mobilizado por ela (sonho emanatório), logo disse:

> *Estou assustado com um sonho que tive na segunda-feira à noite. Foi muito difícil lembrar-me desse sonho. Foi mais triste do que difícil. Tem muitos detalhes que esqueci. Sonhei que estávamos no Pati, naquele vilarejo onde nasci, com todos os meus irmãos. Estávamos todos juntos naquela casa onde nascemos e fomos criados. Lá havia uma edícula com um quartinho no fundo da casa. Sonhei que meu pai e minha mãe haviam brigado. Eu via meu pai saindo do quartinho do fundo da casa, muito abatido, com uma fisionomia muito triste e, ao mesmo tempo, arrasado! Fui ao seu encontro e perguntei por que ele estava assim. A resposta foi que minha mãe andava traindo-o com outros homens, e ele estava separando-se dela por isso. No sonho tive uma impressão terrível de meu pai, peguei um facão grande, saí estourando e esfaqueando*

> *animais e móveis que eu encontrava pela frente. Estourei tudo, numa descarga de raiva, querendo arrebentar tudo que estivesse à frente. Em seguida, sonhei que eu estava neste mesmo local, e aparecia uma cadela de olhos tristes, trazendo uma cadelinha, que era sua cria, junto dela. Ela olhava-me pedindo amparo e abrigo. Era uma cadela chamada Nara, que tínhamos lá no Pati e de que eu gostava muito. Ela engravidava de qualquer cachorro e, depois, vinha de volta pedir abrigo para si e para sua cria.*

Terminou, rindo nervosamente: "Eu não sei o que você vai dizer desses sonhos, mas eu fiquei assustado com eles. Tinha muitos detalhes de que eu me esqueci".

Fiquei impactada, tentando pensar, e ele prosseguiu:

> *P: Não suporto pensar que a F. [esposa] me traiu com outro homem, mesmo antes de casar-se comigo. Isso volta sempre à minha mente. Ela fica sendo para mim como essa cadela de que eu gostava tanto, que saía e voltava, que tinha se dado, no cio, para todos os outros cães e sempre voltava trazendo a cria para eu criar.*
>
> *A: Sentindo-se rejeitado, excluído, sozinho, quando me afasto de você, você fica violento e com muito ódio. Quer exterminar-me. Reduz-me a um quadrúpede que se ausenta para perpetuar a espécie. Abandonei-o por outros. Mas não é só ódio que sente por mim. A analista (ca-dela) volta e é afetiva; tem olhos para você, e agora você quer continuar, sem destruí-la, para descobrirmos em parceria algo novo para pensar sua vida.*

Esperei uns minutos, e ele permaneceu em silêncio, com o rosto ruborizado, mas sem sinais de rancor. Terminei a sessão. Ele se levantou e foi em direção a uma escrivaninha na qual havia um pequeno porta-retrato com a foto de meus quatro filhos, e disse: "São seus filhos? Quatro homens?". Respondi que sim, e ele disse: "Eu e a F. já temos dois filhos homens. Estamos planejando ter uma menininha!".

Uso de modelo literário para reflexão em Psicanálise sobre o tema "rêverie hostil vs. *rêverie benigna"*

Ao escrever um trabalho clínico sobre um paciente prisioneiro de uma psicose, encistado em uma rede de ressentimentos, rejeição, turbulência, ciúmes, situando-se à beira de um abismo emocional, veio-me à memória um conto de Shakespeare (1611/1988) denominado *Conto do inverno*, ligado a paixões humanas que se desenvolvem num plano psicológico, cujo tema central é o amor e o ciúme.

Vou destacar dois conjuntos de ideias visando a uma exposição didática:

Sinopse do *Conto do inverno*

Apresentarei uma sinopse como uma espécie de convite à leitura desse texto, referenciado como o último dos escritos de Shakespeare (1611/1988):

> *Leontes, rei da Sicília, recebeu em visita na corte o seu amigo de infância, Políxenes, rei da Boêmia. Não*

conseguindo dissuadi-lo a ficar mais tempo, pede à esposa, Hermíone, para ver o que poderia fazer. Saindo-se bem da missão de que a incumbira o marido, Leontes começa logo a sentir-se atacado pelo ciúme, surgindo negras sombras em sua imaginação. O ciúme vira uma obsessão e Leontes ordena a Camilo, seu súdito, que envenene o amigo. Camilo, porém, sabendo que Políxenes e Hermíone são inocentes, avisa o rei ameaçado que o da Sicília estava loucamente enciumado. Fogem Camilo e Políxenes para a Boêmia, durante a noite. Acreditando que suas suspeitas se confirmaram com a fuga de Políxenes e de Camilo, Leontes deixa cair toda sua cólera sobre Hermíone. Publicamente ele a declara adúltera, afasta-a do filho e atira-a na prisão, apesar de ela estar prestes a ser mãe. Hermíone suporta a adversidade com paciente dignidade, mas seus protestos de inocência, bem como os da corte, nada valem. Leontes está convencido de que a esposa seja criminosa; mesmo assim, envia mensageiros ao oráculo de Delfos, a fim de que a consciência dos outros fique em paz. Quando a rainha tem uma filha, sua camareira Paulina, esperançada de que, ao ver a inocente criança, o coração do rei se abrande, leva a princesa para que ele a veja. Leontes declara que não reconhece a menina como sua filha. Paulina afirma que ele não passa de um tirano ciumento. O rei procura matar a menina, ordena a Antígono, marido de Paulina, que leve a princesa para um lugar deserto e lá a abandone.

Levada a julgamento público, Hermíone, calma e digna, declara-se fiel ao marido, acrescentando que Políxenes e

Camilo eram leais. Leontes pede que se ouça o oráculo de Delfos. Os embaixadores de Leontes trazem notícias do Oráculo que diz: "Hermíone é casta; Políxenes, inocente; Camilo, súdito leal; Leontes, tirano ciumento; sua inocente filha foi concebida honradamente e o rei viverá sem herdeiros, se aquela que está perdida não for encontrada". Mesmo assim Leontes não se convence e ordena que prossiga o julgamento. Enquanto isso tem ele notícias de que seu filho único, Mamílio, morrera de desgostos, ao saber dos sofrimentos da mãe e de sua morte aparente, pois Hermíone tivera um desmaio, parecendo morta. A rainha é levada embora e dada como morta, enquanto Leontes, arrependido com a cegueira que mostrara, lamenta-se do ocorrido. Antígono, porém, tem uma visão que lhe avisa que o nome da criança deveria ser Perdita. Ele a abandona nas costas da Boêmia e ela é encontrada por um pastor. Logo depois Antígono é devorado por um urso e o navio que o trouxera naufraga. Deste modo nenhuma notícia chega à Sicília. Assim o ciúme causou ao rei a perda de um amigo, de um conselheiro, de um leal cortesão, da filha, do filho e da esposa, para a qual foi construído um túmulo.

Passados 16 invernos, Florisel, príncipe da Boêmia, começa a passar a maior parte de seu tempo na casa de um pastor que tinha uma bela filha. Querendo verificar os rumores que corriam, Políxenes e o velho Camilo se disfarçam para descobrir o que havia na casa do pastor e ficam profundamente impressionados com a beleza de Perdita. Quando Florisel pensa em ficar noivo da pastora, o rei surge e pune todos os implicados. Perdita aceita a sentença heroicamente, mas Florisel, apaixonado, resolve fugir com ela. Encontram um aliado em Camilo, que se oferece para fazê-los fugir para a Sicília. Neste tempo, para salvar-se do ódio real, o velho pastor conta a Políxenes que Perdita não é sua filha, mostrando-lhe as roupas e jóias que encontrara com ela. Seguem todos juntos para a Sicília.

Fingindo que traziam cumprimentos da Boêmia, Florisel e Perdita são recebidos na corte de Leontes. Pouco depois chegam Políxenes e Camilo. Os velhos amigos se reconciliam. Camilo é recebido como amigo pelo velho rei e o pastor ajuda a revelar a identidade de Perdita. Só a recordação da esposa prejudica a alegria de Leontes. Paulina se oferece para mostrar à corte uma perfeita estátua da rainha que existia na capela. Quando então olhando para ela, a estátua se transforma na verdadeira Hermíone, que vivera reclusa todos esses anos esperando a volta da filha. Leontes conseguira conquistar novamente o amigo, o conselheiro, a filha, a esposa; quanto ao filho morto, Florisel fica para substituí-lo. Só Paulina não consegue um substituto para Antígono, porém Leontes sugere que ela se case com Camilo. (p. 967)

Minha escolha em relação a esse conto, e não à obra *Otelo*, deve-se ao fato de que o mesmo tema (amor e ciúme) é nele tratado de forma instigante, por estar mais ligado a fenômenos de realidade psíquica. O rei da Sicília (Leontes) não tem elementos físicos, materiais para suspeitar da fidelidade de sua mulher, a rainha. Não há sequer um lenço, um fio de cabelo como provas concretas, nem um Iago invejoso para alimentar seu delírio de traição. Seu ciúme é autoengendrado, nasce dele mesmo.

Esse conto de Shakespeare, escrito no inverno de sua vida, incita-nos a fazer correlações com o caso clínico, com a finalidade de ampliar o nosso pensar psicanalítico.

Assim, quanto ao personagem Leontes (rei da Sicília) em estado delirante e enlouquecido, podemos correlacionar com a rêverie hostil – vivência que o leva a grandes perdas e desespero. A rêverie benigna é vivida no drama pela camareira Paulina, que tenta acordar o rei de seu delírio e trazê-lo para o estado de sanidade mental. Tal personagem, no nosso sentir, funciona como modelo de continente com rêverie benigna, sendo essa função imprescindível para o exercício do trabalho analítico.

O personagem do rei, enlouquecido pelo ciúme autoengendrado, ou fabricado em sua própria mente por meio de alucinações e delírios, evidencia-nos que tais sentimentos vêm de seu próprio mundo interno. Ou seja, a rainha injuriada que se petrifica por 16 invernos e a princesa Perdita que se ausenta (ambas são dadas como mortas) são partes cindidas e projetadas da mente do próprio rei, que se mantêm em estado de encapsulamento e inanimação, tendo isso relação com a feminilidade dos seus objetos internos, incluindo representações maternas.

O analista André Green (1988), ao estudar o complexo denominado "A mãe morta", amplia o nosso pensar, definindo que tal complexo não tem nada a ver com a morte real da mãe, e sim com uma imagem materna construída na mente da criança, com a qual ocorreu um desastre, uma perda (ex.: depressão materna), transformando um objeto vivo, fonte de segurança e vitalidade, em uma figura distante, inanimada, morta, pesando sobre o destino de sua sanidade mental. Acontece, então, uma perda de objeto de base traumática em momentos significantes da estruturação da psiquê humana.

Bion (1962/1991) enfatiza que o crescimento de uma mente depende de uma aprendizagem que vem pela aquisição dos significados fornecidos no início por outra mente (da mãe) e pela introjeção do funcionamento dessa mente. A "mãe morta" transforma-se em objeto encapsulado-encapsulador, mumificado-mumificante, descatexizado e desvitalizador. Voltando novamente ao conto, verificamos a transformação da rainha em estátua. A escritora Marguerite Yourcenar (1903/1985) lembra-nos dessa cilada com a seguinte metáfora: "a vida de uma estátua começa no dia em que ela termina" (p. 55).

Rêverie tem origem na palavra francesa "*rêve*", que quer dizer devanear, sonhar. Grande parte do trabalho analítico se baseia na adequada utilização da função da rêverie benigna do analista, ou seja, do acolhimento discriminado dos elementos beta e objetos bizarros do paciente, a fim de que haja desintoxicação, metabolização e transformação desses elementos evacuativos em pensamentos.

Meltzer (1978/1990) afirma que os elementos beta constituem uma função por si mesmos e funcionam como matéria-prima de pensamentos indigeríveis para o aparelho mental, que não puderam ser pensados e são acumulados como fatos. Esse autor, seguindo o pensar de Bion, acredita que as experiências emocionais poderão ser recicladas no processo terapêutico e transformadas em fatos na memória-sonho, como experiências integradas.

Bion (1960/1992), ao estudar a rêverie hostil com mais pormenores em *Cogitations*, verifica que ela está intimamente ligada a configurações de terror sem nome. Sua prevalência amplia o terror. O terrorismo do analisando consigo mesmo é frequente e, inevitavelmente, também com quem está na função analítica.

A rêverie hostil aponta para a dinâmica da dor mental que contém objetos do fracasso na função de desintoxicar o terror, esperando receber nome. Estes ficam compressivamente acumulados, aguardando, com esperança, transformação em simbolização.

O êxito ou não de pensamentos que surgirão de uma forma integrativa e estruturante para o ego, ou de uma forma desintegrativa e desestruturante, dependerá basicamente da modulação com que se faz a passagem da posição esquizoparanoide à depressiva. Em essência, os pensamentos úteis dependerão não só da capacidade de tolerar frustrações e vazios, mas também da capacidade da dupla analítica de tolerar momentos de oscilação mais ou menos malignos.

As elaborações sucessivas da posição depressiva possibilitarão a formação de símbolos que substituem e representam, com êxito ou sucesso, as inevitáveis perdas no curso do desenvolvimento mental. O contato com essas áreas de catástrofes, paradoxalmente, é o que permite e estimula simbolização e criatividade.

Conclusões

Níveis primitivos e psicóticos da mente do analisando produzem "*actings*", somatizações e excessivas identificações projetivas para descarga de emoções, sentimentos e ideias intoleráveis não só com a finalidade de alívio, mas também como comunicação em linguagem não verbal, que tende a produzir, no analista, aquilo que o analisando não consegue sonhar, verbalizar, nomear.

Bion intuiu que deveria haver um continente com rêverie benigna para acolher com discernimento os bombardeios dos elementos beta, vindos da tela beta, por identificações projetivas, "*actings*"... e contê-los, ressignificá-los e transformá-los em símbolos e pensamentos (função alfa).

A evolução do pensamento teórico-clínico bioniano elevou os conceitos de "atenção flutuante", de Freud, e de "continente com rêverie" para camadas cada vez mais complexas e abstratas, visando à captação de dimensões psíquicas não conhecíveis pelos métodos usualmente empregados de observação psicanalítica. A função de rêverie benigna do analista, acasalada à sua atenção flutuante, evoca estados mentais favorecedores de captações intuitivas; para tal, a capacidade negativa do analista e sua disciplina de opacificação de memórias, desejos e necessidades de compreensão imediata devem estar em bom estado de operação (Bion, 1970/2006).

Sabemos que a função alfa é extremamente delicada, e estados mentais mais perturbadores, sejam eles oriundos da vida pessoal do analista, sejam oriundos de violentas camadas primitivas, pré-simbólicas da mente do analisando, podem afetar a função alfa do analista momentânea ou definitivamente. A rêverie hostil tem a ver com fenômenos que, não elaborados e reabertos, surgem sob a forma de terror sem nome, transtornos do pânico, pesadelos recorrentes... O desastre dessa matriz será inevitavelmente reativado pela experiência analítica, e a parceria entrará em contato com camadas traumáticas e potencialmente traumatizantes para ambos da dupla.

Devemos estar psicanaliticamente atentos, pois a capacidade de rêverie benigna do analista será evocada para sonhar, pensar e agir, no sentido de conter a explosão mental desse tipo de revivência, na esperança de libertar as áreas de qualidade traumática do analisando, campos com minas mortíferas que contêm grande persecutoriedade, pontos de fixação de questões ideativas e afetivas que, de outra forma, permanecem intocáveis, áreas de tabu e conluio que põem o analisando à margem da vida real e criativa.

Referências

Bion, W. R. (1969). A linguagem e o esquizofrênico. In M. Klein, P. Heimann & R. E. Money-Kyrley (Orgs.), *Novas tendências na Psicanálise* (A. Cabral, Trad.; pp. 231-252). Zahar Editores. (Trabalho original publicado em 1955)

Bion, W. R. (1991). *Learning from experience*. Maresfield Library. (Trabalho original publicado em 1962)

Bion, W. R. (1992). Displacement. In *Cogitations* (pp. 137-138). Karnak Books. (Trabalho original publicado em 1960)

Bion, W. R. (1994). Uma teoria sobre o pensar. In *Estudos psicanalíticos revisados* (W. M. M. Dantas, Trad.; 3a ed., pp. 127-137). Imago. (Trabalho original publicado em 1962)

Bion, W. R. (2006). *Atenção e interpretação* (P. C. Sandler, Trad.). Imago. (Trabalho original publicado em 1970)

Ferro, A. (1995). A mente do analista ao trabalho: problemas, riscos e necessidades. In *A técnica na Psicanálise infantil: a criança e o analista: da relação ao campo emocional* (M. Justum, Trad.; pp. 187-211). Imago.

Freud, S. (1996). A interpretação dos sonhos. In *Edição standard brasileira das obras psicológicas de Sigmund Freud: Vol. 5. A interpretação dos sonhos (II) e Sobre os sonhos (1900-1901)* (W. I. Oliveira, Trad.; pp. 361-665). Imago. (Trabalho original publicado em 1900)

Freud, S. (1996). Além do princípio do prazer. In *Edição standard brasileira das obras psicológicas de Sigmund Freud: Vol. 18. Além do princípio do prazer, Psicologia de grupo e outros trabalhos (1920-1922)* (C. M. Oiticica e V. Ribeiro, Trads., Trad.; pp. 17-80). Imago. (Trabalho original publicado em 1920)

Freud, S. (1996). Uma nota sobre o bloco mágico. In *Edição standard brasileira das obras psicológicas de Sigmund Freud: Vol. 19. O ego e o id e outros trabalhos (1923-1925)* (C. M. Oiticica e V. Ribeiro, Trads.; pp. 253-259). Imago. (Trabalho original publicado em 1925)

Freud, S. (1996). Esboço de Psicanálise. In *Edição standard brasileira das obras psicológicas de Sigmund Freud: Vol. 23. Moisés e o monoteísmo, Esboço de Psicanálise e outros trabalhos (1937-1939)* (C. M. Oiticica e V. Ribeiro, Trads.; pp. 157-221). Imago. (Trabalho original publicado em 1940)

Green, A. (1988). A mãe morta. In *Sobre a loucura pessoal* (C. A. Pavanelli, Trad.; pp. 148-177). Imago.

Klein, M. (1982). Notas sobre alguns mecanismos esquizóides. In M. Klein, P. Heimann, S. Isaacs & J. Riviere, *Os progressos da Psicanálise* (A. Cabral, Trad.; 2a ed., pp. 253-267). Zahar Editores. (Trabalho original publicado em 1946)

Meltzer, D. (1990). *Desarrollo kleiniano: Vol. 3. El significado clínico de la obra de Bion* (E. Lopez, Trad.). Spatia. (Trabalho original publicado em 1978)

Ribeiro, M. M. M. (1997). As duas margens do rio: considerações psicanalíticas sobre o fenômeno psicossomático. *Jornal de Psicanálise, 30*(55/56), 339-357.

Sapienza, A., & Junqueira, L. C. U., Filho. (1996). *Eros tecelão de mitos* [Apresentação de trabalho]. Fórum sobre Sexualidade e Pensamento, São Paulo, SP, Brasil.

Shakespeare, W. (1988). Conto do inverno. In *Obra completa* (F. C. C. Medeiros e O. Mendes, Trads.; Vol. 2, pp. 965-1040). Ed. Nova Aguilar. (Trabalho original publicado em 1611)

Talamo, P. B. (1996). Entrevista com Parthenope Bion Talamo. *Revista Ide, 29*, 103-105.

Yourcenar, M. (1985). O tempo, esse grande escultor. In *O tempo, esse grande escultor* (I. Barroso, Trad.; 2ª ed., pp. 53-59). Ed. Nova Fronteira. (Trabalho original publicado em 1903)

4. Considerações de Antonio Sapienza sobre o texto "Rêverie hostil e rêverie benigna"[1]

É um privilégio estar na função de comentar o trabalho da Martha, que é um trabalho de alta qualidade, não só pelo tema tão atual que ela aborda, mas pela correlação que ela estabelece entre a clínica e o embasamento de teoria de observação de fenômenos analíticos na prática e na metodologia. Eu vou focalizar alguns pontos ligados ao texto propriamente dito. Esse comentário tem direção como exercício crítico que leva em conta questões mais de natureza metodológica e metapsicológica da prática clínica da Psicanálise. Então, quero destacar um vértice que me foi suscitado a partir da leitura do texto.

O título do trabalho – "Rêverie hostil e rêverie benigna" – pode ganhar ênfase com relação a um eixo linear, se pensarmos que o vínculo prevalente em análise é um vínculo ligado à emoção de

---

1 Antonio Sapienza é membro efetivo e analista didata da SBPSP. Transcrição editada de apresentação de Sapienza em reunião científica da Sociedade Brasileira de Psicanálise de São Paulo (SBPSP) realizada em 21 de agosto de 1997. Coordenação da reunião: Magaly da Costa Ignácio Thomé, membro efetivo e analista didata da SBPSP.
O texto de Martha Ribeiro comentado por Sapienza pode ser lido nesta edição (pp. 61-89). (N.E.)

conhecer. Então, se tivermos isso em mente, a rêverie benigna vai na direção da linearidade que corresponde a +K, ou à ampliação do conhecimento em direção ao que é desconhecido, enquanto a rêverie hostil vai fazer uma compressão naquilo que se chama –K, e que a Martha destacou como ligado de alguma forma à "compulsão à repetição" e a toda vinculação que se conhece em clínica da dinâmica dos instintos de morte. Se entendemos dessa maneira, vai havendo novas mudanças nessa área em direção a novos conhecimentos.

+K ←------------------------→ –K

O modelo estético do texto é uma peça de Shakespeare, o *Conto do inverno*. Shakespeare era um homem muito voltado às questões de funcionamento da mente, tendo em vista aquilo que Freud e outros depois também utilizaram, dizendo que a nossa mente funciona como modelo de teatro. Martha foi desencavar esse conto que alguns de nós não conhecíamos, mesmo várias pessoas muito ligadas a Shakespeare, como eu – confesso-me incluído nesse grupo. É a última obra dele, parece... Uma parte do conto trata de amor e ciúme, e a autora vai fazendo uma correlação tipo exercício com o tema desse trabalho, rêverie hostil e rêverie benigna. A partir da rêverie como fator de função alfa da mãe na relação com o bebê, a autora examina algo que é pouco trabalhado em nível de texto, mas que é trabalhado em nível de clínica – tanto que alguns colegas que leem ou leram esse texto nos dizem: "o que é essa história de rêverie hostil?".

Voltando para a questão de metapsicologia, eu penso que "rêverie hostil" encontra um certo substrato em outros textos do próprio Bion e na clínica também. Vou propor uma ponte ligada a dois elementos que aparecem no próprio Bion: o primeiro é que "rêverie hostil" é um tipo de devaneio, um tipo de atividade de sonho que vai na direção de –K, que poderia ser cogitado como vinculado a um fator de superego primitivo perseguidor e assassino do ego, que vai forçar a intensificar a onisciência – quer dizer, também a estupidez, pois as pessoas que estão em estado de onisciência são estúpidas, porque não podem aprender mais nada. Quem é onisciente não pode aprender mais nada e vai forçar o que se chama de precocidade, que tem a ver com gente que não amadurece, ou áreas mentais que não amadurecem. É um termo tirado da cozinha, que provém do latim "*praecox, -ocis*" e quer dizer: não fica cozido, não fica pronto, vem antes do tempo.

Outro aspecto conectado à rêverie hostil é ligado ao que Bion (1967/1994) aponta em "Teoria do pensamento" e em "Ataques ao vínculo", quando ele está falando de superego primitivo com a característica de que vai havendo uma usurpação moralista do vértice científico dentro daquilo que ele propõe como tudo julgar, tudo condenar... Isso, na prática clínica, vai corresponder a pessoas tomadas de impulsividade moral que não conversam, só fazem sermão e discursam. Como isso, na vida social, tem várias funções, algumas viram sacerdotes ou sacerdotisas a partir da identificação com esse superego primitivo. E como é que isso pode aparecer em análise se também nós, os analistas, não tomarmos cuidado? Analistas passam a virar profetas, fazer adivinhações (qual Tirésias) a partir daquilo que aparece na sala de análise: se o sujeito vai ter uma carreira brilhante, ou se ele não serve para ser analista, ou se não serve para ser marido, ou se não serve para ser esposa etc. Esse é o campo da futurologia. Mas com essa função a pessoa fica investida da função de julgar o destino de outra pessoa. Freud já tinha falado muito disso, não é novidade... mas visto por esse ângulo, é uma novidade. É importante articular isso como parte de uma camada que funciona com essas características, que vemos descritas no trabalho da Martha. É uma área terrorista, que tanto pode ser um terrorismo ativo como passivo, na qual se dão as desqualificações do outro.

Se formos pensar que esse terrorismo tem certa configuração de um "fantasma", é uma vantagem; por exemplo, para nós, analistas, quando conseguirmos ter um sonho que às vezes nos assusta, mas que depois passa a não assustar mais. É o chamado "bicho-papão". Bion, em certos textos, chama isso de o "Abominável Homem das Neves". Teve um tempo em que apareceram no Himalaia sinais de um ser com os pés estranhos que raptava certas criaturas... Não é muito diferente daquilo que conhecemos que, em alguns contos infantis, nos acalmavam um pouco à noite quando alguém dava forma a isso. Crianças, em geral, gostam de histórias de terror. A maior parte das estórias infantis são estórias de terror disfarçadas em lobo mau, bicho-papão ou em gente que fecha bem as janelas para não entrar nada...

Na microscopia dos dois tipos de rêverie, a autora didaticamente conecta rêverie benigna à função alfa, e se poderia relacionar rêverie hostil à tela beta, que é uma estrutura que o Bion foi desenvolvendo em *Learning from experience* (1962) e *Elements of Psycho-Analysis* (1963). Então, a rêverie benigna, vista nessa correlação, desenvolve em nós e no paciente valor de compaixão madura e de consideração por verdade. E rêverie hostil vai entreter ferida edípica narcísica e tentar abolir a alteridade.

Em certas situações desse bombardeio a que a Martha se referiu, os objetos internos do analista podem ser acionados na dinâmica de escotomas ou de violências contratransferenciais, guardando ligações com "reação terapêutica negativa" e às vezes, por parte do analista reforçando isso, falas oraculares amaldiçoadoras ou de desesperança. Tem analistas que às vezes falam que o analisando não serve para ser analista – por exemplo, porque tem uma camada de Édipo negativo. Freud não ia servir para ser analista, então... Agora, outra questão nesse bombardeio é que também pode haver reação terapêutica positiva (e algumas pessoas são vítimas disso) quando alguém começa a reassegurar o outro e dizer: "vá em frente, você é formidável, você é meu favorito... você vai ter um futuro brilhante... você nunca mais vai precisar voltar pro divã, você está curado!". Às vezes a gente fica pensando em vítimas da reação terapêutica negativa, mas é bom pensar em vítimas da reação terapêutica positiva também, considerando que na história da Psicanálise algumas pessoas não puderam se desvencilhar de certas tutelas. Atenção, portanto, com relação a prognósticos que podem restringir a abertura realista para a autonomia do self do analisando em vir a ser quem potencialmente é; autenticidade.

A função de rêverie benigna é tentar colaborar para que o paciente possa ser quem ele é, sem fazer futurologia. Rêverie hostil é como se a personalidade contivesse uma "vagina" traumatizada e despojadora, e em lugar de um seio bom, de um objeto interno bom, você encontra uma vagina daquelas que alguns, principalmente homens, temem muito... uma vagina que tudo abocanha, nada fertiliza. Sófocles (420-410 a.C./1992), num texto chamado *Electra*, propõe que Ares (deus da guerra) habite não só as mulheres, mas também a área feminina dos homens. Tem homem que projeta isso nas mulheres e diz que mulher nenhuma presta, mas também tem mulher que confirma certas teorias misturando a fome com a vontade de comer, dando suporte à identificação projetiva exitosa.

Martha propõe, ao lidar com a configuração de dor de rejeição e rêverie hostil, um interessante contraponto com a trilha de um desastre mental: arrogância tem a ver com superioridade moralista e curiosidade voraz, que, por sua vez, têm a ver com onisciência e estupidez, e todas têm a ver com o não aprender com a experiência emocional. Enfim, esses três elementos (arrogância, curiosidade voraz e estupidez) constituem fatores restritivos da liberdade de pensar e, portanto, isso aponta para uma catástrofe mental que está ativada na situação analítica, como a Martha claramente descreve no trabalho.

Eu gostaria de propor ainda uma conexão com algo que está no livro maravilhoso chamado *Cogitations*. Uma coisa impressionante que há nesse livro é o que Bion chama de "noosfera". Esse termo ele emprestou de Pierre T. Chardin – paleontólogo, antropólogo e etnólogo que viveu mais de 30 anos no Extremo Oriente fazendo pesquisas nas áreas de Geologia e Paleontologia. Chardin foi um dos descobridores, numa cidadezinha perto de Pequim, daquilo que é um dos elos dos pré-hominídeos com o aparecimento do *Homo sapiens*: o *Homo sinensis*. Ele foi uma das pessoas que encontraram o maxilar de uma mulher chamada Luci (inclusive, no filme *Planeta dos macacos*, deram esse nome para a doutora símia). E Chardin (1955/1988) tem um livro muito bonito chamado *O fenômeno humano*, que Bion utilizou para propor a "noosfera", que é como se fosse uma camada da atmosfera. Pierre Chardin é um sujeito que lidou muito com a questão do aparecimento da matéria, da pré-vida, depois da vida e da hominização (quando surge o pensamento), além do que ele chamará depois de "sobrevivência" ou "sobrevida". Para nós, analistas, isso é um modelo interessante e, ao meu ver, tem uma ligação com o que a Martha propõe por um outro ângulo.

Essa noosfera pode ser vista como a alfa-esfera – um espaço de abrangência (como existe em eletromagnetismo) no qual existe o que é não amorfo e que vai lidar com o que é amorfo... O amorfo corresponde à esfera de elementos beta na qual estão contidos o que é infra e ultrassensorial. Então, é como se esse contato fosse o contato entre duas atmosferas. Surgem, assim, duas possibilidades – em não sendo possível o "não amorfo" lidar com o amorfo, será destruído o amorfo, significando que não vai haver consentimento para o que é amorfo poder impactar o "não amorfo", o que já tem uma certa estrutura do significado. E o resultado qual será? Rigidez e impermeabilidade ao desconhecido.

Muitas vezes são pessoas muito inteligentes, mas que estão tão bem-organizadas que não aguentam aquilo que poderíamos chamar de tolerar o irreal, ou o surreal, ou o infrarreal. Se essa doença pega no analista, ele vai cortar tudo aquilo que é desconhecido e encaixar dentro de uma teoria que ele já conhece; ele fica preguiçoso e não vai pesquisar coisa nenhuma do que não sabe. Provavelmente, ou vai fazer discípulos, ou vai encaixar pessoas na teoria, e então surge um superego maravilhoso, desses bem "bravos" mesmo, que não faz crescer nada de diferente do que o sujeito já conhece.

A outra possibilidade é o acolhimento do que é amorfo, o que corresponde à ideia messiânica. Bion vai insistir muito nisso, porque isso vai estabelecer contato com área de mudança catastrófica e sua expansão em direção a O. A rigor, isso tem a ver com capacidade de observação de atmosferas que não são só de ordem transferencial, e tem a ver com o que a Martha mostra no texto com uma intuição que é analiticamente bem treinada e não é desorganizada.

Eu vou terminar este comentário a partir de um livro sobre rêverie que a Martha me deu de presente, *La poétique de la rêverie*, de Gaston Bachelard (1960/2008). Retirei de lá um pequeno trecho: "em visita à cidade de Nemours, em 1844, Victor Hugo saiu ao crepúsculo para 'ir ver alguns trechos de praia de arenitos bizarros'. [Ele está sozinho.] Se faz a noite, a cidade está calada" (p. 20, tradução livre). Isso está escrito originalmente em trechos de "En voyage. France et Belgique", num livro de Victor Hugo chamado *L'homme qui rit*, no qual ele faz o depoimento:

> *Tudo isso não era nem uma cidade, nem uma igreja, nem um rio, nem cor, nem luz, nem sombra; era rêverie.*
>
> *Permaneci muito tempo imóvel, deixando-me docemente penetrar por esse conjunto inexprimível, pela serenidade do céu, pela melancolia da hora. Eu não sei o que se passava em meu espírito e não poderia dizê-lo, era um desses momentos inefáveis em que se sente no próprio*

> *ser algo que adormece e algo que desperta. (citado por Bachelard, 1960/2008, p. 21, tradução livre)*

E Victor Hugo termina esse pequeno trecho dizendo: "O mar observado é uma rêverie".

Parabéns, Martha, pelo trabalho.

Participantes (P)

P1: Entre outras qualidades do seu trabalho, eu percebi que você se interessa pela origem etimológica das palavras, e fui num dicionário etimológico da língua francesa consultar o verbo "*rêver*" ("sonhar"), que vem do adjetivo latino "*vagus*" (errante ou vagabundo). Então, aquele que sonha no "*rêver*" seria um vagabundo, no sentido daquele que erra, que fica vagando... e o primeiro sentido da palavra "*rêverie*", que data do século XIII, é "delírio" – o que eu liguei especialmente ao que você nos traz sobre a rêverie negativa, que é uma construção delirante. Queria mencionar uma referência a *Édipo em Colono* que me chama muita atenção, em que se diz algo como: "Não cometi os meus atos, eu os sofri, se me é permitido referir-me aos de meu pai e minha mãe, passei por provas que não se esquece" (Sófocles, 401 a.C./1998). No texto você diz para não ficarmos aprisionados nas trevas do cemitério arqueológico particular. Então, penso que rêverie hostil tem a ver com isso, se desresponsabilizar até pela própria história. E isso fica espalhado no ambiente, numa situação analítica, na pessoa do analista.

Sapienza: Uma coisa interessante é a questão do delírio que, etimologicamente, tem a ver com um termo que é tirado da agricultura, vindo de "lírio", um instrumento usado para abrir a terra antes de semeá-la. Quando se abre sulco na terra para fazer semeadura, uma parte das sementes pode cair fora do sulco, e elas vão crescer, mas não vão ter vitalidade. Crescem muito mais depressa do que aquelas que ficaram no sulco, ficam exuberantes em pouco tempo, mas não vão para frente...

P2: Queria te dar os parabéns, Martha, você escreve muito bem, gosto de seus trabalhos. E achei especialmente interessante essa ideia de pinçar a ideia de rêverie negativa ou hostil, achei muito criativa de sua parte. Numa discussão que tivemos recentemente sobre amor, ódio e conhecimento, há uma distinção bastante precisa quando você fala de rêverie hostil e ódio. Porque a questão do ódio, me parece, está muito intricada com amor e com conhecimento – só pode ter ódio quando se tem amor; e o ódio pode levar ao conhecimento, ao crescimento e a fazer coisas bastante criativas. Mas na rêverie hostil, não... Às vezes, nos vem a ideia de que o ódio é destrutivo, mas acho que não, e seu trabalho dá a impressão de que não dá para crescer quando se tem uma rêverie hostil, −K, como disse Sapienza. E tem algo fantástico: você conseguiu achar um texto que o Sapienza não conhecia... e isso é um feito!

P3: Eu queria dar os parabéns à Martha e ao Sapienza. Martha, acho que você abre uma nova forma de pensar não só a rêverie como uma função materna, mas como um canal de comunicação e, portanto, muitas coisas podem se comunicar... não só o amor – como algo que tem a ver com a mãe e a importância desse objeto externo para poder criar a subjetividade de um ser humano. Então, tanto o amor como o ódio, o elemento beta, o fanatismo, o dogmatismo, o superego cruel e valores de biologia são transmitidos por esse mistério, essa nuvem da rêverie, que muitas vezes foi entendido como algo bom e amoroso, talvez pelo medo de nos aproximarmos dessas áreas de terrorismo. Quando falava o Sapienza sobre a rêverie hostil, além da compulsão à repetição e do instinto de morte, talvez também incluamos as atuações, como o campo em que pode se manifestar aquilo que não tem nome, que não foi simbolizado e não foi representado como "*acting in*" na transferência e como "*acting out*".

Também pensei que você aborda no trabalho algo muito importante do conceito de transferência, algo que está presente em todos nós: poder dar importância ao objeto externo na constituição da subjetividade. Portanto, isso é uma virada de um modelo para outro e de uma postura para outra na Psicanálise. Claro que nem todos os pacientes conseguem, mas certamente a chance de esse paciente ter tido essa evolução depende de você como pessoa e como terreno mental também. Eu fiquei emocionada quando ele disse para você que quer construir aquilo que ficou inconcluso após a morte do irmão, um prédio de consultórios. E nesse prédio ele quer três pavimentos, com o terceiro andar todo ajardinado. Eu acho que esse jardim tem a ver com todo o trabalho e a capacidade de transformação de sua parte de elemento beta em algo que possa ser pensado e simbolizado. Porque foram as flores que você tinha para dar, e não só as que tinha no vaso, que permitiram que aquele dia fosse um momento de renascimento. E, nesse sentido, talvez não seja só memória...

Meltzer deixou para nós, nos seminários em São Paulo (França & Marra, 1997), uma distinção da memória como algo que faz parte de um acervo que foi esquecido, mas chegou a ser simbolizado, que tem nome. Porém, me parece que na transferência não só está presente o que faz parte da memória, mas aqueles registros, aquelas marcas que não chegaram a ter nome. E que estão lá presentes. O seu trabalho foi, para mim, um adubo... e eu queria dar-lhe os parabéns. Talvez a gente possa conversar um pouquinho sobre a evolução ou não evolução dos elementos beta, em meio à qual nós encontramos maiores desafios na clínica.

Sapienza: Para quem quiser ver isso também em termos históricos, tem um depoimento interessante de Parthenope Bion Talamo (1987) num artigo chamado "PS « D", de uma revista italiana de Psicanálise. Lá ela diz o que o pai respondia quando alguém perguntava sobre o destino dos elementos beta. Ele perdia o lado indiano e britânico e surgia alguma daquelas coisas que descreveu na autobiografia. Lá tem um modelo interessante... é como uma prancheta tipo duratex, com furos, e ele resolveu essa questão colocando pinos de várias cores nesses buracos. Quando mostrava essa placa, dizia: "o destino dos elementos beta está aqui". Primeiro mostrou para Parthenope, que ficou furiosa. Depois resolveu mostrar para alguns amigos, e um analista começou a ver um triângulo numa parte, outro triângulo formado em outra parte... e foi fazendo figuras geométricas. Aí, provavelmente, vão entrar questões que ele foi desenvolver em outros textos, que têm a ver com a necessidade que nós, analistas, temos para desenvolver dinâmica de rêverie e imagens geométricas projetivas.

Queria acrescentar mais uma coisa. Numa pesquisa da questão de rêverie aparece que rêverie seria uma sequência de pensamentos ou imagens que não são dirigidos por um determinado propósito, não visam dirigir a mente de quem está nesse estado ou a mente da outra pessoa, mas visam ao que se faz na relação com a criança, seja a interna ou a externa, ou com outra pessoa. Visa fazer aquilo que alguns analistas mais antigos da Sociedade falam sobre a necessidade de se abrir o futuro – a Lygia Amaral, por exemplo, falava disso ao comentar sobre supervisão ou conversas clínicas. Porque o paciente nesse déficit de atividade de pensamento, de certa forma, está dominado por alguma coisa autoritária do passado; é como se o sujeito estivesse de costas para o presente e sem perspectiva de esperança para o futuro. É claro que isso não é feito de maneira brusca, mas é uma maneira de pensarmos qual é a nossa função. Praticamente, em clínica lidamos o tempo todo com a questão do que é uma área que força desespero e uma área que vai ter que construir, fazer renascer a esperança, sem que seja uma coisa delirante.

P4: Eu quero cumprimentar Martha e Sapienza pelos comentários. Achei muito interessante seu trabalho, principalmente pela possibilidade de trazer uma visão nova, poder nomear um fenômeno dessa maneira. Você falar da rêverie benigna e da rêverie hostil, qualificando o fenômeno mental, nos dá a possibilidade de expandir esse conceito para outros fenômenos de que estamos acostumados a falar sem qualificá-los, como transferência, identificação projetiva, e outros mais. Isso nos dá a possibilidade de pensar de uma forma mais ampla, qualificando-os, que nos ajuda a entender melhor o que está acontecendo na relação entre paciente e analista. Não só na Psicanálise, aliás, até nas relações sociais esses fenômenos todos ocorrem. Você trouxe a questão do Shakespeare; não só nesse conto, mas também em *Rei Lear* e *Hamlet*... É muito rica a literatura shakespeariana em termos desses fenômenos da mente hostil, que não consegue perceber a realidade por efeito de um fenômeno emocional que interfere com a leitura da realidade.

Estava fazendo uma associação livre da palavra "rêverie" com o *olhar*. Embora a associação não faça parte da etimologia francesa, tem a questão da pessoa que tem a capacidade de rever o significado daquilo que está ocorrendo... seria uma rêverie benigna. Ver, rever e re-significar, procurar outros sentidos. Ao passo que a rêverie hostil seria a saturação: só se vê um sentido, que pode ser hostil, fechando a possibilidade da expansão. Acho interessante essa possibilidade de entender a capacidade de rêverie assim, como um olhar... olhar com bons olhos seria uma rêverie benigna – e se é possível ver com bons olhos, é possível ver com maus olhos também. Então, seria uma questão da interpretação que é dada para um determinado fenômeno. Enfim, achei interessante essa possibilidade, e talvez outros trabalhos possam surgir agora qualificando transferência, transferência hostil, transferência benigna, e outros elementos.

Outro aspecto disso é que também oscila muito – na mesma sessão, um paciente pode ter rêverie hostil e benigna ao mesmo tempo, ele não necessariamente está cristalizado numa determinada situação. Tanto o analista como o analisando podem alternar isso. Dependendo do clima da sessão, de como as coisas vão andando...

Eu tenho experiência desse tipo de rêverie com alguns pacientes, e procuro mostrar para eles quando estão fazendo isso. Mostro o que está ocorrendo não só na transferência, mas o fenômeno que ele está produzindo, quando está destruindo uma interpretação que eu lhe dei. E isso tem sido bom, pacientes têm entendido e têm ajudado a transformar um pouco a situação.

Sapienza: Está havendo uma conversa de expansão e de correlação aqui. Eu suponho que o que o colega está destacando é algo relacionado a Klein, quando resolveu falar do olho gordo, o que nosso povo chama de "olho mau". Às vezes prefiro não falar com o paciente que ele está tendo inveja de uma interpretação ou de alguma coisa, já dou por pressuposto que isso é inevitável e vou procurar um objeto interno que tem essa característica. Primeiro, para tentar desfazer qualquer veleidade de que a inveja em si é um pecado. O que interessa é que o paciente se dê conta se existe um objeto interno que tem a função de opacificar talentos e qualidades que ele tenha. Há quem chame isso de inveja primária, que tem a ver com objetos internos de valor da pessoa. Eu considero uma homenagem o fato de a pessoa desencadear ataque de inveja na minha direção – claro que isso é dentro dos devidos termos. Tem hora que a única coisa que se pode falar para uma pessoa a respeito de rêverie, paciência, limites, depende do analista...

Ainda hoje eu estava conversando com uma colega sobre uma pessoa que estava em análise comigo algum tempo atrás, que também trabalha no mesmo campo que nós trabalhamos – não é candidata nem candidato do Instituto. Eu resolvi falar uma coisa que na hora pensei que fosse só o meu lado vingativo italiano, mas depois vi que fazia sentido. Eu percebi que essa pessoa estava tentando me tirar do sério e disse o seguinte para ela: "o que eu vou falar para você, considere nem como uma maldição nem uma bênção, mas espero que você, saindo hoje desta sala, no período da tarde, que você encontre uma pessoa que se comporte em análise com você da mesma maneira que está fazendo comigo". Já que não posso ser paciente dela e fazer coisa pior, não vou ser nem muito bom nem muito mau, mas suficientemente bom e suficientemente mau.

Quando se pensa um pouco sobre as duas oscilações, esquizo-paranoide e depressiva, a vantagem que existe nessa dinâmica é que você não parte da ideia de que a pessoa começa em esquizoparanoide. Você pode, para efeito de algumas observações em clínica e de metapsicologia, partir da posição depressiva. A respeito de quando existe um casal, uma família, um grupo que está prevalentemente em harmonia e com a capacidade de ter uma vida produtiva e criativa etc., Bion diz que em algum ponto do universo começa a se criar um olho de uma tempestade, como se houvesse uma espécie de inveja arcaica em direção a essa dinâmica prevalente de posição depressiva. Há quem chame isso, em certos momentos, de fúria de Jeová (indo para a Bíblia); é como Jeová, Deus, onipotente, onisciente, que alguns dizem que é um bebezão tirânico que tentou despojar a nossa mãe dizendo que primeiro foi feito Adão e depois feita nossa mãe... Ele inverteu tudo. Há trabalhos de analistas que apanham isso de uma maneira mais clínica, como Grotstein, que tem alguns textos sobre essas distorções, ou aquilo que ocorreu no início da história da Psicanálise, quando Otto Rank lidou com essa questão e Freud resolveu despachá-lo junto com o trauma do nascimento. Mais tarde, Bion foi retomar isso.

P5: Parece que há um divisor de águas no que você apresenta. Me pareceu que seria um funcionamento mais para o lado da alucinação, ou menos alucinatório e mais neurótico, mas o grande divisor de águas seria um estado alucinatório, ou não, prevalecendo. E aí me surgiu esta imagem: o Sapienza apresentando a tela beta na parede, e achei muito interessante isso... as oscilações das posições parecem ter a ver com o lado alucinatório ou não alucinatório, mais depressivo ou mais paranoide. Quando ilustrou a tela beta, me veio a imagem de que essa tela seriam coisas fragmentadas, quando a pessoa via um triângulo, via uma situação edípica, ou uma experiência emocional da vida da pessoa, seja com o pai, ou com a mãe. Então, seria a experiência explicitada e arrebentada... até a pessoa conseguir ver uma experiência emocional ali, um triângulo edípico. O comentário do colega anterior foi um pouco na direção do que estou tentando falar, sobre se aproximar da realidade ou não, haver um ataque à realidade ou uma consideração. A questão da rêverie hostil ou benigna seria a consideração ou não por realidade.

Sapienza: Queria acrescentar uma coisa que foi me ocorrendo. No lugar de serem palitos, são mísseis que estão para desencadear identificação projetiva em áreas devidamente mapeadas pelo analisando (para quem conhece a coisa dos dois lados): astuto (esperto) e psicótico (burro) – para ver exatamente onde é que está a vulnerabilidade na área de rivalidade assassina/suicida para tentar enlouquecer o outro, de preferência... Seria assim como os mísseis na ilha de Cuba, no combate entre EUA e União Soviética, e há jeito de fazer distorções dos dois lados. E como há pessoas que não consideram ou não têm respeito em função da benignidade, precisamos conhecer essa dinâmica de tela beta também em nós. Aí entra a questão de não fazer confusão com o valor do ódio. O ódio é um vínculo. O −K, o −H, o −L vão todos em direção àquilo que fortalece a dinâmica de descaracterização, de banalização, de ruptura de significado. Em certas horas, a consideração que vai existir é como em grupos suficientemente armados: os EUA não atacaram a União Soviética, e a União Soviética não atacou os EUA – não porque eles sejam amorosos, mas porque não ia sobrar nenhum dos dois. Então, cada um foi se armando mais e mais, com material atômico, usinas... Então começou a ter vazamentos de material atômico, explosões de usina. Tiveram que rever um pouco se iam fazer isso ou não...

Temos que conhecer isso em termos de modelos de relação de nações, de história, porque cada pessoa, a rigor, é uma dinâmica de nação, com seu governo paterno, materno, filial, fraterno. Isso serve também para vermos jogos em instituições analíticas, grupos em sociedades de Psicanálise. Esse conceito novo pode ser usado amplamente, e essa é uma qualidade desse texto, dá para a gente ampliar para várias situações, não só na realidade de um consultório. Às vezes, quando você está lendo um jornal ou está captando uma atmosfera, como é que você vai fazer Psicanálise sobre isso?

Seria tolice levantar algumas questões com funções analíticas, porque uma parte da realidade externa é compartilhada pelos dois. Daí vêm resíduos diurnos ou noturnos, dependendo das pessoas, conhecendo a realidade externa, seus significados, a parte cindida que está depositada na realidade externa. Bion falava para conhecermos bem isso a fim de fazer uma leitura psicótica da vida cotidiana. Freud dizia para estudarmos a psicopatologia da vida cotidiana, a psicose da vida cotidiana. Hoje, no *Estado de S. Paulo*, eu abri numa página com várias crianças e pessoas idosas usando máscara de inalação, em função de alterações na atmosfera que provocam asma, bronquite... Isso vai aparecer no consultório. Às vezes, você pode começar a tossir, ou seu paciente tem um filho com problema respiratório. Como você vai conversar com a pessoa? Porque isso está existindo mesmo. Vai ter que lidar com isso em dois mundos. Tem analista que diz que realidade externa não existe. Se existe ou não, eu não sei, mas na hora de pagar existe. Um pouco de ironia não faz mal a ninguém...

P4: Bion, num dos seminários quando esteve aqui em São Paulo, falou que o futuro da Psicanálise dependeria de sua matematização. Eu fiquei quebrando a cabeça tentando decifrar o que ele quis dizer com isso. Agora está me ocorrendo que não seria simplesmente transformar a Psicanálise em fórmulas matemáticas, mas teria a ver com a palavra "*matose*", do grego, que quer dizer "nomeação"; então, o futuro da Psicanálise é isso que você está fazendo, Martha, quer dizer, dar nome às funções, estimulando os colegas a encontrar e nomear fenômenos interessantes, porque aí poderemos pensar sobre isso... Não podemos pensar sobre uma coisa inominada. Acho que você está dando uma contribuição à Psicanálise, dando nome a uma função que às vezes vemos, mas sem pensar no fenômeno – a não ser quando ele é nomeado.

P6: Gostei muito do seu trabalho. Só queria falar um pouco dessa parte que a Martha destrincha sobre as inversões da rêverie. Recentemente, em Paris, a analista que estava fazendo um comentário de um trabalho meu sobre algo dessa natureza falou da importância de confrontarmos o paciente com a realidade. Me lembrei disso a partir do que Sapienza estava falando sobre como se coloca a realidade no trabalho analítico e como se lida com isso. Na medida em que a pessoa não tem essa capacidade da rêverie benigna, nos vemos, de fato, com questões ligadas à realidade, como esse exemplo que Sapienza nos ofereceu de dizer: "espero que você encontre uma experiência igual a essa que você está fazendo comigo"!

Martha: Agradeço. Foi um prazer me encontrar com você em Paris e que você tenha feito um trabalho gêmeo deste, quer dizer, com uma maneira semelhante de pensar a realidade que nós vimos lá. Acabei conhecendo o Hospital da Salpêtrière – tivemos uma reunião lá, onde Charcot trabalhava, onde Freud começou sua vida.

Sapienza: Um pouco associado ao que a colega está colocando, a rêverie benigna tem a ver com o exercício de compaixão madura. Quando a compaixão é imatura, o analista não se dá conta de que em algum nível está ferindo de alguma forma. O modelo que Bion faz a esse respeito é o modelo da guerra, um ferido de guerra, um oficial; porque necessitaríamos ver todo paciente como um oficial – seja velho, criança, psicótico, não psicótico, psiquiátrico, ele é um oficial de guerra.

O establishment da pessoa entrou em falência, em algum nível, então a pessoa vem para análise, e você é oficial do outro exército – pode ser da Cruz Vermelha, mas é do outro exército... você não é ele.

Aí podem começar as dinâmicas ligadas à questão de atendimento com compaixão, porque sem compaixão você não trabalha em análise. Mas tem gente que não presta atenção no que é compaixão madura e imatura; enquanto o paciente estiver destrambelhado em várias áreas, ele não tem capacidade de te matar. Agora, se você faz "transfusão" de rêverie benigna, o sujeito vai ficando forte... Aí você vai fazer um curativo nele e deixa o bisturi bem pertinho dele, achando que ele só tem amor e caridade... E ele te dá uma "espetada"! Ele está se vingando de tudo que você fez por ele e porque ele, que tem 40-50 anos, não conseguiu resolver aquilo sem você. Também não vamos ficar esperando gratidão ou perdão, embora seja um desenvolvimento a pessoa dizer isso ou conseguir exercer isso. O que conhecemos da nossa natureza humana nos leva a dizer "mérito seu" quando a pessoa agradece e também quando é inveja. Se você achar que, quando ela agradece, é porque você é maravilhoso, e o seu narcisismo o fizer ficar de "peito estufado", você ficará pensando que é só isso... Mas é a mesma coisa que o sujeito dizer que é só inveja e você acreditar que a inveja só tem a ver com ele.

Martha: Eu continuo tomando cuidado com ele... Há perigos.

Sapienza: Cuidados na não ingenuidade. Isso é assim até o fim da análise... Isso é um tipo de dinâmica a que nós visamos, é uma dinâmica de luta, porque a transcendência da guerra é em direção a uma paz que é construída lentamente.

P7: Martha, vão surgindo tantas coisas que não sei nem o que falar. Mas, em termos de funcionamento intrapsíquico, em termos de clima/atmosfera mental do paciente – o que você trouxe de maneira tão interessante –, me lembrou um trabalho que a Maria Cecília P. Gomes (1986) apresentou aqui, há muitos anos, cujo título era "O núcleo de mágoa crítica". Ela fala sobre essa espécie de núcleo de mágoa, e tudo acaba se encaixando naquilo – há uma mágoa constante. Nós nunca sabemos se o sujeito nasceu daquele jeito ou se foi se desenvolvendo assim porque se relacionou de certa maneira, ou teve um determinado ambiente. O bom é que para nós a coisa surge ao vivo, nós vamos ter todas as possibilidades de evidência para lidar com aquilo fresquinho, e depois, eventualmente, o sujeito vai poder olhar para trás e rever, corrigir, perceber certas coisas que ele não percebia. Mas o importante é que a coisa surge ao vivo ali na relação.

Eu gostei do modelo que Sapienza e você trouxeram das duas atmosferas que se encontram. Duas atmosferas que são diferentes, e o sujeito vai fazer tudo para que as coisas aconteçam do jeito com que ele está acostumado. Se ele está sendo rejeitado, o sujeito funciona de tal forma e acaba causando mal-estar, acaba rejeitando a própria responsabilidade sobre aquilo. Ele acha que a culpa é sempre dos outros, mas por identificações projetivas ele acaba causando tanta coisa nos outros que aquilo que ele está imaginando acaba acontecendo.

Sullivan, um psicanalista antigo, americano, do qual a maioria de nós não ouvimos falar por aqui, tinha muita prática com psicóticos. Algumas pessoas o achavam exagerado, mas ele tinha um conceito que chamava de "profecia que se autoalimenta": o sujeito tem uma profecia – por exemplo, de que não vai ser amado, que vai ser rejeitado – e ele funciona de tal maneira que a profecia acaba acontecendo. Ele achava que sabia como ia ser o futuro, e o futuro acaba acontecendo daquela maneira – ele acaba rejeitado e diz: "tá vendo, eu sabia que ia ser rejeitado... mais um que me rejeita..." Me ocorreu essa referência a propósito do que você trouxe. Mas o bom mesmo é que a gente vai ter a chance de lidar com isso ao vivo e, se a pessoa tem a sorte de encontrar alguém que pode lidar com toda essa violência, com todo esse negativismo, com toda essa coisa que tanto atrapalha a qualidade de vida da pessoa – e esse homem teve a felicidade de te encontrar –, então, quem sabe, esse contato com uma atmosfera diferente, que é predominante na mente da analista, vai ajudá-lo e poderá modificar as coisas, as "profecias".

P3: Tentando dialogar um pouquinho com o colega, acho que na verdade não sabemos como foi a história do paciente, e talvez venhamos a saber uma coisa na transferência, mas me parece que nunca vamos nos encontrar com um paciente sem ter o repertório interno de tudo o que somos. E, nesse sentido, o lugar que ocupamos e a forma como vemos o paciente são muito diferentes. Uma coisa é pensar em algo constitucional da pessoa, outra é pensar na estrutura perversa, é pensar em falhas no seu desenvolvimento... e isso vai dar uma outra cor a essa análise. Não que isso seja dogmático e precise sempre ser assim, mas a importância que se pode dar à questão da realidade ou em pensar só na construção interna pode vir a fazer enorme diferença na cor e na atmosfera que surgem.

Quais são as hipóteses que nós temos quando pensamos a Psicanálise, e que possibilidades de transformação somos capazes de dar? São possibilidades de situação muito limitadas, do tipo "você não é para análise" ou "você tem um comprometimento neurológico tão sério que não deve perder tempo se analisando"... Tudo já está condenado e marcado. Então, acho que esse é o espaço da transformação.

P7: Eu penso que nós estamos de acordo. Sempre prefiro olhar para a coisa assim, não responsabilizando o paciente. Frequentemente ouvimos que o sujeito não é analisável, é assim ou assado... Eu prefiro olhar a coisa mais dinamicamente – pode não ser analisável por mim, mas vai muito bem com outra pessoa. Existem pessoas, é lógico, um pouco mais difíceis, ou menos difíceis, mas acho que sempre vale a pena não culparmos e responsabilizarmos só o paciente. Assim, podemos ver o que somos capazes de fazer se eventualmente um objeto com uma mente for capaz de ajudar aquela pessoa que está ali a desenvolver as coisas que não pôde desenvolver anteriormente... É um assunto complicado.

Sapienza: Fui conhecer o Salpêtrière quando estive por lá. Inicialmente, teve uma história ligada à limpeza de mendicância, de vagabundos, de psicóticos, em Paris. Não chegavam a fazer o que o Carlos Lacerda fez, de afogar mendigos, mas fizeram uma coisa mais civilizada, aparentemente. Construíram aqueles edifícios em que se fabricava salitre para fazer pólvora e puseram as pessoas para trabalhar – e o nome "Salpêtrière" quer dizer isso, "lugar onde se faz salitre". Tempos depois, foi transformado em hospital, e a função mudou. Todos conhecem a questão da antipsiquiatria, Pinel etc., até aparecer Charcot, que foi o diretor de lá. Freud vai para lá com 27 ou 28 anos, e ficou porque tinha que dar conta da questão da própria identificação com as histéricas que ele observava. Elas eram as mulheres das quais os homens estavam sempre fugindo. Mas Freud fez a identificação, ele estava tendo sintomas – teve a morte do pai dele, fenômenos relativamente sérios, o uso da cocaína... Ele ouviu dizer que tinha um homem que fazia hipnose, que reproduzia sintomas, que tirava sintomas de histeria de conversão, então largou tudo e foi para lá.

A Psicanálise começou lá, curiosamente, justamente em um dos últimos países que se opõe ferrenhamente à Psicanálise, a França – tanto que as obras de Freud só foram traduzidas recentemente para o francês. Nós não temos nada a favor nem contra as questões de cesura do Canal da Mancha, mas estamos atentos a questões dessa natureza para poder lidar aqui, ou nos grupos dos quais fazemos parte, com aquilo que poderíamos chamar de sectarismo, chauvinismo, podendo haver uma espécie de Torre de Babel. Quando o colega está lembrando de pessoas que se dedicaram a estudar ângulos da questão de sofrimento mental, como Sullivan, por exemplo, então se expande a capacidade de fazer articulações sem ficarmos ecléticos ou psicóticos demais, mas sim um pouquinho mais ecumênicos.

Uma parte das coisas sobre as quais estamos conversando aqui, nessa área de rêverie benigna, está nas páginas do *Cogitations*, de Bion. É muito interessante quando ele fala dos padrões de personalidade que associam capacidade de compaixão com capacidade de amor e capacidade de verdade, pois às vezes vão acontecer déficits em algumas dessas áreas. Ele passa a estudar, em clínica, quando é que o déficit é primário, quando é secundário, dependendo do tamanho do desastre. É um pouco da continuação das pesquisas da Melanie Klein, uma mulher que trabalhou muito com a questão do sentimento de pesar dos objetos destruídos e dos objetos inimigos destruídos. Se vocês quiserem fazer uma pesquisa por aí, tem muita coisa para suscitarmos.

Há algo que acabei esquecendo de dizer, mas de que gosto muito: quando uma coisa surge ao vivo no relacionamento, acho que vale a pena virarmos o foco para dentro de nós, para ver como é que nós estamos participando daquilo que está acontecendo e daquilo que o paciente está sentindo na transferência. Como é que nós estamos participando ou provocando aquilo que o paciente está sentindo? Abre-se mais um campo de investigação, porque nós estamos muito mais acostumados a lidar com intrapsíquico, a ver fora... ver no paciente é mais fácil. Nós podemos estar sendo, por exemplo, um objeto "invejogênico". Existem, eventualmente, mães e pais "invejogênicos", que falam de uma determinada posição e fazem com que a pessoa que está ali se sinta de uma certa maneira... Esse é mais um campo para, de vez em quando, darmos uma denominada.

Acrescentando: um disfarce de rêverie hostil às vezes vem em nossa direção sob formas de idealização. Você é um analista interessante enquanto não é o analista daquela pessoa... É como marido: enquanto você não é o marido da pessoa que te namora, você é ótimo, mas quando vira o marido, já não serve. Porque enquanto a pessoa tem aquilo na ideia, você não existe. Não é que é ideal – tem muita gente que pensa que idealização é idealização de defesa kleiniana, mas não é só isso. Você é legal enquanto não existe, e quando a pessoa passa a ter contato com você, vê que você existe, você se torna mais um que não presta. Você era tão bom, mas tão bom... só enquanto era candidato a analista, ou a esposa, ou a marido... o que for. São sutilezas de rêverie hostil. E a rêverie hostil nem sempre é bombardeio, às vezes é uma boa sedução. Por isso que tem gente que te põe na vitrine, mas nunca chega perto de você, porque sabe que quando chegar perto, você será real. Eu gostei do que Freud referiu numa carta, sobre um paciente que o enchia suficientemente. Então Freud falou assim para ele: "agora que nós dois somos uma merda, eu também sou uma merda, nós vamos poder trabalhar!". Isso não está em nenhum manual, está nas cartas... é bom lê-las.

Referências

Bachelard, G. (2008). *La poétique de la rêverie* (4ª ed.). PUF. (Trabalho original publicado em 1960) https://bit.ly/3HRrbHQ

Bion, W. R. (1962). *Learning from experience*. Heinemann.

Bion, W. R. (1963). *Elements of Psycho-Analysis*. Basic Books.

Bion, W. R. (1992). *Cogitations*. Karnac Books. (Trabalho original publicado em 1960)

Bion, W. R. (1994). *Estudos psicanalíticos revisados* (W. M. M. Dantas, Trad.; 3ª ed.). Imago. (Trabalho original publicado em 1967)

Chardin, P. T. (1988). *O fenômeno humano* (J. L. Archanjo, Trad.). Cultrix. (Trabalho original publicado em 1955)

França, M. O. A. F., & Marra, E. S. (Orgs.). (1997). *Meltzer em São Paulo: seminários clínicos*. SBPSP; Casa do Psicólogo.

Gomes, M. C. P. (1986). O núcleo de mágoa crítica. *Revista Brasileira de Psicanálise*, *20*(1), 19-67.

Sófocles. (1992). *Electra: uma tragédia grega* (M. G. Kury, Trad.). Zahar. (Trabalho original publicado entre 420 e 410 a.C.)

Sófocles. (1998). Édipo em Colono. In *A trilogia tebana: Édipo, Édipo em Colono, Antígona* (M. G. Kury, Trad.; 8ª ed., pp. 101-194). Zahar. (Trabalho original publicado em 401 a.C.)

Talamo, P. B. (1987). PS « D. *Rivista di Psicanalisi*, *27*(3-4), 133-135.

5. Transvendo o mundo: o sonhar do analista[1]

Conto sobre variações de luz e sombra em uma sessão

A expressão reta não sonha
não use o traço acostumado . . .
O olho vê
a lembrança revê
e a imaginação transvê.
É preciso transver o mundo.
– Manoel de Barros, *Livro sobre nada*

Era um entardecer de junho, quando o sol já tímido entrava através da vidraça do jardim de inverno, conferindo uma luminosidade tranquila à sala de análise em que recebia Maria. Mesmo em sua

1 Texto elaborado em coautoria com a psicanalista Ana Regina Morandini Caldeira. Uma versão diferente do artigo foi publicada sob o título O sonhar do analista: fruto e artesão de rêveries na *Revista de Psicanálise da Sociedade Psicanalítica de Porto Alegre* em 2014 (vol. 21, n. 1, pp. 93-106).

descrição de final de tarde, através da persiana entreaberta, o sol teimava em imprimir na parede tanto imagens trêmulas das plantas do jardim quanto um objeto de cristal colocado sobre minha mesa. Estávamos à meia-luz, claridade ideal para olhar algo, pois normalmente o excesso ofusca o sonho, e o sombrio aterroriza a alma.

Maria, apesar de ser mulher vitalizada, costumeiramente tinha uma dor pulsante, que se referia à passagem do tempo, à sua envelhescência, às limitações que a vida impõe no que tange a não mais ser tão jovem. Sentia-se apequenar. Parecia sentir dificuldade diante da vivência elaborativa de lutos referentes à sua juventude e à fase em que reunia os filhos aos seus cuidados. Em certos momentos, é nebulosa a perspectiva de se despedir de antigas vivências e se dispor ao novo e às suas significações.

Relato aqui fragmentos de uma sessão em que, junto com a fala e a presença de minha analisanda, as emoções do campo analítico se apresentavam a mim a partir de minha postura onírica diante das sombras que eu visualizava na parede da sala, na medida em que a luminosidade do dia se alterava e trazia diferentes formatos para a sombra do vaso que estava sobre a mesa. Seria mais uma maneira, dentre outras, de "ouvir" as histórias que contavam sobre a alma de minha analisanda. Um analista pode propor-se a escutar imagens, ver palavras e degustar dos afetos que transitam na sessão.

Maria necessitava tolerar sua frustração ao ver-se envelhecendo, para poder modificá-la e seguir adiante. Essa tarefa solicitava-nos a condição de transitar pelos espaços oníricos. Sonhávamos juntas, na busca de um vocabulário emocional que pudesse contar sobre as cores possíveis do entardecer.

No início da sessão, ela começou sua fala mergulhada em um contexto de morte, entremeando fatos sobre a perda repentina de um amigo ainda jovem, com infarto fulminante, e o Dia de Finados. Ofereceu-nos detalhes sobre a visita ao túmulo dos pais e seu sentimento de dor por essa separação. Se lastimou por essas mortes.

Chorou pela passagem do tempo e pelas perdas que ela traz. Fechará sua janela às serenatas que a vida ainda pode fazer? Havia algo de aterrorizante na fala daquela mulher, algo de mortífero. Parecia me contar que, sozinha, não conseguia conter certas ausências e vazios.

Ao escutá-la, voltei a me deparar com o sol na parede. Eram infinitas as minhas possibilidades de visualizar algo a partir daquelas sombras, mas eu queria sonhar a comunicação que me era feita por Maria sobre o que permeava seus transbordamentos, como acontece num sonho surreal. Desejava entendê-la, por meio de diferentes linguagens, além de aspectos teóricos ou racionais. O surrealismo tendencia a que a lógica e a razão se submetam à imaginação. O surreal é o real desconhecido, que se apresentará a partir do trabalho de uma mente que libera seu imaginário.

Sonhei uma sequência de fotogramas oníricos, sem sentido prévio. Então, olhei e vi, num reflexo da parede, a imagem de uma coruja com olhos ameaçadores e malignos. Pensei sobre o fato de que corujas são aves noturnas, têm olhos para a noite, optam pela escuridão. No meu imaginário, mais olham e controlam do que alçam voos.

Figura 5.1 – Representação do fotograma onírico da autora.

Fonte: Ilustração da autora Ana Regina M. Caldeira.

Eu não desejava ver aquele bicho, mas ele insistentemente se apresentava a mim, reafirmando uma crença particular de que, numa relação analítica, o analista escorrega por labirintos indefinidos, compartilhando com o que se apresenta no mundo mental de cada analisando. Diante de seus medos, Maria já não estava mais só naquele momento. Eu me assustara junto com ela, percebendo a dimensão de seu terror. Aquela imagem inicial gerou um tumulto emocional em mim. Naquele momento, em pleno exercício de análise, inicialmente senti dificuldade de fazer uso daquele estado de rêverie, dado o impacto emocional ocasionado. Porém, eram-me sabidos o sentido e a importância de navegar por águas do inominável, das sensações e fantasias do complexo movimento das emoções, ou da ousadia dos voos noturnos, movimentos estes que sempre nos solicitam coragem.

Então ela contou que lera uma crônica cujo autor questionava o sentido da vida, sua dimensão, valia e importância.

Refleti, com meus botões, sobre a significância de falar com minha analisanda, não diretamente sobre o que eu estava vendo ou sentindo, mas a partir daquela experiência emocional que eu vivenciava, construída pelas possibilidades de nossa interação, as quais me ampliavam referências quanto às dores sofridas por ela.

Arrisquei enfrentar o terror que permeava nossa sala e falei sobre seu sentimento de impotência diante da morte que a vida contém, desafiando-lhe seu desejo de controle. Conversamos sobre isso.

Pensei sobre o quanto os sonhos nos trazem silenciosa aproximação.

E o sol continuava seu movimento, tanto quanto não é estática uma sessão de análise, mudando assim a configuração projetada na parede, através de minhas imagens sonhantes. Olhei para o reflexo da luz e vi que ele se transformou em um sapo de papo grande. Gosto de sapos. Pensei em seus saltos de arrancada, suas cores intensas, seu coaxar rouco e melodioso, em seus três tipos de respiração, a partir das transformações possíveis e necessárias ao transcorrer da vida. Acabei por me sentir aliviada em ver outra imagem que não guardasse aqueles olhos assustadores, mas, sim, uma perspectiva de inovação, ousadia ou teimosia em sobreviver. Em se dispor a encontrar melhor lugar.

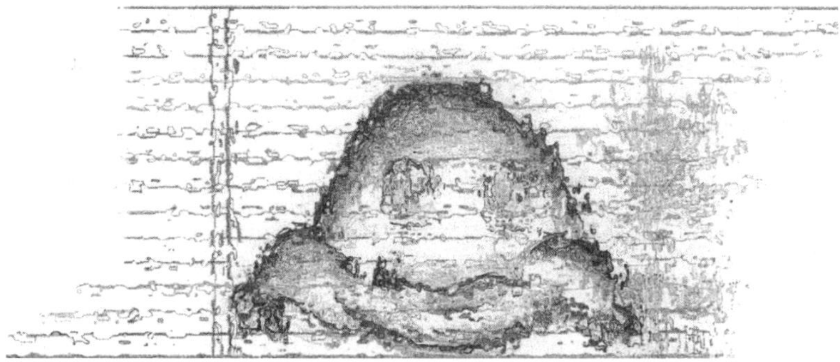

Figura 5.2 – Representação do fotograma onírico.

Fonte: Ilustração da autora Ana Regina M. Caldeira.

Maria falou então que, quando foi à sua cidade de origem por ocasião de Finados para ver os mortos, encontrou vivos também, suas primas e tias queridas.

Numa junção do que Maria me dizia com o que eu via projetado na parede, conversei com ela sobre a minha percepção, de que há uma vida que busca por saídas e possibilidades renovadoras, a partir de encontros vitalizados e transformadores. Que ela pode se perceber como alguém que também pode transitar ou saltar de um momento de passagem para outro. Sobreviver sem se sentir num mundo subterrâneo e aprisionador.

Arrisquei pensar que ela também podia sentir que em nossa existência nos observamos ora murchos, ora preenchidos, como o papo de um sapo, que infla e encolhe. Além disso, que essa condição transitória é que nos traz a riqueza, a multidimensionalidade, a pluralidade de cores no transcorrer de nosso tempo.

Minha analisanda começou então a recordar-se de pessoas que, apesar das dificuldades, seguiam em frente, superando-as. Relatou relações de amparo entre pais e filhos e falou de aspectos de fertilidade, indiferente à severidade do rigor moralístico da sociedade. Ao mesmo tempo que se referia à importância de sua crença em parcerias criativas e acolhedoras, eu via, em nossa parede comunicativa, um lustre de cristal que ramificava e do qual pendiam vários pontos de luz. Lembrava-me também uma árvore com frutos ou botões de flor. A coruja fechara seus olhos superegoicos e ameaçadores, concedera lugar ao movimento do sapo e, agora, luzes se acendiam.

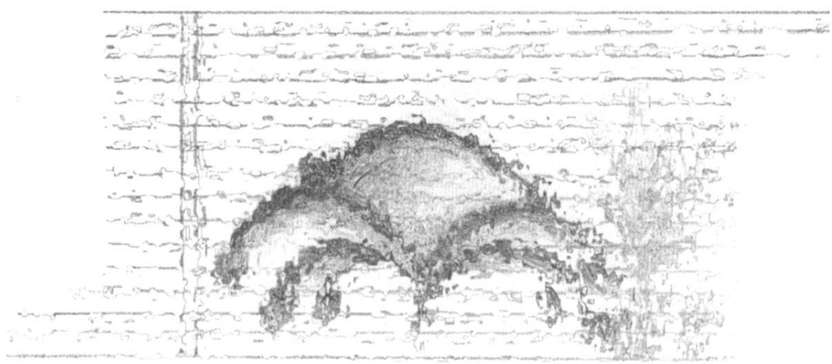

Figura 5.3 – Representação do fotograma onírico.

Fonte: Ilustração da autora Ana Regina M. Caldeira.

Em sintonia com o que Maria falou, disse-lhe que ela pôde entender a si própria, independentemente de preceitos sociais ou padrões culturais, ao se olhar além de conceitos de beleza e juventude, confiando em seus recursos de fecundidade interna. Por isso, podia estar consigo e comigo naquele momento.

Havia em mim uma sensação de muda e mútua compreensão. Tecíamos uma narrativa, como dois coautores, por meio do uso dos estados de rêverie que vivenciei, transformando-os em pensamentos reflexivos e simbolizações verbais.

Maria disse que tinha muito ainda a fazer, apesar de seus filhos crescidos. Que ia cuidar mais de si e do marido. Que tinha uma vida real à sua frente.

Um novo quadro se apresentou diante de mim, e nele vi a imagem do vaso de cristal em seu formato original. Pensei nesse encontro com a realidade possível, seus desdobramentos em termos de novos sonhos e construções. Como um vaso que se dispõe a conter e manter vivos, mesmo que temporariamente, os elementos florais que nele são colocados.

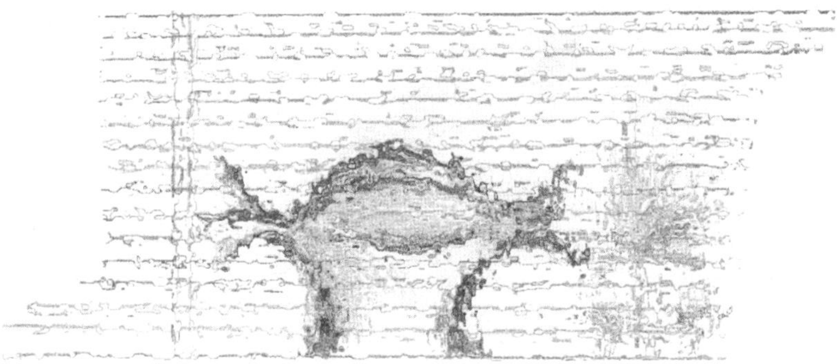

Figura 5.4 – Representação do fotograma onírico.

Fonte: Ilustração da autora Ana Regina M. Caldeira.

Refleti em voz alta que talvez esse fosse o real sentido que procura em sua vida, sentir-se junto a alguém, em parceria. Mesmo que o tempo passasse e levasse consigo a juventude dela, momentos de significância e vitalidade a mantinham acordada e disposta a viver o que lhe pudesse ser real.

Começou a anoitecer. A sombra do objeto na parede tornou-se quase imperceptível. Somente as plantas, lá fora, estremeciam imunes à intensidade de tudo que foi vivido, num tempo que não coube nem mesmo numa hora inteira. Quão relativa é a dimensão da temporalidade...

Pelo menos naquele fragmento de sua vida, Maria não era mais uma vítima da passagem do tempo, ultrapassando limites cotidianos de concretude aprisionadora, abrindo em sua imaginação novos espaços de liberdade.

Pudemos construir nossas narrativas ficcionais ancoradas na vida real, hospedando-nos reciprocamente. Sonhamos juntas, tanto as dores quanto as renovações que o envelhecer nos apresenta. Assim, também me foi possível desfrutar desse pensar-sentir e fazer minhas elaborações a respeito da passagem do tempo e das luzes que o entardecer, apesar de suas dúvidas e incertezas, pode trazer.

A possibilidade de sonhar durante o dia nos mantém acordados para nossa experiência atual. Maria podia agora estar acordada para sua experiência de vida, sem repudiá-la. Nesse momento, já era possível ir para sua casa e adormecer embalada em seus próprios sonhos.

Olhei no relógio, vi que o tempo de nossa sessão acabara e disse-lhe: "agora temos que ir, já pudemos estar juntas". Pelo menos naquele momento, pudemos nos sentir ancoradas pela fluidez de sensações, pensamentos e sentimentos do espaço onírico da intersubjetividade analítica.

Anoiteceu e, contrariamente ao escurecer do ocaso, tínhamos então muita luz pela frente.

Evoluções na Psicanálise

A Psicanálise, hoje, permite ao analista estar presente com sua mente e sua singularidade, sendo enriquecida a partir de seu trânsito no terreno da intersubjetividade. A função analítica atual almeja a possibilidade de expandir os instrumentos que contenham e transformem as protoemoções. Muitos autores debruçaram-se sobre a questão de que numa sessão de análise há uma construção conjunta no trânsito onírico da comunicação dos inconscientes de analista e do analisando, desmerecendo a rigidez da técnica clássica em favor da disponibilidade para o inesperado e para a condição sonhante do momento ("O").

Nas origens da Psicanálise, em 1914, Freud acrescentou em *A interpretação dos sonhos* (1900/1996), no texto "O sonho de Irma", uma interessante nota de rodapé que continha uma observação que contrapunha a técnica que ele mesmo preconizava na época, a saber, a de "impor a tarefa de interpretação à própria pessoa que sonha" (p. 105):

> *Como Theodor Gomperz (1866, 7s.) ressalta, insistia ele na importância de basear a interpretação de sonhos na observação e experiência, tendo estabelecido uma distinção rígida entre sua própria arte e outras que eram ilusórias. O princípio de sua arte interpretativa, de acordo com Gomperz, é idêntico à magia, é o princípio de associação.* Uma coisa num sonho significa o que ele lembra à mente – à mente do intérprete dos sonhos *[destaque meu], é quase desnecessário dizer. (pp. 105-106)*

Na atualidade, compreendemos que a gênese do "sonhar" se dá por meio de experiências emocionais do indivíduo trabalhadas pela sua função alfa (Ribeiro, 2014). O mesmo ocorre no trabalho analítico interpretativo com os sonhos (sejam eles noturnos ou sonhados no decorrer da sessão), compostos na experiência emocional compartilhada, por meio das rêveries do analista, o "intérprete do sonho". Não há movimento na sala de análise que não se ocupe das rêveries do analista; mesmo que estas não lhe cheguem à consciência, existem como fator de sua função alfa e (devidamente trabalhadas) serão utilizadas para a "construção"[2] da formulação a ser publicada ao analisando.

O equipamento mental do analista se constitui na sua reserva mental natural, que será útil para acolher e desintoxicar conteúdos terroríficos que assaltam o mundo interno do analisando, dando nome ao terror sem nome e significados revitalizadores. Sapienza (1999), em seu texto sobre o trabalho de sonho alfa na sessão, conjectura que o "ver" (relacionado à sensopercepção visual) está ligado à "intuição"; o "rever", à "memória-arquivo ou notação"; e o termo "transver" guarda íntima relação com a atividade de rêverie, referente à memória-sonho. Assim, a "memória-sonho" que se relaciona com rêverie se diferencia de "memória-notação ou arquivo" porque surge de modo espontâneo no decorrer da sessão e permite correlações inesperadas e valiosas durante ela.

Bion (1962), ao propor que o sonho genuíno é uma tentativa de tornar a realidade externa e interna disponíveis para o pensamento, foi o grande colaborador para a ampliação da teoria de Freud sobre o sentido dos sonhos na vida mental. A partir do conceito de "pensamento onírico do estado de vigília", passa a existir espaço para a ousadia do analista em permitir-se se desprender de posturas preestabelecidas, deixando aflorar imagens das histórias possíveis, nascentes na própria mente, embasado em sua capacidade negativa, intuição e postura ética.

Tantos outros autores se debruçaram sobre o tema dos sonhos. Segundo os Baranger (1961/1969), o "campo analítico" se dá a partir

2 "Freud considerou com muito acerto que grande parte das interpretações carecem quase por completo de significados; no entanto, não ocorre o mesmo com as construções. Não me afeta quando alguém me diz que sou onipotente ou impotente . . . É por esta razão que prefiro a construção antes de qualquer palavra que possa encontrar no dicionário, mas que pouco me serve" (Bion, 1974/1978, p. 179, tradução livre).

de algo que se cria além da soma analista e analisando, referindo-se à fantasia em comum da dupla. Winnicott (1971/1975) falou sobre um trabalho mental que acontece na sobreposição de duas áreas do "brincar", na medida em que as duas pessoas da dupla analítica estão disponíveis para a séria atividade de "brincar juntas". No pensar de Ferro (1999), as imagens visuais produzidas pelo sonhar (os pictogramas) apresentam-se em "narrativas oníricas" tecidas pela função alfa. Para Ogden (2005/2010),

> *sonhar nossa própria experiência é adquirir a posse dela no processo de sonhá-la, pensá-la e senti-la. . . . A Psicanálise, dessa perspectiva, é uma forma de relacionamento psicológico na qual o analista participa do sonhar os sonhos anteriormente não sonhados e interrompidos do paciente. (p. 45)*

Resulta desses vértices pensarmos a gênese do sonho como uma experiência emocional, e a possibilidade de sonhar a sessão, uma rêverie. O estado mental "lúdico-analítico-sonhante" transporta-nos para áreas nas quais o indefinível conta histórias sobre sua existência, apresentando as sombras e luzes de um contorno possível aos nossos olhos e mente.

Sobre a intersubjetividade

Quando a mente do analista passou a compor, junto com a do analisando, um dos principais objetos da observação analítica, ocorreu uma revolução na técnica. Isso se deu a partir das teorias de Bion (1962, 1970/2006), bem como de contemporâneos estudiosos da intersubjetividade. Para Bion, o aspecto central do trabalho analítico é a fenomenologia da própria sessão, são os elementos que a constituem, isto é, a atmosfera emocional da sessão, a impressão do par sobre ela, o estado emocional do paciente, seus pensamentos, seus desejos, ou sua incapacidade de pensar, sentir ou desejar. Concomitantemente, Bion chama-nos a atenção sobre a necessidade de o analista ter contato profundo para lidar com seu próprio estado mental, o qual, na parceria, se constituirá em valiosa ferramenta de trabalho.

Em *Learning from experience*, Bion (1962) propôs uma ruptura com o modelo clássico de observação psicanalítica. O analista entra em cena não mais como um mero observador e tradutor da vida mental do paciente, mas contribui com sua própria vida mental para as ocorrências dentro da sessão, constituindo-se num dos fatores das transformações que ali se operam. Não existe mais uma mente observando a outra, como no modelo freudiano e kleiniano; há uma interação entre a subjetividade do analista e a do analisando, constituindo uma terceira subjetividade na sessão (Ogden, 1997).

A intersubjetividade não é encarada apenas como inevitável, mas impõe-se como única via possível de aproximação de certas qualidades da realidade psíquica de dimensão supra ou infrassensorial, permitindo transformações de K → O. Também é na intersubjetividade que pode ocorrer a construção emocional de significado dentro da relação única entre analista e analisando. Intuída a realidade psíquica do analisando, uma transformação O → K permitirá a construção de formulações adequadas à publicação.

Sobre rêveries

O termo "rêverie",[3] que teve feliz acolhida entre os analistas, foi um vocábulo que Bion (1962) emprestou do francês e utilizou para

3 "*Rêverie*: essa é uma curiosa eleição de Bion (1962) de um termo francês, em tradução ou significado de 'devanear'. 'Devanear' é um 'sonhar acordado' e em

assinalar o exercício da função alfa no vínculo entre a mãe e seu bebê. Ele definiu rêverie como um fator da função alfa materna, com qualidade desintoxicante quando a mãe está apta a reconhecer e decodificar as evacuações emocionais realizadas pelo bebê, desintoxicando-as de seus componentes indigestos e dando-lhes significado.

Rêverie, então, é análoga à função do "sonhar" do analista, sendo esse estado entendido como a função psíquica que leva ao sonho da dupla, aos sonhos ou devaneios que ocorrem na intersecção das subjetividades do analista e do analisando, como demonstrado no fragmento clínico com Maria. As rêveries acontecem sempre dentro da relação continente ↔ contido (Bion, 1963) e, nesse contexto, podemos expandir o componente materno e ver a rêverie como um possível fator de toda e qualquer função alfa. Na mente do analista, esse fator é responsável pelo surgimento de uma imagem, uma cantiga de ninar, um cheiro etc. capaz de direcionar a operação de sua função alfa.

Um equívoco comum é conceber o conceito de rêverie apenas na relação mãe-bebê e com qualidade associada a uma excessiva maternagem na relação analítica. A orientação fornecida pela rêverie à função alfa pode, inclusive, ir na direção de uma ruptura da continuidade de um comportamento maternal (de *holding*, por exemplo), podendo indicar a necessidade de função paterna de corte, numa relação por demais simbiótica com o analista.

Ogden (1997) usa o conceito de rêverie de forma expandida; para ele é tudo o que ocorre na mente do analista ou no seu corpo

---

francês há diferenciação dos termos *rêver* e *songer*, com precisão. *Rêver* é sonhar acordado, *songer* é sonhar dormindo. '*Rêverie*' vem do verbo 'rêver' que tem origem latina na raiz da palavra 'de vano' – ou seja, 'aquele que vagueia, que é errante, que sonha, que vagabundeia... no sentido de ser um errante, que fica vagando.' No dicionário etimológico, o primeiro sentido dessa palavra data do séc. XIII e significa 'aquele que delira'" (Cunha, 1986, "Rêverie").

que esteja relacionado a evoluções da experiência sendo vivida na relação analítica, ou seja, emanações de "O". Esses fenômenos, se realmente forem rêveries, e não o que Bion (1992) chamou de "rêverie hostil",[4] são sempre +K e visam à compreensão aprofundada de camadas pré-verbais que aguardam condições para virem a ser representadas simbolicamente (Ribeiro, 1999).

Por meio de suas rêveries, o analista "empresta" sua função alfa ao analisando até que este alcance suficiência dela. Sapienza, no "Fórum sobre sonhos", enfatiza a importância da contribuição do analista:

> *há uma imagem e um pensamento verbal. Há um* splitting *que separa o que é imagem visual e o que é representação do que é verbalizado. Sem a interpretação, a imagem permanece auto-télica, sua finalidade se esgota em si mesma. . . . O "sonhar" do analista, em sintonia com a função alfa, garante a atenção flutuante, contraparte das associações livres do paciente, dando suporte a transformações na direção do O da sessão em andamento. (8 de outubro de 1997, comunicação em evento)*

Em uma ampla revisão do tema, Elias Barros e Elizabeth Barros (2012) trabalham a relação entre a transferência, a rêverie e o processo de simbolização, colocando em evidência os processos em que sonhos, metáforas, pictogramas e narrativas são evocados no analista. Tais experiências, combinadas com a linguagem verbal utilizada pela dupla, levam a sentimentos que serão projetados no

---

4 *Rêverie hostil* é um deslocamento defensivo para evitar contato com dor psíquica; no analista denota psicopatologia e ocorre quando fatores pessoais dificultam o sonhar da sessão, e o analista vai na direção de −K, atuando contratransferencialmente elementos seus na dupla. Pode vir a causar "microtraumas na sessão" (Ribeiro et al., 2007).

analista por meio da transferência. Ao serem interpretadas em outra base simbólica, tais experiências transformarão a linguagem de evocação dos símbolos visuais em linguagem de novos significados. O resultado será a ampliação da capacidade de pensar a experiência de dor mental, dando novos significados aos sentimentos envolvidos.

Assim, uma rêverie não deve ser usada prontamente, da maneira como surgiu à mente. Para ser compreendida analiticamente, exige que se observem algumas regras, sendo uma delas de que primeiro deve ser interpretada pelo próprio analista antes de ser veiculada ao analisando. Para tal, o analista deve entrar em contato profundo com sua rêverie, sonhando-a de novo, reorganizando-a e ressignificando-a à luz dos elementos sendo vividos no momento exato da relação analítica, como fez a analista com as imagens que lhe foram surgindo. Em nenhum momento foram citados corujas, sapos, vasos ou outros elementos para a analisanda. A analista se permitiu ser guiada pela rêverie até a construção de uma formulação adequada; por exemplo, a "coruja com olhos ameaçadores e malignos" sofreu interpretação da própria analista por meio de suas associações com "aves noturnas, [que] têm olhos para a noite, optam pela escuridão . . . mais olham e controlam do que alçam voos", para depois ser veiculada à analisanda na forma de "sentimento de impotência diante da morte que a vida contém".

Narrativas ficcionais ancoradas na vida real como geradoras de transformações

As teorias de Bion propõem um modelo em que a vida onírica se assemelha a um "teatro para a geração de significado", sendo que a função do sonhar do analista procura criar elementos até que o significado se torne utilizável ao analisando. Meltzer (1983/1987) e Ferro (1995) comparam a leitura de um sonho, ou de uma rêverie, à montagem de um filme por um cineasta. Assim, o analisando seria o "diretor" filmando muitas cenas emocionais, e o analista seria o "montador" – dando às mesmas cenas um sentido, uma ordem. Entretanto, o analista não se limita só à montagem, ele também participa do "filme", introduzindo imagens que se ativaram em sua rêverie, em sua escuta "sem memória e sem desejo", numa posição altamente empática e ressoante. Desse modo, ressoam no analista narrativas ficcionais ancoradas na vida real, na forma de fantasias, lembranças, novas imagens, tudo devendo ser organizado e comunicado ao paciente, até se tornar algo novo e compartilhado.

Na sessão descrita há o entardecer na sala de análise: a intensidade de luz e sombra formam um gradiente. Há um estado, uma pulsão que emana, que se materializa e vai se transformando nas imagens que vão sustentando as rêveries da analista e transformando não só a percepção sensorial plástica, mas também rítmica, e em correspondência íntima entre elas. Assim, há na cena analítica a vida animada – a coruja e o sapo – e o que o senso comum considera vida inanimada – o lustre e o vaso de cristal com flores que já foram vivas, por certo tempo, dentro dele. Há a substituição do que é estático pelo movimento, pela gradação da luz, pelo jogo em graus de possibilidades visuais; tudo como uma cena em "câmera lenta" (sem pressa, buscando intimidade), em que diferentes linguagens vão construindo novos sentidos e significados.

Na sequência das rêveries apresentadas surge uma sucessão de metamorfoses nas figuras relatadas, numa geração de transformações. Aparecem imagens de animais, surge uma coruja, depois um sapo e imagens de cristais. Se fôssemos estudar essas transformações à luz de uma escala darwiniana de evolução, começaríamos com os cristais (o inanimado), então teríamos os batráquios e as aves (a coruja). Mas, em vez do sentido conhecido e esperado, em direção aos mamíferos humanos, na sessão de análise começa a haver o contrário da evolução de Darwin: de ave, pula-se para o batráquio (o sapo ora murcho, ora preenchido) e chega-se aos cristais (vaso e seus reflexos na parede).

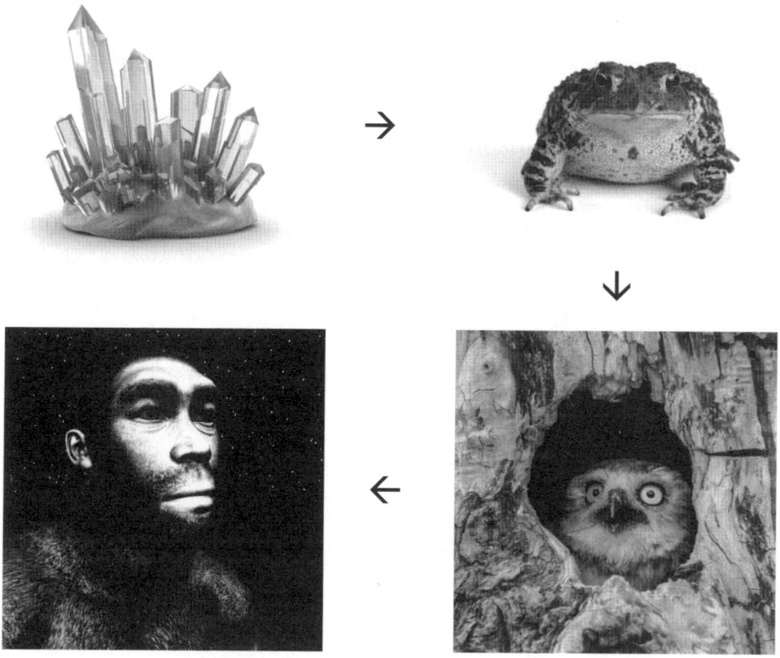

Figura 5.5 – Representação das transformações na escala darwiniana da evolução.

Fonte: iStockphoto.

Subvertem-se ordem e direções preexistentes.

Através das rupturas, possíveis "cesuras" (Bion, 1942/1977), novos caminhos – não mais de qualidade unidirecional como na escala darwiniana – podem tecer novas construções. A mente, a partir de suas tantas configurações, faz surgir múltiplos personagens diante dos estados de dispersão e integração que se apresentam na experiência emocional compartilhada (Caldeira, 2011). Rompem-se os limites entre o material inanimado e os seres vivos, como se aí se conjugasse um novo mundo de reverberações, isentas de relações causais definitivas (Bion, 1970/2006), o que se torna possível em função de os observadores (analista e analisando) emprestarem sua "alma" para acordar as figuras/imagens do campo de observação.

Essas cesuras a serem sonhadas pela dupla, se ancoradas na vida real (e não meros produtos coluna 2 da grade de Bion, 1942/1977), abrem caminhos para experiências inéditas na vida do analista e na do analisando. É necessário preparo técnico, emocional e coragem para essas empreitadas no *setting*, uma vez que elas ocorrem principalmente no *setting* interno do analista, e não propriamente na "sala" de análise. A partir dessas rêveries, podemos evoluir para cesuras ou mudanças catastróficas, que vão anunciar as novas dimensões do psiquismo do analisando, muitas vezes inesperadas, ou até mesmo indesejadas, mas partes da verdade essencial de uma mente multidimensional.

Quase finalizando, algo sobre o envelhecer

Na palavra envelhecer, o sufixo "-ecer" significa "início de ação". Então, envelhecer é "começar a ficar velho", como anoitecer é "começar a ficar noite", e amanhecer é "começar o dia". Maria e sua analista estão indagando: que fazer com o envelhecer quando Eros ainda está pulsando dentro da nossa alma? Quinodoz (2011) nos auxilia:

> *Pois, como* ceder seu lugar *antes de ter encontrado um lugar, como* deixar a vida *antes de experimentar o sentimento de ter tido uma vida, como* terminar nossa história interna *antes que ela tenha se tornado uma "história total" coerente, nossa história? (p. 98, grifo nosso)*

Inspiradas no estilo de escrita científica proposto por Bion na parte final de sua obra – em *A memoir of the future* (1991), por exemplo, que é escrita na forma de teatro – e buscando diferentes campos que dialogam entre si, a exemplo das artes e da Psicanálise, convocamos algo que está no limiar entre os mitos e a Filosofia, algo de um pré-socrático – Heráclito – que bem antes de Bion já falava em transformações: ninguém se banha duas vezes nas águas de um mesmo rio, não porque o rio muda em sua eterna fluidez, mas porque o Homem muda!

A filosofia de Heráclito ajuda-nos a repensar a visão reducionista que opõe animado e inanimado, vida e morte, pois, sem nos fixarmos nos extremos, vale mais a tensão gerada entre eles. O movimento entre esses polos nos faz despertar para viver a vida estando vivos. Esse vivo pode ser vislumbrado como a condição de pensar – e pensar e sonhar a dois – para continuar em busca não só do tempo perdido, mas do tempo "redescoberto" (Proust, 1927/1988) e, com a colaboração da dupla analítica, redescoberto em Psicanálise.

Em meio a variações de luz e sombra, o sonhar do analista, fruto e artesão de rêveries, é o que se vai compondo no *setting* com o outro. Desvela o processo de tessitura da dupla como mãos a compor o trabalho em Psicanálise.

A cada momento, novas águas passam. Ao final (ou no momento redescoberto?), mudou o homem, mudaram os seres envolvidos na construção. Ficam os fios e o texto, a comprovar a memória daquela tessitura!

Referências

Baranger, M., & Baranger, W. (1969). La situación analítica como campo dinámico. In *Problemas del campo psicoanalítico* (pp. 129-164). Kargieman. (Trabalho original publicado em 1961)

Barros, E. M. R., & Barros, E. L. R. (2012). Reflexões críticas sobre os processos intersubjetivos: contratransferência, rêverie e o processo de simbolização. *Revista Brasileira de Psicanálise, 46*(1), 135-149.

Bion, W. R. (1962). *Learning from experience.* Heinemann.

Bion, W. R. (1963). *Elements of Psycho-Analysis.* Basic Books.

Bion, W. R. (1977). *Two papers: The grid and Caesura.* Imago. (Trabalho original publicado em 1942)

Bion, W. R. (1978). *Seminarios de Psicoanálisis.* Paidós. (Trabalho original publicado em 1974)

Bion, W. R. (1991). *A memoir of the future.* Karnac.

Bion, W. R. (1992). *Cogitations.* Karnac.

Bion, W. R. (2006). *Atenção e interpretação* (P. C. Sandler, Trad.; 2ª ed.). Imago. (Trabalho original publicado em 1970)

Caldeira, A. R. M. (2011). Sobre um certo velejar da alma: observações clínicas sobre o trânsito mental através das cesuras. *Berggasse 19, 2*(2), 45-61.

Cunha, A. G. (1986). *Dicionário etimológico Nova Fronteira da língua portuguesa* (2ª ed.). Nova Fronteira.

Ferro, A. (1995). *A técnica na Psicanálise Infantil: a criança e o analista: da relação ao campo emocional* (M. Justum, Trad.). Imago.

Ferro, A. (1999). *Psychoanalysis as storytelling* (P. Slotkin, Trad.). Routledge.

Freud, S. (1996). *A interpretação dos sonhos (I).* (1900). In *Edição standard brasileira das obras psicológicas completas de Sigmund Freud.* Vol. 4. (J. Salomão, Trad.). Imago. (Trabalho original publicado em 1900)

Meltzer, D. (1987). *Vida onírica: una revisión de la teoría y de la técnica psicoanalítica* (M. Mendez-Casariego, Trad.). Tecnopublicaciones. (Trabalho original publicado em 1983)

Ogden, T. H. (1997). Reverie and interpretation. In *Reverie and interpretation: sensing something human* (pp. 155-197). Jason Aronson.

Ogden, T. H. (2010). *Esta arte da Psicanálise: sonhando sonhos não sonhados e gritos interrompidos* (D. Bueno, Trad.). Artmed. (Trabalho original publicado em 2005)

Proust, M. (1988). *O tempo redescoberto* (L. M. Pereira, Trad.; 9ª ed.). Globo. (Trabalho original publicado em 1927)

Quinodoz, D. (2011). Envelhecer, uma viagem para a descoberta de si mesmo. *Revista Brasileira de Psicanálise*, *45*(3), 97-108.

Ribeiro, M. M. M. (1999). Rêverie hostil e rêverie benigna. *Revista Brasileira de Psicanálise*, *33*(3), 431-447.

Ribeiro, M. M. M., Wierman, M. L., Corrêa, M. L. P., Ribeiro, P. M. M., Delboni, S. F. S., & Marques, T. H. T. (2007). Microtraumas na sessão de análise. *Revista Brasileira de Psicanálise*, *41*(2), 125-139.

Ribeiro, P. M. M. (2014). Para aquém do Princípio do Prazer: o umbral. *Revista de Psicanálise da SPPA*, *21*(1), 155-176.

Sapienza, A. (1999). O trabalho de sonho alfa do psicanalista na sessão: intuição-atenção-interpretação. *Revista Brasileira de Psicanálise*, *33*(3), 423-430.

Winnicott, W. D. (1975). *O brincar e a realidade* (J. O. Aguiar e V. Nobre, Trads.). Imago. (Trabalho original publicado em 1971)

6. Revisitando os sonhos e o sonhar: de Freud a Bion[1]

Tenho sonhado mais que Napoleão fez.
Tenho apertado ao peito hipotético,
Mais humanidades do que Cristo.
Tenho feito filosofias em segredo
Que nenhum Kant escreveu.
Mas sou, e talvez serei sempre,
O da mansarda.

– Fernando Pessoa, "Tabacaria"

Freud sempre considerou *A interpretação dos sonhos* (1900/1996) sua obra mais importante.

Inicialmente, a técnica de interpretação dos sonhos, baseava-se principalmente em decodificar símbolos, em reconstruir o passado histórico do analisando, ou em usar referenciais externos como indicadores de informações sobre o paciente. Na atualidade, esse

1 Texto publicado em 2001 na *Revista Brasileira de Psicanálise* (vol. 35, n. 2, pp. 265-281).

caminho proposto pode dar respostas insatisfatórias ao método analítico, pois novas descobertas permitiram avanços técnicos.

Neste texto pretendo estudar, em linha evolutiva, os movimentos ligados às mudanças na técnica psicanalítica de interpretação dos sonhos, revendo resumidamente os principais autores que contribuíram para esse processo. É enfocado, principalmente, o conceito de rêverie como Bion (1962/1967, 1962/1991) o propõe em sua obra, correlacionando tal teoria com a apresentação de casos clínicos.

Evoluções na interpretação psicanalítica dos sonhos

O estado de sonho favorece a emergência de uma forma particular do nosso pensamento. É o trabalho onírico que promove uma produção plástico-figurativa, na qual intervêm quatro operações: condensação, deslocamento, consideração pela figurabilidade e elaboração.

Ao propor-nos "tornar consciente o inconsciente", preenchendo as lacunas da memória, Freud foi descobrindo, na mente, seus conteúdos reprimidos, com vistas à reconstrução de uma suposta "verdade histórica", como nos *Estudos sobre a histeria* (1895/1996) e na *Interpretação dos sonhos* (1900/1996). Isso exigia do terapeuta uma postura livre de quaisquer interferências exteriores, principalmente aquelas originadas na própria mente do pesquisador. Toda a tarefa analítica seria consumada com simplicidade, não fossem as resistências interpostas pelo paciente.

Freud observou que as associações livres não eram tão livres assim... ele foi percebendo "a resistência ao método analítico", pois, pela transferência, o analista vai sendo colocado como verdadeiro protagonista da cena inconsciente que ele tenta descobrir.

O analista é convidado a viver com o paciente essas "cenas inconscientes", em busca do complexo patogênico reprimido. Para tal tarefa, Freud (1912/1996) recomendou que o analista "utilize a atenção flutuante", que não fique preocupado em lembrar dados do paciente, em tomar notas, prestar muita atenção etc. Isso liberta sua mente para captar melhor o que se passa na interação com o paciente. Décadas mais tarde, Bion (1967/1990) ampliaria essa ideia com a famosa expressão "sem memória, sem desejo e sem compreensão".

Outra grande descoberta de Freud (1915/1996a) para o estudo evolutivo dos sonhos foi a apreensão de que a comunicação entre paciente e analista pode ocorrer de inconsciente para inconsciente. Mas Freud não pôde desenvolver os mecanismos inter e intrapsíquicos que regem essa comunicação. Tal entendimento começou a expandir-se na Psicanálise com o advento da teoria das relações de objeto de Melanie Klein.

Com as teorias de Klein (1946/1981) houve um enriquecimento para o entendimento do significado do conteúdo dos sonhos, com o estudo das relações objetais precoces, das duas posições evolutivas de funcionamento mental e das ansiedades básicas. O fundamental conceito de identificação projetiva amplia a percepção sobre os processos mentais que interagem na relação analítica.

O modelo kleiniano decorre de uma noção de mundo interno, como um espaço ou um cenário em que se relacionam personagens ou objetos construídos pelos contínuos processos de introjeção e projeção, presentes desde o início da vida.

A contratransferência para Freud (1912/1996), ao ser definida como resposta emocional do analista aos estímulos provindos do paciente e como resultado sobre os sentimentos inconscientes do analista, era um obstáculo a ser removido da experiência analítica. Passaram-se anos e, a partir dos trabalhos de Heimann (1950) e Racker (1953), inúmeros pesquisadores seguiram concebendo a contratransferência como um instrumento de trabalho útil e sensível para o desenvolvimento da investigação psicanalítica.

Uma grande revolução na técnica psicanalítica de interpretar sonhos ocorre quando a mente do analista passa a compor, junto com a mente do analisando, os objetos da observação analítica.

Heimann (1950) parte do princípio já formulado por Freud da comunicação de inconsciente para inconsciente e considera que, sob o termo "contratransferência", se reúnem todos os sentimentos que o analista vivencia em relação ao seu paciente. A contratransferência passa a ser instrumento de comunicação do que está se passando na mente do analisando e, portanto, é fruto da comunicação de estados mentais dele.

Racker, em 1953, reconheceu que cada movimento transferencial, durante as sessões, evoca determinada reação contratransferencial, e esse é sempre um movimento que funciona nos dois sentidos, ou seja, uma situação transferencial também corresponde a um determinado contexto contratransferencial. Esses fatos lançam as bases do que, mais tarde, se conceituou de "campo analítico". O casal Madeleine e Willy Baranger (1961) foi pioneiro nas pesquisas sobre o campo formado pelas duas mentes – do analista e do analisando – na situação analítica.

O contexto do "campo analítico" amplia de maneira notável aquele da relação só do par, pois se estende a toda a situação analítica, consequentemente ao *setting* e às regras, fortalecendo um olhar mais amplo para a relação intersubjetiva.

Bion não se ocupou diretamente com trabalhos sobre técnica; ele propõe grandes modificações no modelo clássico de observação psicanalítica, especialmente na interpretação dos sonhos. O analista entra em cena não mais como um decodificador da vida mental do paciente, mas contribui com sua própria vida mental para os movimentos que ocorrem na sessão, sendo ele próprio participante direto das transformações que ali se operam.

Para o sonhar, Bion (1962/1991) afirma que é necessário haver na personalidade do indivíduo a "função alfa", que é capaz de processar as impressões sensoriais internas e externas de maneira total, transformando-as em "elementos alfa" com aptidão para serem utilizados em pensamentos inconscientes de vigília e em pensamentos oníricos.

Bion (1962/1967) enuncia, assim, a dimensão funcional, e não só patológica, da identificação projetiva como meio para a comunicação de determinados estados mentais. Com isso, ele parte para a elaboração e estruturação da sua teoria sobre o processo de "pensar", ou seja, o "aparelho para pensar os pensamentos", para a qual usa o modelo da relação mãe-bebê.

Em termos esquemáticos, pode-se dizer que o bebê vive experiências emocionais e impressões sensoriais que não podem ser compreendidas ou pensadas por ele. Elas precisam ser projetadas para dentro da mãe. O sucesso dessa operação vai depender da capacidade do bebê de "tolerar frustrações" e da capacidade da mãe de funcionar como órgão receptor que permite guardar tais sensações o tempo suficiente para que elas possam ser modificadas e devolvidas ao bebê, de forma tolerável e compreensível para ele. À capacidade da mãe de pensar a experiência interna do bebê, que foi denominada por Bion de função de rêverie, alia-se um conjunto de fatores que irão compor a tão referida "função alfa" e produzir "elementos alfa".

O termo "rêverie" foi um vocábulo que Bion (1962/1967) utilizou para designar o exercício da função alfa no vínculo entre a mãe e seu bebê. Ele definiu "rêverie" como uma função materna desintoxicante, quando a mãe está apta para reconhecer e decodificar as atividades de evacuação emocional realizadas pelo bebê (em direção à mãe), por meio da identificação projetiva, desintoxicando-as e dando-lhes significado.

Quando um indivíduo tem uma experiência emocional durante o sono ou a vigília e pela função alfa, consegue convertê-la em elementos alfa, que podem permanecer no inconsciente e ser transformados em pensamentos oníricos. A vivência do indivíduo (analisando) ao descrever tal experiência emocional por meio de uma narrativa, transmitindo-a a outro indivíduo (analista com função de rêverie), e deste ao recebê-la e transformá-la em outra narrativa, com significado emocional para ambos, é a própria contribuição de Bion (1962/1991) para o modelo de interpretação dos sonhos na atualidade.

O pensamento onírico descrito por Bion (1962/1967) é a expressão do trabalho que a função alfa desenvolve continuamente na constante transformação dos elementos beta, provenientes de todos os canais sensoriais e emocionais, que se tornaram pérvios na relação com o nosso corpo, com o não pensado, na relação com o outro e com o mundo. Tais pensamentos ocorrem ininterruptamente, como se estivéssemos sonhando o tempo todo, só que a maior parte do tempo não os percebemos. São como as estrelas no céu: estão lá noite e dia, mas na claridade do sol não as vemos e temos que aguardar a noite para vê-las.

As teorias de Bion postulam que a vida onírica se coloca como um "teatro para a geração de significado", ao observar que o mundo externo carece de significado, até que o significado tenha sido gerado e se tornado utilizável. Em relação à interpretação dos sonhos, Bion criou uma teoria inovadora, que é o ponto de partida para os autores da modernidade em seus desenvolvimentos, com referência à participação ativa do analista para reconhecer, decodificar e transformar o material dos sonhos (Ferro, 1995; Meltzer, 1983/1987; Ogden, 1997).

Ferro (1999) propõe que o ideal do nosso desenvolvimento como analistas seria termos a liberdade de sonhar o tempo todo, e considera que o maior contato que uma pessoa pode ter com a própria mente é por meio de sua rêverie.

Um sonho, para ser compreendido analiticamente, exige que se observem algumas regras – ele deve ser "completado" pelo intérprete do sonho. O analista deve entrar em contato profundo com o sonho, sonhando-o de novo e reorganizando-o a seu modo, numa posição mais modesta que a do primeiro sonhador, mas não menos significativa.

Grotstein (1981), Meltzer (1983/1987) e Ferro (1995), comparam a leitura de um sonho à montagem de um filme por um cineasta. Assim, o analisando seria o diretor filmando muitas cenas emocionais, e o analista seria o montador – dando às mesmas cenas um sentido, uma ordem. Entretanto, o analista não se limita só à montagem, mas introduz imagens que se ativam na sua rêverie, induzidas pela comunicação do sonho, numa escuta "sem memória e sem desejo", numa posição altamente receptiva e ressoante: de tal modo que dentro dele se ativem fantasias, lembranças, sobretudo novas imagens, e tudo deverá ser organizado, comunicado ao paciente, até se tornar algo novo e compartilhado.

Sonho como resultado da experiência emocional vivida pelo par analítico e não como decodificador de símbolos

A elaboração onírica terá êxito quando houver, por parte do analista, um acolhimento empático da experiência emocional que se vai transformando, por meio do uso da função alfa de ambos na sessão. Ao dar significado ao sonho pela interpretação, o analista estaria usando sua capacidade intuitiva, emotiva, ou sua própria contratransferência como meio de compreensão. Se essa condição é satisfeita, ocorre um processo de introjeção, abrindo caminho para novas transformações em conhecimento.

Exemplo clínico

T. é uma pessoa evoluída intelectualmente. Tem 47 anos de idade. Faz quatro sessões semanais. Procurou-me para análise após a morte de uma amiga. Nessa época, começou a ter crise de pânico, com vivências de dispersão e fragmentação, acompanhadas de sintomas como diarreia, insônia e queda de cabelos; ficou ameaçada de paralisação da vida ativa intelectual. Sofria intensa inibição ao trabalhar e criar profissionalmente, e temia perder as funções e cargos que exercia. Paradoxalmente, falava com a analista usando, predominantemente, metáforas e sonhos – um sistema defensivo para manter a analista à distância.

Historicamente T. tem colecionado um vasto museu de perdas: um primeiro namorado, aos 20 anos, faleceu de broncopneumonia; a mãe faleceu na segunda tentativa de suicídio; uma amiga, com quem viveu uma relação íntima durante 17 anos, faleceu de câncer; e ela já estava em análise quando sua outra amiga apresentou câncer. Ela dizia sentir-se o próprio "lixo atômico" pois, ao se ligar às pessoas, acabava matando-as. Transferencialmente, temia por mim... pois, onipotentemente, poderia destruir-me também. Por eu continuar viva, pensando ali com ela, trabalhando seus vazios, seus terrores, ela sofria muito com as separações em férias e feriados. Separação é sempre equacionada à morte, a novas perdas catastróficas.

A analisanda chegou para a sessão de análise muito pálida e abatida. Contou-me, logo que se deitou no divã, que faria parte de uma banca examinadora em que teria que aprovar uma colega e reprovar a outra que é inadequada ao trabalho. Esse fato pesaria muito na vida dessa pessoa, que não encontraria outro emprego por causa de sua idade e das condições de trabalho no país. Referiu que faltara à sessão anterior porque tinha acordado com dores e cólicas no abdômen e com vômitos. Procurou um gastroenterologista que lhe fez exames clínicos e um ultrassonográfico para eliminar um quadro obstrutivo abdominal, como "pedras" na vesícula.

Terminou sua fala dizendo: "Agora, já sei o que tive ontem. Os exames não acusaram nada. Foi mesmo resultado de um 'piripaque' ou 'frescura' por essa dor de reprovar a colega".

Eu disse que ela está sofrendo de uma dor chamada "angústia", e que não é "piripaque nem frescura", senão, não estaria naquele momento relatando-me aqueles fatos.

Ela concordou que estava mesmo envolvida com esse caso e começou a descrever o que sonhara naquela noite:

> *Esta noite eu sonhei que estava num lugar que parecia um paraíso da natureza. O lugar tinha flores, lagos, rios e eu estava dentro daquele mundo, fascinada pelas coisas exóticas que estavam espalhadas por lá. Eu comecei a colher conchas no chão e, na hora que eu as colhia e as punha na minha mão, elas se transformavam em "pedras" comuns; aí, eu as jogava fora. Depois, eu ia andando, e encontro um lago límpido e transparente onde tinha seres estranhos nadando. Eram invertebrados, polvos coloridos e, quando eu chegava perto para apanhá-los, eles não tinham vida e eram feitos de plástico transparente. Na beira do lago, havia uma mulher. Ela mergulha e sai da água trazendo uma linda concha que se abre e até aparece um animal. Era uma massa disforme sem vida, sem forma, de consistência plástica.*
>
> *Agora [em seguida] eu me lembrei de outra história que pode ter ligação com isso. Hoje de manhã, um colega, que veio de outra cidade para participar da banca comigo, contou-me as pesquisas que tem feito no seu trabalho sobre a "manipulação" genética. Eles produziram lá uma galinha que tem uma massa muscular enorme, o dobro do comum. É uma megagalinha que cresce em 60 dias. Só que há uma grande desvantagem, pois esta supergalinha morre, com muita frequência, de parada*

> *cardíaca, porque seu coração é pequeno e não nutre a grande massa muscular.*

Na sessão de análise, a descrição de todos esses elementos emocionais como se fosse a encenação onírica de uma história montada nos coloca num labirinto complexo. Se for decodificá-lo, há a tendência de fazê-lo com base numa tabela simbólica pré-construída; se poderia arriscar, olhando para esse sonho, que há camadas autistas causando obstrução mental. Assim, a "pedra" é símbolo do ser, de coesão; sua dureza e duração impressionaram os homens desde sempre, quando viam nela o contrário do biológico, submetidos às leis da mudança, à decrepitude e à morte. Também suas formas de pó, de areia, denunciam aspectos de desagregação, de dispersão, de fragmentação. A simples e espontânea decodificação dos elementos do sonho pelo analista pode conduzir a um desfazimento do par analítico, e a analisanda sentir-se sozinha.

Um discurso teórico desse tipo não caberia nesse momento da sessão, porque T. vive num mundo onde tudo que é belo e bonito torna-se sem vida, plástico, artificial na hora que ela toca; onde a ciência produz monstros que não podem sobreviver, como a mega-galinha. Ela teve, em suas origens, sensações de terror vivenciadas como dispersão, fragmentações trazidas por angústias do não ser, não existir, e busca em mim um continente capaz de contê-la. Se eu ficasse seduzida em simplesmente decodificar seus modelos, suas metáforas, ela iria transformar-me em mais um objeto inanimado, desvitalizado e morto para sua coleção.

Sonhando o sonho de T. na sessão, eu disse-lhe que ela queria colher coisas boas, bonitas, vivas e coloridas comigo, mas se assustou ao me sentir tão próxima e tentou petrificar-me ou transformar-me em uma supergalinha que tinha muito a oferecer como alimento, mas, morta, de nada adiantaria.

Dessa maneira, o sonho não será o ponto de chegada que fecha a situação a ser decodificada, mas será o ponto de partida para o nascimento de outros pensamentos. Alguns destes serão compartilhados com a paciente, os quais, por sua vez, ativarão alguns pensamentos no par – de modo a começar a construir uma história juntos, recuperando uma possível falha da continência anterior, sem necessidade de dar explicações.

Infinitos vértices de interpretação dos sonhos em direção ao aumento da pensabilidade

Os personagens de um mesmo sonho podem ser entendidos diferentemente no seu referencial histórico (como o das primeiras presenças ou experiências infantis históricas, no que se refere ao mundo interno) e seus acontecimentos (fantasias inconscientes, relação com e entre objetos internos).

Desde Freud (1900/1996) sabemos que não se pode falar de interpretação completa de um sonho. Além disso, Ferro (1995) enfatiza que deverá ocorrer, na interpretação dos sonhos, contínuos remanejamentos de sentidos e que, a partir deles, novos significados poderão ser construídos e compartilhados, produzindo a expansão da "pensabilidade" que ocorrerá mediante a busca de uma verdade relacional e afetiva entre o par analítico.

Exemplo clínico

Esta sessão ocorreu após quatro anos de trabalho clínico.

Após a separação por um feriado prolongado, T. chegou. Sessão das 11h50 (quase meio-dia), e me avisou: "Há uma luz acesa no portão". Em seguida, se deitou e continuou a falar:

> *Esta noite, eu andei às voltas com os relógios. Ontem, esteve no meu setor um colega da Capital, e eu o levei para conhecer o setor todo, em retribuição às gentilezas que me fez quando estive lá. Depois, fomos tomar um chopp e combinei de levá-lo ao aeroporto no outro dia, às 6 horas. Pedi à telefonista que me acordasse, mas fiquei preocupada, acordando a toda hora. Nesta noite, sonhei que estava precisando viajar, e eu ia perguntando às pessoas próximas que horas eram. Cada pessoa falava uma hora diferente da outra, e nunca conferia nenhum horário. Não era que estavam mentindo para mim. Eu olhava nos seus relógios, e eles estavam marcando a hora que cada um dizia, mas era uma hora diferente da outra; não conferia. A minha mala estava desfeita, e eu não conseguia arrumá-la para a viagem. Depois, eu acordei e pensei o quanto aquele sonho me angustiava. Eu achei que as pessoas queriam me deixar doida. Parecia que as pessoas queriam enlouquecer-me.*

Nesse ponto, T. fez uma pausa, e eu falei sobre a necessidade que ela sentiu de ter um ponto integrador, que pudesse ser um horário de análise, um local de consultório onde há uma luz acesa em que ela poderia reencontrar-me. Depois de uma pausa, ela respondeu:

> *Lembrei-me de que aquele sonho tinha um personagem masculino que era alguém de quem eu gostava muito. No meio daquela confusão de saber as horas, ele também não tinha horário certo para me dar. Fiquei pensando nesse sonho; eu me lembrei de um fato da minha infância, de uma situação que contrastava demais com aquela situação do sonho, porque nele eu senti muita angústia*

> *e muito medo de enlouquecer. Tive a sensação de estar perdida e tudo estar desencontrado. Quando eu era criança, meu avô era relojoeiro. Ele fazia e consertava relógios. Eu gostava muito de estar naquela loja onde havia relógios de todas as formas e de todos os sons. Era muito agradável ficar no meio daquilo, e me lembrei agora da imagem querida de meu avô.*

T. tinha dentro de si um objeto desmantelado-desmantelador, ameaçado-ameaçador, que requeria consideração e consertos. Durante o sonho, surgido em sua mente ao encontrar-me, lembrou-se do local de "consertos de relógio" do avô, que corresponde à "oficina-ateliê" da sala de análise. Era intensa a consciência dessa urgência de consertos internos e a relação com situações atuais da vida da analisanda. As ameaças internas, até então, apareciam sob a forma de objetos devorados-devoradores (cânceres), tempestades de poeira atômica radioativa, representando as angústias de aniquilamento.

A ausência real da analista, no feriado prolongado, desencadeou em sua mente uma volta às experiências catastróficas e, agora, por meio da análise, surgiram possibilidades de "desintoxicação" do terror.

Existem diversos "vértices de escuta" ao considerar o diálogo analítico: por exemplo, considerar o nível histórico, que é o referencial mediante o qual assumimos informações acerca da realidade externa e também afetiva de um analisando que, ao contar-nos alguma coisa, nos coloca ao mesmo tempo em contato com o seu mundo real externo e com os sentimentos que ativam nele. Mas existe um nível em que o analisando nos leva a considerar a estrutura mental ou o tipo de funcionamento que ele vive e atualiza conosco por meio da situação transferencial.

Então, o mais específico e o mais significativo da situação analítica seria assumir como verdadeiro o ponto de vista do paciente, que nos indica o funcionamento do campo relacional no qual estamos tão implicados quanto ele. A interpretação liberal do sonho em que estaríamos dando ênfase ao histórico (avô relojoeiro) não tem tanto valor quanto a nossa acolhida ao trabalho de narração do sonho, com o que este provocou em nós, dentro do contexto da dinâmica da sessão.

Sonho como pensamento – dream-work-α: da negação da separação à percepção da alteridade

Freud (1915/1996) levantou uma série de questões relativas ao processo do sonhar, sugerindo, em várias passagens do livro, questões ligadas aos sonhos como uma forma de pensamento dominado por considerações de "representabilidade" predominantemente de natureza visual, podendo ampliar a pensabilidade de forma quantitativa.

O sonhar, segundo a maioria dos autores contemporâneos, corresponde a uma atividade psíquica fundamental, verdadeira matriz, para cada um, da própria vida emocional. Nessa matriz, têm origem as ulteriores formas de pensamento mais abstrato e suas expressões verbais. Isso equivale a dizer que um novo sentido é gerado na dimensão psíquica de teatro onírico, em que imagens e palavras são integradas em personagens, abrindo "caminho" a novos significados, novos pensamentos construídos, de maneira compartilhada.

Exemplo clínico

T. relatou-me três sonhos, mostrando uma trajetória elaborativa, desde a onipotência e negação da separação da analista (alteridade) por um feriado, passando por uma aproximação de um "caminhar juntas, mas perigoso", até um terceiro sonho (ou terceiro momento de um mesmo sonho) em que há esperança de um trabalho conjunto, com aceitação e gratidão pela alteridade.

Esta sessão ocorreu no quinto ano de trabalho analítico.

T. é uma pessoa evoluída intelectualmente, mas não conseguia verbalizar diretamente, na transferência, pelo terror de repetir comigo as catástrofes que vivera em sua história. Falava comigo por meio de sonhos e metáforas. Com esses artifícios, ela vinha buscar em minha mente uma tela mental, ou tela continente, na qual ela objetivava "pintar" quadros, que eram os seus sonhos.

Era feriado, e havia um desejo em T. Ela estava dormindo e queria ir à análise. O desejo a fez construir o sonho de que haveria análise. Seus sonhos foram realizados na seguinte sequência, numa mesma noite:

> *Esses dias, tive uma série de sonhos com você: primeiro sonhei que queria vir para a análise e olhava toda hora no relógio. Olhava e dizia a mim mesma: "É cedo, vou dormir mais". Aí, entra minha mãe no quarto e me lembra que naquele dia você antecipara a sessão. Levanto e passo a me vestir depressa. Já vestida, olho no espelho e me dou conta de que havia colocado uma saia furada, de tão velha. Tenho que me trocar, e vai aparecendo uma série de dificuldades e de obstáculos para eu chegar até você. Vou olhando para o relógio e sentindo que não ia dar mais tempo de ter a sessão.*
>
> *[Terminou a descrição desse sonho, e sem pausa, continuou:]*
>
> *Acho que eu estou me comunicando com você através dos sonhos. Esse final de semana peguei, no vídeo, um filme de um diretor russo chamado* O espelho. *Ele conta uma história não linear. Há nele um encadeamento de cenas oníricas, como eu faço aqui. Tive de assisti-lo*

sozinha porque a L. não gosta desses filmes. Depois, sonhei mais duas vezes: primeiro, eu estava tentando um caminho, e havia uma espécie de paredão, e atrás dele havia um precipício. Eu tinha que caminhar por uma encosta de pedras e tinha que encontrar um lugar firme para me apoiar. Eu ia segurando com as mãos para não cair. A L. ia caminhando comigo. Aí, eu disse a ela para ficar um pouco distante, senão íamos cair juntas no precipício.

[E continuou:]

Sonhei também que eu vinha para a sessão e estava junto com a L. Aí, você apareceu, e entramos juntas numa sala que era diferente desta. Você abriu uma gaveta, e tinha nela uma porção de pares de luvas cirúrgicas. Você vestiu um par com grande facilidade, e eu não conseguia vesti-las. Eu não conseguia, ora porque uma estava dentro da outra, ora porque eu colocava a mão na posição errada. Em seguida, você entrega um prato a cada uma de nós, e eu olho e estranho a L. estar ali conosco. Saímos juntas a andar e encontramos um córrego. No córrego não havia água. Olhando para dentro dele, havia muitas aves de todos os tamanhos e cores e de bicos bem finos. Havia também, no fundo, conchas de todos os tamanhos, e nós íamos colhendo tudo aquilo e colocando dentro dos pratos.

[Terminou essa fala dizendo:]

Realmente, sinto que estou numa fase de grande entrosamento com a L. Estou escrevendo um trabalho com ela, que está muito bonito. Já decidimos que não vamos publicar em qualquer revista científica. Queremos mandá-lo a uma revista que abranja várias áreas da ciência, áreas de interesse multidisciplinar.

Ao relatar-me esses sonhos, T. parecia fugir do espaço e do tempo atual para um espaço atemporal, tentando reorganizar sua mente por meio da fala concretizada daquele sonho. Esse sonho foi penetrando em minha mente pelos meus ouvidos como algo factual para mobilizar-me. Assim, o vértice de interpretação foi sofrendo transformações, pois, ao ouvi-la contar o sonho, eu não devia estar imersa na atenção flutuante, nas associações livres ou nas lacunas da memória. Coloquei-me dentro daquela vivência plástico-figurativa, fazendo parte dela, guardando, entretanto, uma distância suficientemente útil em relação à analisanda, permanecendo num estado mental receptivo para desenvolver intuitivamente no contato com ela.

Assim, enquanto T. revelava o conteúdo dos seus sonhos, comecei eu a sonhá-lo de novo, reorganizando-o de uma forma mais modesta, mas não menos significativa do que ela fizera.

No primeiro sonho, a mãe entrava no quarto e lhe dizia que eu ia atendê-la mais cedo. Ela olhou no relógio e não acordou. Por que não acordou? Porque, se acordasse, perceberia que era feriado e não teria análise. Ela sonhava e se recusava a acordar porque, se olhasse no relógio da vida, ela não teria mais nem a mãe nem a analista. T. entretinha nesse sonho um equivalente maníaco. Seu pensamento onipotente não a deixava acordar. Acordar seria se dar conta de que o objeto externo, a analista, era uma pessoa separada dela. Enquanto ela acreditasse que ia criando e destruindo os seus objetos, segundo a sua vontade, não poderíamos falar em angústia de separação. Na mente dela, se eu era um objeto que não tem vida própria, eu era um objeto alucinado, sob seu controle onipotente.

No segundo sonho, ela percebeu que havia para ela um caminho que é difícil e diferente. Ia em direção a buscar novas formas de viver, que seria estabelecer um vínculo comigo. Mas havia um paredão, que é a barreira que existe entre ela e o continente primário. Sem o continente primário, o bebê tem medo de cair num buraco vazio. Há a falha básica. Se romper o paredão, há um abismo sem fim. Parecia que T. era esse bebê que carrega, em seu âmago, experiências depressivas tão dolorosas que a faziam sentir-se sempre aterrorizada diante da possibilidade de uma introjeção via transferencial de repetição desse passado arcaico traumático, que se perpetuaria em qualquer novo vínculo que fizesse. Então ela criou defesas a essa introjeção, criou defesas de contato profundo com a analista, e só falava comigo diretamente nos sonhos e por meio de metáforas.

O terceiro era um sonho de esperança. Ela me inseriu nele. Eu estava participando de sua vida mental. Estávamos juntas para um ato cirúrgico, ato de precisão, para o qual tenho mais habilidades que ela. Tínhamos um ritual a fazer juntas, em que tocaríamos em partes delicadas que precisam ser reparadas. A cirurgia era a análise. Essa cirurgia podia ser um parto no qual nasceriam novos aspectos inconscientes.

Construí para T. uma interpretação a partir do que pude apreender e sonhar de seus sonhos... reorganizando-os em minha mente numa forma compreensível e nova para ela e para mim. Assim, houve imagens visuais e a representação do que foi verbalizado. Sem a "interpretação" que provém de uma comunicação compartilhada, as imagens permanecem autotélicas, cuja finalidade se esgota em si mesma, e um sonhar tão rico pode ser esquecido se não for elaborado.

Nesse exemplo, a linguagem dos sonhos é a comunicação de algo verdadeiro no qual o paciente se oferece plenamente a um encontro conosco. Seria desrespeitoso aproximarmo-nos dele com interpretações teóricas ou decodificadoras de símbolos.

Não há uma verdade a descobrir sobre o paciente, mas uma verdade a construir sobre o funcionamento de duas mentes na sessão, verdade que estará presente dentro da estrutura formada pelo par analítico.

O sonho acordado em direção ao aumento da pensabilidade

O trabalho analítico, na atualidade, baseia-se na utilização da "rêverie" (Bion 1962/1967, 1962/1991) do analista, na sua acolhida, no metabolizar e transformar as angústias do paciente; no tornar pensáveis as ansiedades, as angústias anteriormente impensáveis. Portanto, não há movimento na sala de análise que não se ocupe das "rêveries" do analista. É por essa função que ocorre a permeabilidade e a disponibilidade mental e emocional à comunicação com o outro. Entram em ação a função alfa, os pensamentos oníricos de vigília e a capacidade de contato com esses últimos no momento da restituição transformada do estado emocional inicial. Não há, portanto, uma Psicanálise capaz de delimitar, de forma unilateral, as experiências psíquicas surgidas na sessão.

A identificação que está livre em seu funcionamento cria imagens (elementos alfa) ou pictogramas a partir das protoemoções e protossensações, que metaboliza e transforma em fatores de criatividade todas as contribuições que recebe: cria o pensamento onírico e, deste, nascem os sonhos e o pensamento verbal (Ferro, 2000).

Ogden (1997), em seu artigo "Reverie and interpretation", incita-nos a direcionar nossa "atenção flutuante" para nossa própria mente, à procura de nossas rêveries durante a sessão analítica. Caso a permeabilidade ao nosso mundo interno esteja em boas condições, poderemos perceber o "sonho na sessão". Seguindo essa linha de pensamento, tudo o que ocorrer terá relação com o que está acontecendo com a dupla. E isso tudo consiste em material analítico para revelações, interpretações e novas construções...

Exemplo clínico

Certa vez, cometi o erro de marcar dois analisandos gravemente perturbados num mesmo horário. Tive que escolher entre eles: escolhi o que estava comigo há mais tempo e pedi à nova analisanda que voltasse no período da tarde. Relato aqui a experiência vivida junto com ela.

Ela era gravemente perturbada. Não concluíra os estudos... Estivera internada por duas vezes por tentativa de suicídio. Usava medicação psiquiátrica. Tinha 25 anos e era solteira. Seu aspecto físico, entretanto, revelava 10 anos a menos.

Estava em análise havia três semanas e, como fazia sessões diárias, alguns horários seus eu ainda estava adaptando.

Chegou no horário que marquei, usando óculos escuros, que tirou dentro da minha sala, revelando suas pálpebras "inchadas de chorar". Deitou-se e falou:

> *Eu tive uma amiga que tinha uma depressão profunda... esteve em todos os médicos psicanalistas e psiquiatras e ela só se deu bem com um geriatra que a atendeu e lhe deu uma vitamina grande [mostrava com os dedos] e ela sarou...*

Ela provocou-me uma espécie de dor (de compaixão), e eu disse: "E., você hoje está aqui com toda essa dor... contando-me essa história de desesperança, mas com a esperança de ser acolhida e se dar bem comigo".

Minha fala ativou nela níveis profundos em área de catástrofe, e eu a contive de uma maneira especial: ela começou a chorar convulsivamente. Encolheu-se toda, ficando em posição fetal... Começou com um choro gritado, dizendo: "Vou morrer! Quero que você me dê um remédio... Estou sem ar..." Chorava gritado! Depois de ouvi-la por uns minutos, comecei a cantar alto, competindo com a altura do som de seu choro. Cantei "Bachiana brasileira nº 5", de Villa-Lobos, que, para mim, é uma canção de ninar. Ela foi se acalmando e parando de chorar... Depois que parou, ficou encolhida em posição fetal por uns 15 minutos em silêncio.

Depois ela acordou como se estivesse saindo de uma vivência primitiva, foi esticando o corpo... e ficou novamente deitada no divã. Começou a conversar comigo, e sua fala tornou-se mais articulada, em nível neurótico. É a função de rêverie da analista ajudando-a a digerir o desespero.

No caso descrito, minha analisanda, como um bebê faminto e desesperado, precisava ser "contida" na sua dor. Diante da crise, seu choro era convulsivo, e ela não poderia ouvir-me. Não haveria comunicação verbal possível para penetrar-lhe os ouvidos e acalmá-la. O tom da minha voz ao cantar teve uma função de *holding* (termo de Winnicott), acalentando-a firmemente no "colo vocal".

A canção de ninar é um nível de comunicação primitiva de que intuitivamente lancei mão, e esse ato conteve o "surto" dessa analisanda, desencadeado pela dor de rejeição que provoquei ao não a escolher para ser atendida. Faz parte dessa contenção ativa a construção não verbal (em nível transferencial) que estávamos vivendo: um bebê desamparado, desesperado, à procura do seio bom, concretizado na vitamina grande.

Naturalmente, o sonho durante a sessão analítica é um convite a penetrarmos numa zona mais íntima da relação analítica e assim podermos explicitá-la. Isso é importante, pois destaca o sonho, distinguindo-o das outras formas de comunicação. O nosso olho interno nos permite estar em contato com a intimidade e as defesas do analisando. O que se perde em comunicar "conhecimento compartilhado" em menor escala é compensado em muito pelo que concerne ao "afeto" de sentir-se respeitado e não invadido; assim vai ocorrendo progressivamente a introjeção de uma relação analítica intensiva.

Conclusões

Parthenope Bion Talamo, em 1996, liga a "atenção flutuante" ao conceito de Bion sobre a função de "rêverie":

> *Suas idéias sobre "rêverie" são um longo processo de aperfeiçoamento da atenção flutuante. Creio que Freud usou essa expressão e Bion a decifrou. Certamente, as próximas gerações de analistas, talvez mesmo a nossa própria geração, poderão decifrá-la um pouco melhor. É somente fazendo esse tipo de trabalho com a nossa teoria que podemos nos desenvolver em análise. (p. 104)*

É significativo comprovar que Freud (1900/1996) havia sugerido aos analistas, ao lançar-nos as bases do que denominou de "atenção flutuante", sonhar o sonho do paciente com o mínimo de censura possível, a cada fração do sonho, o que tem a ver com a função de rêverie descrita por Bion. O texto de Freud afirma o seguinte: "Nosso procedimento consiste em abandonar todas as representações-meta que normalmente dirigem nossas reflexões [conscientes], focalizar nossa atenção num único elemento do sonho e, então, tomar nota de todos os pensamentos involuntários que possam ocorrer-nos a propósito dele" (p. 483). Tomamos então a parte seguinte do sonho e repetimos o processo com ela.

> *Deixamo-nos impelir por nossos pensamentos, qualquer que seja a direção em que nos conduzam, e assim vagamos a esmo de uma coisa para outra. Mas nutrimos a firme crença de que, no final, sem qualquer intervenção ativa de nossa parte, chegaremos aos pensamentos oníricos de que se originou o sonho. (p. 483)*

Freud chamou essa técnica de "interpretação fracionada do sonho", pois nos propõe seguir as cadeias de representação uma a uma.

Ele próprio antecipa críticas à sua técnica descrita, dizendo que estaríamos nos iludindo com ela e, imediatamente depois, retrata-se mostrando fatos: quando procedemos dessa maneira, "surpreendentes ligações com outros elementos do sonho emergem", evidenciando que as cadeias de pensamento não são arbitrárias e sem meta alguma. Existe uma lógica, e ela não é apenas consciente.

A seguir, Freud, ainda nesse texto, vai persuadindo o leitor de que a tese que defende no livro dos sonhos é verdadeira e, por vezes, utiliza o recurso de conversar com um interlocutor imaginário, que levanta objeções que o leitor certamente também faria. Assim, ele mesmo pergunta: "É possível interpretar todos os sonhos?". E responde que não. Brilhantemente, segue explicando que há, na mente, uma relação de forças psíquicas oponentes (as mesmas responsáveis pela distorção dos sonhos): de um lado há "o nosso interesse intelectual, nossa capacidade de autodisciplina, nossos conhecimentos psicológicos e nossa prática de interpretar sonhos"; de outro lado, existem "nossas resistências internas". Com isso, percebemos que é fundamental, nessa colocação, a concepção de que a interpretabilidade de um sonho depende das condições mentais do analista (suas resistências internas).

Freud (1900/1996) observa que "com muita frequência, um sonho que vem logo a seguir, permite-nos confirmar e levar adiante a interpretação que adotamos experimentalmente para seu antecessor" (p. 482). Há um constante intercâmbio entre analista e analisando, como os diversos autores descrevem na modernidade.

Com essas ideias explicitadas aqui, penso que Freud estaria sendo um visionário do futuro da Psicanálise, antecipando as questões sobre a participação ativa da mente do analista na sessão que Bion e seus contemporâneos desenvolveram posteriormente.

A evolução do manejo dos "sonhos", das "rêveries" do analista durante o processo analítico como demonstramos nos casos clínicos, evidentemente, ampliou a pensabilidade, influindo na evolução e no desenvolvimento deles mesmos.

A interpretação de sonhos decodificando símbolos ou as interpretações simbólicas não partilhadas de um paciente são arriscadas, no sentido de que não existe um símbolo do paciente a ser interpretado, mas a simbolização deve nascer do encontro paciente-analista, com a criação de um novo sentido por ambos.

O poeta português que destaquei na epígrafe do texto exprime, no poema, a "dor de estar sozinho" para pensar os sonhos que o aprisionam. O trabalho analítico, na atualidade, pretende quebrar esses "grilhões" da mente, desde que se trabalhe com os sonhos, de maneira compartilhada, na interação provocada pela intersubjetividade das duas mentes que dialogam em diferentes linguagens.

Referências

Baranger, M., & Baranger, W. (1961). La situación analítica como campo dinámico. *Revista Uruguaya de Psicoanálisis*, *4*(1), 3-54.

Bion, W. R. (1967). A theory of thinking. In *Second thoughts: selected papers on Psycho-Analysis* (pp. 110-119). Jason Aronson. (Trabalho original publicado em 1962)

Bion, W. R. (1990). Notas sobre memória e desejo. In E. Spillius (Ed.), *Melanie Klein hoje: desenvolvimento da teoria e da técnica: Vol. 2. artigos predominantemente técnicos* (B. O. Haber, Trad; pp. 30-34). Imago. (Trabalho original publicado em 1967)

Bion, W. R. (1991). *Learning from experience.* Maresfield Library. (Trabalho original publicado em 1962)

Ferro, A. (1995). *A técnica na Psicanálise Infantil: a criança e o analista: da relação ao campo emocional* (M. Justum, Trad.). Imago.

Ferro, A. (1999). O sonho da vigília: teoria e clínica (M. Petricciani, Trad.). *Revista Brasileira de Psicanálise, 33*(3), 449-458.

Ferro, A. (2000). *Cultura da rêverie, cultura da evacuação* [Apresentação de trabalho]. 23º Congresso da Fepal, Gramado, RS, Brasil.

Freud, S. (1996). *Edição standard brasileira das obras psicológicas de Sigmund Freud: Vol. 2. Estudos sobre a histeria (1893-1895)* (C. M. Oiticica e V. Ribeiro, Trads.). Imago. (Trabalho original publicado em 1895)

Freud, S. (1996). A interpretação dos sonhos. In *Edição standard brasileira das obras psicológicas de Sigmund Freud: Vol. 5. A interpretação dos sonhos (II) e Sobre os sonhos (1900-1901)* (W. I. Oliveira, Trad.; pp. 361-665). Imago. (Trabalho original publicado em 1900)

Freud, S. (1996). Recomendações aos médicos que exercem a psicanálise. In *Edição standard brasileira das obras completas de Sigmund Freud: Vol. 12. O caso Schreber, Artigos sobre técnica e outros trabalhos (1911-1913)* (J. O. A. Abreu, Trad.; pp. 147-162). Imago. (Trabalho original publicado em 1912)

Freud, S. (1996). O inconsciente. In *Edição standard brasileira das obras psicológicas completas de Sigmund Freud: Vol. 14. A história do movimento psicanalítico, Artigos sobre a metapsicologia e outros trabalhos (1914-1916)* (J. Salomão, Trad.; pp. 163-222). Imago. (Trabalho original publicado em 1915)

Grotstein, J. S. (Ed.). (1981). Who is the dreamer who dreams the dream and who is the dreamer who understands it?. In *Do I dare disturb the universe? A memorial to W. R. Bion* (pp. 358-416). Karnac; Maresfield.

Heimann, P. (1950). On countertransference. *The International Journal of Psycho-Analysis, 21*, 81-84.

Klein, M. (1981). Notas sobre alguns mecanismos esquizóides. In M. Klein, P. Heimann, S. Isaacs & J. Riviere, *Os progressos da Psicanálise* (A. Cabral, Trad.; 2ª ed.; pp. 253-267). Zahar Editores. (Trabalho original publicado em 1946)

Meltzer, D. (1987). *Vida onírica: una revisión de la teoría y de la técnica psicoanalítica* (M. Mendez-Casariego, Trad.). Tecnopublicaciones. (Trabalho original publicado em 1983)

Ogden, T. H. (1997). Reverie and interpretation. In *Reverie and interpretation: sensing something human* (pp. 155-197). Jason Aronson.

Racker, H. (1953). A contribution to the problem of counter transference. *The International Journal of Psycho-Analysis, 34*, 313-324.

Talamo, P. B. (1996). Entrevista com Parthenope Bion Talamo. *Revista Ide, 29*, 103-105.

7. Estesia no cotidiano: estudo de fenômenos clínicos relacionados ao conflito estético e suas vicissitudes[1]

O escritor Ítalo Calvino (1983) descreve um personagem chamado Palomar, que nomeia o livro, a passear por uma praia como um observador:

> Si volta e ritorna sui suoi passi. Ora, nel far scorrere il suo sguardo sulla spiaggia com oggettività imparziale, fa in modo che, appena il petto della donna entra nel suo campo visivo, si noti una discontinuità, uno scarto, quasi unguizzo. Lo sguardo avanza fino a sfiorare la pelle tesa, si ritrae, come apprezzando com un lieve trasalimento la diversa consistenza della visione e lo speciale valore che essa acquista, e per un momento si tiene a mezz'aria, descrivendo una curva che accompagna il rilievo del seno da una certa distanza, elusivamente ma anche

1 Artigo publicado em 1999 na *Revista Latino-Americana de Psicanálise* (vol. 3, n. 1, pp. 105-115).

> protettivamente, per poi riprendere il suo corso come niente fosse stato. (pp. 12-13)[2]

Nessa praia, como sujeito observador, algo lhe chama atenção: uma mulher de seios nus produz nele um estado de surpresa e êxtase em sua caminhada.

No primeiro momento dessa visão, ele a olha, aparentemente, com imparcialidade. Aos poucos, como que hipnotizado, seus olhos tocam as bordas e a pele do seu seio. Ocorre um momento de profundo êxtase no encontro daquela visão que contrasta com a paisagem comum, vista por alguém que passeia pela praia. Pelo órgão da visão, sujeito e objeto encontram-se, aproximam-se, atraem-se. Vive-se essa "fratura" em meio aos atos do cotidiano. Esse "momento seio", para o homem, produz nele um arrebatamento pelas qualidades exteriores do objeto, mas ele prossegue. Esse descontínuo, que ele passa a carregar dentro de si, agora fica em sua memória. Após isso, ele recomeça sua caminhada pela praia.

Segundo Rosenfeld (1965), para os gregos antigos, o efeito do distanciamento de uma emoção estética que ocorreu após uma visão ou sensação afigura-se como o início do conhecimento e da investigação científica. Portanto, a escolha do texto do autor italiano como modelo para exercício de investigação em Psicanálise tem a ver com um estudo clínico referente aos momentos de surpresa

2 "Ele se virou e voltou atrás. Agora, percorrendo com o olhar a praia com uma objetividade parcial, ele faz de modo que, apenas tendo o peito da mulher entrando em seu campo visual, aí se perceba uma descontinuidade, um distanciamento, quase um relâmpago. O olhar avança até roçar a pele distendida, se retrai, como se ele apreciasse, com um ligeiro estremecimento, a consistência diferente da visão e seu valor particular e, durante um instante, ele se suspende no ar, descrevendo uma curva que acompanha o relevo do seio a uma certa distância, com um ar às vezes evasivo e protetor, para retomar em seguida seu curso como se nada tivesse acontecido" (tradução livre).

ou de "fratura" ocorridos no cenário analítico, envolvendo a dupla em situações novas. São momentos significativos que envolvem o analista no seu cotidiano, não só como objeto transferencial ou de fantasia, mas também em sua exposição como pessoa real, humana, vivendo com o analisando o que Meltzer denominou de "conflito estético" (Meltzer & Williams, 1988/1994).

O conflito estético é entendido por Meltzer por meio do modelo mãe-bebê. Assim, um bebê comum olha para sua mãe comum, com olhos de paixão, achando-a linda. Sob seus olhos, vê o seio e a face da mãe, que são complexificados[3] pela visão do mamilo e pelos olhos dela, porque, ocasionalmente, a mãe se afasta, seus olhos perdem o "brilho", o seio com o mamilo também se afasta dele por suas outras necessidades no cotidiano. Tudo isso, para um bebê em sua pouca idade, causa-lhe estranhamento, porque ele não compreende as dificuldades inerentes à mãe como ser humano, para ele divinizada, gerando, assim, o conflito. Impactos provocados por angústia de separação, privação emocional ou física, doença física, conflito edipiano pré-genital e genital, e outros fatores imprevisíveis como doenças, morte etc., roubam o impacto do ser humano com a beleza, com a intimidade apaixonada que ele poderá desenvolver no contato com o outro. Os mecanismos primitivos de defesa de idealização e clivagem, descritos por Klein (1952/1993), explicam a gênese desse tipo de conflito.

Todos nós, portanto, estamos expostos a tais experiências de conflito, quer como seres humanos, quando nascemos, quer como analistas ou analisandos, devido à assimetria existente no processo analítico em que o analista detém qualidades (beleza) que o

3 Meltzer, ao enunciar sobre o "conflito estético", afirmou que este, de modo mais preciso, funciona como um "impacto estético" vindo do exterior da linda mãe disponível aos sentidos do bebê, que percebe seu interior enigmático e precisa ser compreendido por ele por meio de sua "imaginação criativa" (Meltzer & Williams, 1988/1994).

analisando não tem. Somos para nossos analisandos o objeto presente na transferência, sendo esse, na atualidade, mais significativo do que toda a série de ansiedades que lhe despertaria qualquer objeto ausente.

Um analisando vive esse conflito na relação analítica quando, na intersubjetividade,[4] depara-se com produtos indesejáveis da mente do analista, seu objeto estético. Expondo-se no cotidiano das várias sessões semanais, como um bebê ao seio, ao êxtase das qualidades do analista, o analisando passa a confrontar-se com dúvidas e suspeitas a respeito de suas qualidades internas que irrompem na relação transferencial-contratransferencial.

O grande alívio na resolução desse "conflito estético" (Meltzer & Williams, 1988/1994) ocorrerá na compreensão mútua entre o par analítico, na relação transferencial, se a sessão analítica não resultar em impasses, conluios ou em perda da função por parte do analista.

A atividade do psicanalista, na sua clínica, ocorre no campo da interação bipessoal, ou campo analítico,[5] e requer, além das condições mínimas de *setting*, um adequado equipamento mental do analista e do analisando para restaurar nele a capacidade de usar seus pensamentos.

A teoria bioniana sobre o desenvolvimento mental, referente ao vínculo entre duas mentes em interação emocional para a aquisição de novos conhecimentos e significados, tem sido fundamental para

---

4 A intersubjetividade ocorre dentro do campo analítico no inter-relacionamento do par. Segundo Ogden (1994/1996), "a intersubjetividade do analista-analisando coexiste em tensão dinâmica com o analista e o analisando como indivíduos separados, com seus próprios pensamentos, sentimentos, sensações, realidade corporal, identidade psicológica, etc. . . . A intersubjetividade e a subjetividade individual criam, negam e preservam-se uma à outra" (p. 59).

5 O casal W. e M. Baranger (1961/1969) iniciou as pesquisas sobre as noções de "campo analítico". Segundo esses autores, esse campo é formado pela situação analítica; tem dimensão "espacial" e "temporal" em relação ao *setting* psicanalítico e dimensão "funcional" ao se referir à função de cada elemento do par analítico.

a abertura e evolução dos estudos sobre a pessoa do psicanalista. A relação continente-contido requer clima de verdade, de movimento vivo da parceria, para dirigir-se à criação de novos significados para ambos (Bion, 1962).

Momentos de reflexão, em situações difíceis como a que descreverei, foram necessários para que eu pudesse organizar minhas ideias, tentando descrever o inefável, ou seja, reproduzir, em forma escrita, imagens ou elementos verbais e não verbais que ocorreram naquelas cenas analíticas e ficaram "vivas" em minha mente, como fotogramas[6] (Bion, 1981/1991).

Apresentarei a sessão de um analisando diagnosticado como borderline que, nos primeiros momentos do encontro comigo, por sentimento de rejeição, projetou maciçamente em mim, a analista, sua angústia de fragmentação e caos mental. Com isso, permaneço momentaneamente num nevoeiro de indiscriminação pelas identificações projetivas[7] que, depois, se intercruzam no campo analítico.

Esse analisando, que chamarei de Alexandre, nasceu nono filho de uma família numerosa. Viveu um dos mitos de ser filho caçula: não se sentia ouvido nem considerado. Sentia-se sem "espaço". Predomina, em suas sessões, uma rebeldia às regras do *setting*, aos horários, aos honorários, ao número de sessões, quando ele tenta criar impasses como se estivesse num tribunal. É advogado.

Durante o período de seis anos em que esteve afastado da análise, Alexandre e sua esposa tentaram, num serviço de reprodução humana, gerar um filho legítimo. As tentativas foram frustradas. Não

---

6 "Retrato analógico que registra fenômenos mentais como se fossem vistos" (Bion, 1981/1991, p. 646, tradução livre).

7 "O analista pode, por sua vez, ser atingido por identificações projetivas do analisando, que de modo exitoso podem levá-lo a experimentar um estupor letárgico e desmoronar em suposto sono, na cadeira analítica qual palinuro. . . . Nem atenção, nem flutuante, mas naufragante" (Sapienza, 1999, p. 427).

havendo explicação médica para a infertilidade do casal, resolveram adotar uma criança, que tem 1 ano de idade.

Quando ocorreu essa sessão, havia um passado histórico entre Alexandre e mim, porque já nos conhecíamos como "par analítico". Ele fizera um primeiro período de análise havia dez anos, tendo permanecido durante quatro anos. Interrompeu o processo por seis anos, tendo retornado há dois anos.

Alexandre, um bebê comum, nasceu de uma mãe comum e, portanto, um dia, ele viu sua "beleza". Condições internas e externas fizeram com que introjetasse, predominantemente, figuras de um pai submisso e inoperante, e uma mãe má e controladora, sendo hoje figuras arcaicas e ausentes. Sua submissão a essas figuras internas leva-nos a perceber que ele vive sob predomínio das defesas da posição esquizoparanoide (Klein, 1946/1993), ou retornando sempre a ela, quando surge algum sentimento de amor e de reparação da posição depressiva.

Ao receber Alexandre para sua sessão habitual, estava eu tomada de vivências de memória de fatos ocorridos na sessão que precedeu à sua e, intuitivamente, ele percebeu "algo" sobre esse meu estado de mente.

A sessão

Percebi-me com desejos de que ele se atrasasse ou faltasse à sessão naquele dia. Isso porque eu havia terminado a sessão anterior momentos antes de iniciar seu horário. Não tive condições de deixar "o intervalo de dez minutos"[8] entre os dois atendimentos. Uma questão

8 Ferro (1995) enfatiza que o analista se salvaguarda no *setting*, obedecendo a algumas recomendações especiais como: primeiro, ter períodos de repouso no arco do ano e nos fins de semana. No arco do dia, também são necessários

pungente acontecida na vida da analisanda que o antecedeu mobilizara-nos intensamente. Ela comunicara-me estar grávida, e isso teria grandes implicações em sua vida pessoal. Meu pensamento onírico de vigília, ou minha rêverie, estava tomada por aquelas impressões, quando o analisando entrou para a sessão.

Ele deitou-se e disse-me: "Eu não queria estar aqui hoje...". Com arrogância, continuou dizendo que gostaria de estar viajando ou trabalhando, e não estar comigo naquele dia.

Falei a ele que, estando aqui, deveríamos aproveitar a sessão. Estávamos juntos, e a sessão era dele...

Denunciei-me verbalmente, ao afirmar o óbvio, que a sessão era dele. Em tom muito rude, ele prosseguiu:

> *Martha, às vezes, percebo que ser analista deve ser um suplício... Você tem que acompanhar uma pessoa que está ao seu lado, mas quem traz essa conversa é a pessoa... a coisa tem uma direção única. Pensei, também, que você deve ter desejos de conversar...*
>
> *Como é que vou dizer isso? Tenho medo de falar diretamente isso a você. É como se eu percebesse que você "tem desejos" em relação à análise. Você chega aqui hoje e quer convidar-me "a falar"... e você não pode estar fora daqui, onde penso que você gostaria de estar hoje, se pudesse.*

Antes que eu pudesse recuperar-me, falei: "Você fala em suplício... Seria suplício estar com você?".

---

espaços livres, dedicados a outras atividades. Ele ainda classifica como fonte de restauração para a mente aqueles dez minutos de intervalo entre um paciente e outro. Diz esse autor: "é necessário então, que o analista dedique conscientemente um tempo para a própria 'desintoxicação'" (p. 204).

Havia irritação na minha voz; fazia sentido o que ele estava colocando em palavras, para mim. Ainda repeti: "É assim que você me sente hoje?".

Com euforia, ele prosseguiu fazendo a seguinte observação:

> *Não sei... eu estou legal, estou leve! Mas sinto que, estando aqui comigo, você quer ter um retorno rápido desejando que eu possa falar algo logo... é legal poder falar isso. Porque aqui a coisa não é uma mão só... aí, entra você, sua pessoa "tendo seus desejos". Esse momento aqui não é só meu, é seu também. É como um cliente meu, ao trazer-me algum caso para eu cuidar. Eu tenho uma expectativa com ele... Hoje, estou com vontade de viajar, fazer coisas diferentes, e você também pode estar sentindo isso!*
>
> *[Apaziguei-me, nesse momento da sessão, e pude formular o seguinte:]*
>
> *Suas necessidades, pela sua carência, pelos seus vazios, fizeram com que pudesse captar algo em minha mente; por exemplo, captar que eu não estivesse com a minha mente inteiramente "disponível" a você logo que chegou, porque sou humana. É uma captação "fina" essa sua, mas a maneira que me comunica é com hostilidade e arrogância.*

Interpretei-o transferencialmente, mostrando sua defesa contra o sentimento de rejeição e ciúme, revelando-me a ele num clima de verdade e privacidade. Ele respondeu-me eufórico: "É isso, basicamente, é isso! Percebi isso quando você quis 'forçar-me' a falar logo e ser a 'analista', antes mesmo que você pudesse estar sintonizada comigo para essa sua função...".

Passei a dizer-lhe: "Está percebendo que você existe, e que eu existo. Somos seres humanos, e esse não é um processo jurídico... É um processo de comunicação de emoções humanas, diferente dos processos de comunicação que existem no seu trabalho, na sua profissão".

Ele respondeu-me:

> *É, no início da sessão, tive medo de falar... Agora, percebendo que você pôde suportar-me como sou, agressivo ou intrusivo, eu pude colocar todas essas coisas que me incomodam, e você não explodiu comigo. Eu consegui falar de uma emoção forte minha, sem desabar você ou desabar-me. Esta é uma experiência que me fortalece. Se o horário da sessão tivesse terminado agora, eu já estaria nutrido. É como se nós dois tivéssemos nos preparado, há muitos anos, para esta sessão. Cheguei aqui, e senti que em sua cabeça não havia "espaço" e que tinha uma situação premente e séria para resolver; que não tinha nada a ver comigo.*

Terminamos a sessão em clima de cordialidade, falando sobre seus "espaços" internos mais ampliados, que vinha conseguindo na sua vida naquele momento.

Discussão

Níveis primitivos e psicóticos da mente, ao descarregar emoções, produzem fragmentação excessiva, cisão e identificação projetiva. Estas não têm somente a finalidade de alívio de angústia, mas também são usadas como forma de linguagem verbal e não verbal em direção ao analista, com finalidades terapêuticas. Este, dependendo de seu estado de mente, corre o risco de ficar "emaranhado" num nevoeiro de identificações projetivas quando elas ocorrem.

Segundo Ferro (1995), esse "emaranhado" inicial a que todos nós estamos expostos na intersubjetividade, dentro do campo analítico, atinge em primeiro lugar nossa função mais sensível, que é a função de nossa "rêverie", ou nossa capacidade de sonhar com o paciente. Em seguida, atinge-nos na capacidade de continência. Se permanecemos nesse estado nebuloso, ativam-se dentro de nós a persecutoriedade e a necessidade de expelir, evacuar os "elementos beta" provenientes do paciente junto com os nossos próprios. Entrecruzam-se aí as identificações projetivas, e esse intercruzamento aponta para questões de intersubjetividade, colocando a analista como pessoa real no processo.

Ferro diz ainda que a situação do analista não é pensável como uma invariante,[9] mas como algo que, continuamente, tem que ser remanejado, observado, devendo trabalhar cada um o seu próprio posicionamento mental, reconstituindo-o por meio de uma constante atenção à contratransferência. Mais ainda, deve-se trabalhar constantemente na recuperação de uma "função" (referindo-se à função psicanalítica da personalidade), que o diferencia em relação ao paciente, estabelecendo condições de assimetria para evitar conluios e permanência em –K, ou não conhecimento da verdade.

Segundo Caper (1999/2002), a identificação do analista com as projeções do paciente refere-se a algo que ele denomina como patológico no analista, que é determinado por dois fatores: um

---

9 Termo usado em várias disciplinas, como na Geometria Analítica, na teoria dos conjuntos em Matemática, tendo o significado de ser a "grandeza de uma variável que, durante a transformação de um sistema, se mantém constante". Bion foi quem primeiro utilizou esse termo em Psicanálise.

deles é a habilidade do paciente de manipular o estado de espírito do analista ou manipular a relação do analista com seus próprios objetos internos. O outro fator é o grau em que a mente do analista fornece campo fértil para essa manipulação.

Contratransferencialmente, Alexandre projetou em mim a ideia de não ser uma "analista ideal", por estar distraída. Senti-me num estado de irritação, intrusão e invasão de privacidade. Antes que eu pudesse humanizar-me, entrar em contato comigo mesma, com meus bons objetos internos e pensar, fiquei irritada, e inverteu-se a direção das identificações projetivas.

Meu sentimento foi caracterizado como "irritação" – penso que foi diferente de um sentimento de "raiva", pois este geraria em mim um descontrole. Isso não ocorreu, e a irritação me foi útil, como reação contratransferencial, no instante em que serviu para restaurar a assimetria no cenário analítico, visando colocar analista e analisando nos seus devidos "lugares" e fazer a sessão prosseguir.

Astuto, e em estado de triunfo e euforia, Alexandre fez uma "espécie" de construção (falando sobre seu "cliente que trazia um caso para ele cuidar..."). Pude ouvi-lo e cessou, naquele momento, minha vivência de angústia; passei a compreendê-lo. Saiu da minha mente a outra analisanda grávida. Mudou a qualidade do diálogo analítico, e a "mulher grávida" passou a ser uma função minha, tentando fertilizar a sessão.

Coloquei-me em vínculo de presença junto dele, ligado à emoção de conhecer +K de Bion (1965), ao comunicar-lhe que minha mente poderia não estar "inteiramente" disponível para ele. Isso, sendo verdade,[10] trouxe consistência à relação. Reforçou um clima

10 Meltzer afirma que Melanie Klein e Bion, em particular, rastrearam a importância das qualidades do objeto, no que concerne à evolução das funções do superego de objetos internos e externos (Meltzer & Williams, 1988/1994). A vigilância, a inteligência e a incompatibilidade desses objetos são as bases infantis da

de contato, de acolhimento, de fortalecimento do vínculo, momentos de concepção de algo novo para pensar.

Estados de mente podem ser comunicados por modos primitivos, como por cisão do ego e identificações projetivas, como as descritas anteriormente, entre Alexandre e mim. Ser analista e envolver-se transferencialmente com o outro é transformar-se para o outro, inevitavelmente, em um objeto estético, devido à assimetria no processo e à transformação dele em objeto com qualidades idealizadas ou representante do "ideal de ego".

Objetos estéticos, segundo Meltzer, demandam atenção constante e que a pessoa se dedique ou até "arrisque" sua vida por eles (Meltzer & Williams, 1988/1994). Envolvem, portanto, relações de fronteira, de limite, de invasão de privacidade no *setting* analítico. Meltzer, em seu texto, didaticamente afirma que o estabelecimento de fronteiras entre o que é público e o que é privado/secreto é convencional. Assim, do ponto de vista "visual", a superfície pública do corpo de uma pessoa é variável, dependendo de ela estar, por exemplo, numa reunião em grupo, numa praia ou num hospital. Do ponto de vista tátil, toda superfície do corpo é privada, enquanto, do ponto de vista olfativo, pode-se pensar que a privacidade de uma pessoa se estende por vários centímetros. Se os odores se propagarem a uma distância maior, eles tornam-se automaticamente públicos e invadem as fronteiras do outro. Portanto, na esfera pública de nossas vidas, no mundo exterior, movemo-nos adaptando-nos em conformidade com essas convenções, ao momento de quando ultrapassar ou não o limite privado e secreto do outro. Obedecendo às convenções, para se manter em suas relações normais com um mínimo de atrito, os indivíduos necessitam de habilidade, sensibilidade e tempo.

---

honestidade. A desistência de enganar o objeto reforça a integridade, favorecendo sua busca pela preferência ética.

Metaforicamente falando, segundo Meltzer (Meltzer & Williams, 1988/1994), cada indivíduo, em sua órbita planetária, faz sua ronda diária em uma atmosfera de fronteiras que ameaçam uma ação repelente, caso elas sejam ultrapassadas. Respeitar fronteiras, segundo o autor, é uma questão da nossa função de julgamento (Freud, 1911/1969) no contexto, classe social, status etc. As crianças, por sua imaturidade; os artistas e os cientistas, por sua intolerância às convenções; e os psicóticos e borderlines, ou pessoas com distúrbios mentais, por motivos patológicos, alienam o indivíduo de sua cultura, ultrapassam fronteiras, violando o espaço privado e o secreto do outro mais frequentemente que os indivíduos normais.

Alexandre invadiu o meu pensar, e isso foi acionado por sua necessidade de buscar "espaços" internos para que eu o compreendesse. Adaptamo-nos a essa "violação" de meu espaço, que foi contida pela própria relação transferencial, quando pudemos delimitar, em tempo, as fronteiras entre mundo interno e mundo externo, entre self e objeto, adequando-nos ao grau de conflito mútuo, aprendendo com essa rica experiência emocional, reconhecendo que cada um de nós "tem uma mente própria" (Caper, 1999/2002).

Durante esse processo analítico, ocorreram sessões como a que descrevi e, pelo impacto que esta nos causou, como par analítico, pude também classificar as outras como momentos de "fratura" ou momentos de "estesia" ou momentos de "limiar da posição depressiva" (Meltzer, 1967/1971) no contínuo da relação estabelecida.

Numa visão retrospectiva, deparo-me com esperança pelo evoluir favorável desse caso clínico. Entretanto, será necessário trabalhar no centro da transferência antes que Alexandre possa emergir, no cotidiano, para o contato íntimo e emocional com os seres que o cercam, com liberdade e autonomia.

As frases finais da sessão – "É como se nós dois tivéssemos nos preparado, há muitos anos, para essa sessão" ou "se o horário da sessão tivesse terminado agora, eu já estaria nutrido" – são referências às transformações ocorridas nesse caminhar, reparando objetos internos e internalizando-os, sendo tais movimentos necessários para lidar com fertilidade e criatividade mental.

Na teoria bioniana, a função alfa permite a criação de representações da experiência emocional, podendo esta ser usada para pensamentos, e estes serem armazenados na memória para usos futuros (Bion, 1965). Segundo Segal (1981/1983), a capacidade de lidar com a posição depressiva é precondição tanto da maturidade genital como da artística, e criar uma obra de arte é o equivalente psíquico da "pró-criação".

Ítalo Calvino (1983), no texto que serve de partida para estes estudos, descreve-nos um observador em seu percurso, mergulhando em um objeto estético que lhe aguça a curiosidade e o interesse. A partir dessa visão do "seio", nessa experiência, o caminhante continua sua trajetória, levando-a na memória como uma "estesia" em seu cotidiano.

A emoção estética, o extasiar diante dos fatos da vida, faz parte da condição humana. Retomar a caminhada, revitalizando o cotidiano, depende de sabedoria e das condições internas e externas de cada observador, para transformar o conhecimento renovado em direção à própria vida, em quaisquer circunstâncias em que esses fatos ocorram.

Referências

Baranger, M., & Baranger, W. (1969). La situación analítica como campo dinámico. In *Problemas del campo psicoanalítico* (pp. 129-164). Kargieman. (Trabalho original publicado em 1961)

Bion, W. R. (1962). *Learning from experience*. Tavistock Publications.

Bion, W. R. (1965). *Transformations: change from learning to growth*. Heinemann.

Bion, W. R. (1991). A key. In *A memoir of the future* (p. 579-677). Karnac. (Trabalho original publicado em 1981)

Calvino, I. (1983). *Palomar*. Einaudi.

Caper, R. (2002). Tendo mente própria. In *Tendo mente própria: uma visão kleiniana do self e do objeto* (H. Pedreira, Trad.; pp. 167-187). Imago. (Trabalho original publicado em 1999)

Ferro, A. (1995). *A técnica na Psicanálise Infantil: a criança e o analista: da relação ao campo emocional* (M. Justum, Trad.). Imago.

Freud, S. (1969). Formulações sobre os dois princípios de funcionamento mental. In *Edição standard brasileira das obras completas de Sigmund Freud: Vol. 12. O caso Schreber, Artigos sobre técnica e outros trabalhos (1911-1913)* (J. O. A. Abreu, Trad.; pp. 273-288). Imago. (Trabalho original publicado em 1911)

Klein, M. (1993). Notes on some schizoid mechanisms. In *Envy and gratitude and other works 1946-1963* (pp. 1-24). Karnac. (Trabalho original publicado em 1946)

Klein, M. (1993). Some theoretical conclusions regarding the emotional life of the infant. In *Envy and Gratitude and Other Works 1946-1963* (pp. 61-93). Karnac. (Trabalho original publicado em 1952)

Meltzer, D. (1971). O limiar da posição depressiva. In *O processo psicanalítico: da criança ao adulto* (W. I. Oliveira, Trad.; pp. 47-63). Imago. (Trabalho original publicado em 1967)

Meltzer, D., & Williams, M. H. (1994). *A apreensão do belo: o papel do conflito estético no desenvolvimento, na violência e na arte* (P. C. Sandler, Trad.). Imago. (Trabalho original publicado em 1988)

Ogden, T. H. (1996). O terceiro-analítico: trabalhando com fatos clínicos intersubjetivos. In *Os sujeitos da psicanálise* (C. B. Monique, Trad.; pp. 57-91). Casa do Psicólogo. (Trabalho original publicado em 1994)

Rosenfeld, A. (1965). *O teatro épico*. Coleção Buriti.

Sapienza, A. (1999). O trabalho de sonho alfa do psicanalista na sessão: intuição-atenção-interpretação. *Revista Brasileira de Psicanálise*, *33*(3), 423-430.

Segal, H. (1983). *A obra de Hanna Segal: uma abordagem kleiniana à prática clínica* (E. Nick, Trad.). Imago. (Trabalho original publicado em 1981)

8. Microtraumas na sessão de análise[1]

Le vase où meurt cette verveine
D'un coup d'éventail fut fêlé ;
Le coup dut l'effleurer à peine :
Aucun bruit ne l'a révélé.
Mais la légère meurtrissure,
Mordant le cristal chaque jour,
D'une marche invisible et sûre
En a fait lentement le tour.
Son eau fraîche a fui goutte à goutte,
Le suc des fleurs s'est épuisé ;
Personne encore ne s'en doute ;
N'y touchez pas, il est brisé.

1 Artigo elaborado em coautoria com Maria Letícia Wierman, Mario Luiz Prudente Corrêa, Paulo de Moraes Mendonça Ribeiro, Suely de Fátima Severino Delboni e Thais Helena Thomé Marques e publicado em 2007 na *Revista Brasileira de Psicanálise* (vol. 41, n. 2, pp. 125-140). Esse texto foi elaborado a partir de uma experiência de um grupo de estudos sobre a obra de Bion coordenado por Martha Ribeiro por mais de uma década e do qual participaram todos os outros autores.

Souvent aussi la main qu'on aime,
Effleurant le cœur, le meurtrit ;
Puis le cœur se fend de lui-même,
La fleur de son amour périt ;
Toujours intact aux yeux du monde,
Il sent croître et pleurer tout bas
Sa blessure fine et profonde ;
Il est brisé, n'y touchez pas.

– René François Sully Prudhomme, "Le vase brisé"[2]

A palavra "trauma" tem origem grega e quer dizer *ferida*. Acreditamos ser uma das mais valiosas contribuições de Bion a ênfase colocada nas questões ligadas ao funcionamento mental do analista dentro e fora da sessão de análise. Nossa proposta de reflexão é examinar, na microscopia da sessão de análise, movimentos intersubjetivos inconscientes que ocorrem na dupla analista-analisando, que geralmente passam despercebidos pelo analista, mas podem ter um efeito iatrogênico, gerando no paciente o que denominamos de *microtraumas na sessão de análise*.

Na obra de Freud (1895/1996), a palavra "trauma" aparece pela primeira vez em 1895, nos seus estudos preliminares com pacientes

2 "O vaso trincado"
O vaso em que morre esta verbena / De um golpe de leque foi atingido; / O golpe deve ter roçado apenas: / Nenhum ruído o revelou.
Mas a ligeira trinca, / Mordendo o cristal cada dia, / Numa marcha invisível e segura / Fez lentamente a volta.
Sua água fresca fugiu gota a gota, / O suco das flores se esgotou; / Ninguém ainda nada notou; / Não o toqueis, ele está trincado.
Assim como a mão que se ama, / Roçando o coração, o fere; / Depois o coração se parte, / A flor de seu amor perece;
Sempre intacto aos olhos do mundo, / Ele sente crescer e chorar baixinho / Sua ferida fina e profunda; / Ele está trincado, não o toqueis (tradução de Magaly da Costa Ignácio Thomé).

histéricas. Freud relacionou o trauma psíquico observado em suas pacientes com uma suposta sedução sexual que teria sido realmente perpetrada pelo pai, ou figura substituta, contra a menina indefesa. Trauma era basicamente concebido como um fator externo, oriundo do ambiente, que, invadindo o ego imaturo, que não conseguiria enfrentar essa hipercatexia mediante ab-reação ou elaboração associativa, deixaria a energia libidinal estrangulada, impossibilitada de descarga. Nesse ponto do desenvolvimento do pensamento de Freud, trauma era visto como consequência de uma relação do tipo causa-efeito, com origens essencialmente intersubjetivas realísticas, ou seja, como consequência de sedução concretamente perpetrada. Em artigos sucessivos, Freud reconheceu outras possibilidades de constituição de traumas para além das seduções sexuais, como o da cena primária, o da angústia de castração, entre outros.

Em "Além do princípio do prazer" (Freud, 1920/1996) surge o conceito de "compulsão à repetição" ligado às pulsões do "instinto de morte", que, associado à nova definição dos sistemas psíquicos dividindo a mente humana em ego, id e superego (1923/1996), leva o conceito de trauma a um referencial predominantemente intersistêmico, pulsional e intrapsíquico. A ênfase recai, então, sobre as fantasias inconscientes do indivíduo e seu funcionamento mental interno.

Em 1926, no texto "Inibições, sintomas e ansiedade" (às vezes traduzido por "Inibições, sintomas e angústia"), Freud (1926/1996) deu um passo importante ao reconhecer o trauma representado pelas "perdas precoces" no indivíduo humano, incluindo a perda do amor da mãe ou de outras pessoas significativas. Nesse trabalho, Freud distinguiu a "angústia automática" da "angústia como sinal de alarme": a primeira teria como determinante fundamental a ocorrência de uma situação traumática, ou seja, um afluxo incontrolável de situações variadas e intensas demais para o ego do indivíduo, enquanto o segundo conceito designa um dispositivo do ego que reproduziria de forma atenuada as reações de angústia vividas primitivamente em situações traumáticas, com a finalidade de colocar em ação operações de defesa quando o ego se encontra em situações sentidas como perigosas.

Nesse mesmo artigo, Freud associou a ocorrência das situações traumáticas a estados de desamparo mental devido ao acúmulo de excitação que sobrepuja a capacidade egoica de poder processar a angústia e a dor psíquica que elas provocaram. A repercussão dos traumas no psiquismo da criança seria proporcional à precocidade de seu estado de inermia: em "Esboço de Psicanálise", Freud (1940/1996) compara o efeito de um trauma psicológico ao de uma agulhada no embrião humano. Utilizando uma bela metáfora, escreve ele: "uma agulhada num organismo desenvolvido é inofensiva; porém, se for numa massa de células no ato da divisão celular, promoverá uma profunda alteração do desenvolvimento daquele ser humano em formação" (p. 213).

O conceito de *trauma*, desde seus primórdios, conservou a ideia de se tratar de um evento essencialmente econômico da energia psíquica: uma frustração em face da qual o ego sofre um impacto psíquico, não consegue processá-lo e recai num estado no qual se sente atordoado e desamparado. No entanto, o conceito evoluiu no tocante à sua etiologia: inicialmente traumas seriam oriundos de fatos interpessoais (a sedução realística), depois se passou a concebê-los como consequentes de eventos intrapsíquicos (a fantasia inconsciente), para finalmente retornar à dimensão intersubjetiva, agora ampliada para incluir o plano primitivo da experiência humana, o plano das relações interpessoais quando do nascimento psicológico do indivíduo (Tustin, 1981/1988).

Nosso estudo visa contribuir com a reflexão sobre movimentos inconscientes sutis que ocorrem no plano das relações intersubjetivas dentro da sala de análise e acabam por gerar descontinuidades na experiência de constituição do self do indivíduo, deixando marcas invisíveis aos nossos sentidos (uma vez que não são faladas, atuadas etc.), mas reais, pois causam consequências sérias ao desenvolvimento pleno da identidade pessoal do ser em questão.

A dificuldade do analista de reconhecer certas experiências como emocionais pode propiciar que áreas primitivas (imaturas) da mente do analisando, que se apresentam no momento mesmo da sessão, não possam ser significadas e nomeadas, permanecendo impensáveis.

A experiência emocional está sempre presente na relação analítica, embora nem sempre possa ser reconhecida pelo analista, por não ter sido fruto de um aprendizado próprio. Roger Money-Kyrle (1956/1990), em seu texto "Contratransferência normal e alguns de seus desvios", cita isso da seguinte maneira: "a compreensão do analista falha toda vez que o paciente corresponde de forma demasiado próxima a algum aspecto de si próprio que ele não aprendeu a compreender" (p. 37).

Nesse trabalho, estudaremos iatrogenias que ocorrem inconsciente e silenciosamente durante as sessões e, portanto, estão aquém do nível de comunicação por identificação projetiva.

Trauma e transformações

> *Se fosse possível, depois de um caso ter sido completamente elucidado, mostrar o material patogênico à outra pessoa naquilo que agora sabemos ser organização complexa e multidimensional de tal caso, com razão nos seria perguntado como foi que um camelo como esse passou pelo buraco da agulha. Pois há certa justificativa em falarmos num "desfiladeiro" da consciência.*
>
> – Sigmund Freud e Josef Breuer, "Sobre o mecanismo psíquico dos fenômenos histéricos"[3]

3 Tradução de C. M. Oiticica e V. Ribeiro.

Freud foi um gênio *sináptico*. Talvez um especialista das frestas, ou dos espaços limite. Desde seus primeiros estudos: *entre* estruturas pesquisou inervações; *entre* resistências e facilitações, supunha catexias; *entre* a vigília e o sono, indagou sobre o sonho; *entre* manifesto e latente, concebeu o pré-consciente como uma "tela" (Freud, 1900/1996), a ligar e separar consciente e processos inconscientes. Geômetra das fronteiras, Freud percebeu haver uma barreira de contato entre finito e infinito; uma cesura a unir e limitar conhecido e desconhecido. Vemos a epígrafe desta seção como um elogio à pesquisa, e ao *não* reducionismo.

Como dissemos, a palavra "trauma" tem origem grega e quer dizer *ferida*. O paciente traz a ferida, mas ao analista cabe a responsabilidade de decidir sobre a *natureza* dessa ferida. Dizendo isso de outro modo: *sobre o que o paciente está falando?* Se o analista puder sobrepor a essa ferida a figura geométrica de um círculo, será capaz de investigar os limites desse círculo ou "ferida". Daí observar o que está dentro e o que está fora dessas "marcas". Não foi isso que fez Freud ao substituir a teoria da "sedução infantil" (realidade externa) pela "fantasia" (realidade psíquica)? Também não foi esse o caso quando percebeu que seus pacientes sofriam de "reminiscências", ou quando notou que a paralisia histérica estava *fora* da estrutura anatômica conhecida, mas *compreendida dentro* de algum outro "círculo específico de representações" (Freud, 1897/1996)? Em todos esses casos há um investigador colocando seu "círculo" (ou mente que observa) na ferida, substituindo uma teoria causal saturada por outra que observa a "organização complexa e multidimensional" de um "material patogênico". À medida que isso é buscado, descobre-se um universo onde um "camelo" passa, sim, pelo buraco da agulha. Observando esse percurso de Freud, não diríamos que vai desde a *lógica* até a *psico-lógica* ou, como diríamos hoje, da teoria da causalidade até *transformações*?

É com esse espírito que desejamos descrever algumas situações clínicas em que o paciente, depois de examinar a índole linear (causa-efeito) de suas concepções ou "teorias" (na verdade, sequência de elementos beta alinhavados num argumento circular), aceita investigar seu mundo interior.

Suponhamos um paciente A que diz: "Eu venho procurar análise porque abrigo em mim um ódio cuja origem eu desconheço completamente. Preciso conhecer essas... *origens*!". Depois de refletir sobre o que acabou de dizer, o paciente continua: "Caso contrário, se penso bem sobre isso... vou continuar sendo um bebê na pele de um adulto, *sentindo* não lidar com o amor que eu *sinto*". Esse paciente é uma ficção. A razão da ficção é não conseguirmos nos lembrar de alguma vez ter recebido para análise alguém que portasse esse estado de mente, funções ou enunciado. Esse indivíduo é capaz de nomear emoções básicas, usar modelos, perceber deslocamentos. É capaz de conter des-conhecimentos, o que o torna capaz de pensar sem o auxílio de memórias encobridoras. Descreveríamos esse estado de mente como robusto e coeso.

Com o paciente B, há experiência:

> *Eu estava jantando na mesinha da cozinha. Então comecei a rir. Eu ri, ri, ri... Veio um choro no meio do riso. Um riso que foi virando um choro. Eu me lembro em Campinas... cheguei a ponto de vir do trabalho, caminhando pelo centro da cidade... chorando sem nenhuma razão. Às vezes tomava o táxi assim. Pensava que estava ficando louco, então resolvi procurar análise.*

Esse paciente estava em contato com uma dor psíquica que lhe era impossível ver, sofrer ou ouvir, apenas sentir. A presença de uma emoção fugidia como a descrita é indício de que há alguém sendo tornado "O", ou sendo exposto a "O", sem a contraparte em conhecimento (K) necessária para tal vivência. "Sofrer" a dor é lhe dar presença e durabilidade (O → K). Esse "lugar" de consolo B não pode experimentar, então procurou o analista.

No primeiro contato com um analista, o analisando faz um relato do que se passa com ele, agregando ao inefável "Estranho" (Freud, 1919/1996a) que lhe habita, uma "teoria" a seu respeito. O paciente tem a necessidade, mas não os meios, de representabilidade. Ao analista caberá observar que a "representabilidade" assim conseguida é uma "teoria" a funcionar como "memórias encobridoras". As "teorias" são os meios que o paciente usa (mas pré-sente não ter) para conceber e expressar o que se passa com ele, seu "O". Essas "teorias" não são mentiras, mas "expressões relativas" (Junqueira Filho, 2003) a funcionar como um filtro para a preservação da vida emocional do paciente. Tomemos essas *teorias de causalidade* como *transformações* possíveis efetuadas pelo paciente no intuito de tornar um pouco mais conhecido o "O" impessoal. Esse indivíduo ainda não tem um continente robusto, portanto, cria ao seu redor táticas de sobrevivência em substituição ao continente ausente.

Pensemos agora no analisando que chamaremos de C.

Relato do analista: Ao telefone, em nosso primeiro contato, notei sua voz um tanto metálica, um tanto arrogante, um tanto apressada. Ele pensava em iniciar uma terapia, mas duvidava que teríamos um horário disponível em comum, já que andava muito ocupado... talvez fosse melhor "desistir". Metálico, arrogante e apressado eram os elementos que, somados, davam a impressão de atuar como "não emoções" tomando o lugar do que não estava presente: seu medo, desesperança e, acima de tudo (como vim a saber depois), um sentimento extremamente doloroso de não existência.[4]

4 A coisa *metálica* (−♀) configurava-se como um "para-choque" a defender a personalidade viva, na falta de um continente vivo. A *arrogância* (−♂) era tentativa de constituir uma personalidade antagonista do próprio paciente que temia não existir. O *apressado* (−♀♂) era evidência da impossibilidade do

Ao recebê-lo, encontrei um homem com cerca de 40 anos, educado, bem-vestido e de aparência agradável. Durante nossa conversa notei, por seu comportamento, que esse homem subitamente podia ser invadido por algo que supus ser o "fantasma de uma mulher" que parecia controlá-lo a partir de dentro. Observei que também um "menino" se intercambiava com essa "mulher". Enquanto observava, fui sendo invadido por algum tipo primitivo de medo quando o "intercâmbio" entre o menino e a mulher se transformou numa espécie de luta gritada pelo controle do paciente, que culminou com este espalmando o braço da poltrona, esbravejando:

> *Aquela vagabunda da minha mãe estragou a imagem do meu pai! Eu tinha raiva, mas não me afastava dela! Ela o desvalorizava, mas não me contava que trepava com ele. Mentirosa! Não me deixava gostar dele. Eu o odiava para agradar a ela. Ela estragou meus sentimentos e a chance de eu ter uma relação heterossexual. Acho que busco no Pedro resgatar a figura do meu pai. Lembro da minha mãe dizendo: "vá brincar lá fora!" Eu não ia porque tinha aquelas crianças. Elas me perseguiam. Debochavam de mim.*

Eu o estava conhecendo aquela manhã, mas ele próprio estava habituado àquele *unheimlich* (estranho), como um teatro interno que havia muitos anos o possuía. Isso que o invadia e o controlava não me parecia alguma forma de destino injusto, mas elementos beta, ou coisa inefável, que se personificavam como personalidades

---

paciente de "encarnar" o tempo presente como habitável. O funcionamento –♀♂ do paciente conjugava-se de maneira a forçar no analista (♀♂) sentimentos de "não lugar" e "des-existência". Ao telefone, o paciente estava "testando" o analista (♀♂).

de "mulher" e de "menino". Um paciente assim, espectador solitário daquele cenário sobrenatural, estranho e familiar, não podia apresentar-se a um analista sem uma "teoria". Esses pacientes empregam "teorias" (C2 ou D2 da grade de Bion, 1942/1977) que lhes assegurem sobrevivência emocional. Essas "teorias" funcionam como "filtros substitutos" na falta de função alfa suficiente e são responsáveis pelo afastamento do perseguidor, que no caso é o desconhecido, o "O", ou o fato selecionado a ser evitado.

O paciente encadeava uma rede (ou cadeia) causal que racionalizava seu sentimento de perseguição. Empregava o argumento circular como "teoria": *a sexualidade dos meus pais estragou a minha, que estraga a deles.* O analista experimenta ser jogado de um elemento beta (forças dentro do analisando) a outro, numa interminável cadeia de causalidade, pseudocausalidade, multicausalidade.[5]

No primeiro ano de análise, C ganhou alguma "visão" do cenário descrito:

> *Eu consigo entender isso* intelectualmente, *mas não* emocionalmente*! Às vezes eu falo aqui, sentindo que estou falando de outra pessoa. É interessante! É como se eu estivesse à beira de um rio que passa. Eu próprio olho a cena sem tomar parte dela. Nado na superficialidade... Mas tenho o desejo de ir mais profundamente e tocar nas coisas. O problema é que ainda não suporto nada que contrarie o meu script, e, ainda mais, quando olho*

5 Contribuía para a "rede causal" (na verdade elementos beta em sequência) um deus onisciente que impedia qualquer investigação e dispensava exame, como nos mitos de Éden, Babel e Édipo. A teoria de causalidade associada não se relaciona à realidade externa, mas à realidade psíquica; não era lógica, mas psico-lógica: figuras da luta gritada, medo de depressão, ataque à pré-concepção edípica, componente moral, luta entre ciência e moral etc.

> *para alguma coisa, vejo alguma coisa em mim, tenho que resolver aquilo. Tirar aquilo da minha frente. É aquela coisa do armário encaixadinho, sem buracos. Cada coisa no seu lugar, com seu rótulo, entendeu? Esse é o problema. Eu me sinto andando em círculos como se esticasse como um elástico que volta para o mesmo lugar.*

O paciente começa a perceber que a "teoria" que utiliza no lugar de "pensamento" contribui para um cenário que impede o verdadeiro conhecimento de suas emoções, possibilitando apenas o "pseudoconhecimento" (−K) da própria rede causal/"teoria".[6]

No segundo ano de análise, C entra em contato com seu fantasma de não existência:

> *Eu sinto um buraco dentro de mim... preciso de alguma coisa que me dê um contorno... Quando eu vejo alguém forte, eu sinto inveja, entendeu? Então quero seduzir e puxar essa pessoa para baixo. Com a relação sexual, eu destruo a imagem dela. É como se sugasse a vida dela como um vampiro.*

Percebemos que os antigos "argumentos circulares" vão se fechando: a imagem do "armário sem buracos" onde tudo está encaixadinho, rotulado, selado, se transforma no "buraco" que agora

---

6 O resultado é o sentimento de observar-se a distância como um "rio que passa", imagem da índole linear de sua teoria de causalidade: nesse "rio" (sequência de elementos beta) ele nada "superficialmente sem tomar parte", sem pensar. Esse é o "script" que ele observa, num estado que beira o estupor, e que não consegue vencer, já que não consegue olhar "alguma coisa". Ao ver um "ponto", "não seio", "não coisa", ele tem que "*resolver*", i. e., tirar a "não coisa", a mácula, o escotoma do seu campo de visão. Com a mente saturada dos elementos beta, "*rotulado*", o paciente sente-se esticar no tempo como um "elástico", fino e frágil.

o paciente pode enxergar como um buraco *dentro dele*, e não mais na sexualidade estragada dos pais.[7]

No seu terceiro ano de análise: "Eu tenho medo de investigar essas coisas e ficar sem nada. Sobrar só um monte de escombros. Entulhos! Mexer nessas coisas... o pensamento é comprometedor. Aonde vai tudo isso me levar?". O paciente receia investigar o "sistema" no qual ele encadeia "pensamentos", causas e efeitos... e descobrir que a existência de uma "causa" – ou a ideia que é um elemento que "causa" o outro – deriva de forças dentro dele, e não fora. C teme entrar em contato com os "escombros" e os "entulhos" que substituem o seu pensar (suas transformações em alucinose – Bion, 1965/1984). O paciente gradualmente avança para além da rede causal que empregava no lugar do pensar e aproxima-se de uma *comprometedora teoria de transformações*, na qual elementos não são mais *causa* uns dos outros, mas, sim, estão *comprometidos* uns com os outros. A esse respeito, Bion (1965/1984) afirma que, ao ver um elemento da equação O, Tpα, Tpβ + L, ou H, ou K, os demais sempre precisariam estar presentes, mas não se deve assumir que sejam a causa um do outro.

Atualmente C. se encontra no seu quarto ano de análise:

> *C: Estou meio abatido hoje. Acho que é porque liguei para a H. e ela me disse que a Y. está internada no hospital psiquiátrico há três meses. Ela estava tomando um remédio para emagrecer e tomou mais do que o médico havia recomendado. Isso detonou uma crise depressiva*

7 Vemos a "razão" ou "nexo" emocional do "tropismo" (Bion, 1991/2000), que fez, a princípio, o paciente buscar análise: o sentimento de não existência em busca de existência. Bion (1965/1984) postula ←↑, ou seja, "em busca de existência", "estupor e ambição violenta, voraz, de possuir todas as qualidades da existência".

nela. Os cabelos dela começaram a cair... [Pausa] A H. e a Y. têm um caso. Elas moram jun... Quando a H. era pequena, tinha 6 anos, seus pais morreram. As irmãs não lhe contaram nada. Diziam que eles estavam viajando, que voltariam. Quando ela soube, foi um choque. Nesse momento da vida estava se lembrando do que tinha ocorrido e por isso pirou.

A: Sabe, isso me parece um sonho que você está sonhando aqui comigo.

C: O quê? Não! Bom, é que... bem, ele me disse que...

A: Um mito... Eu acho que um mito precisa ser sonhado para ser compreendido.

[Há uma pausa durante a qual ele se mexe muito no divã. Depois diz, com voz mais relaxada:]

C: Eu acho que essas estórias são criadas, como uma capa. A gente sabe que não é bem aquilo. É mais fácil para a H. dizer que a Y. sofreu esse trauma *na vida do que pensar que a namorada não era tão equilibrada como ela pensava. Acho que essas estórias são como analgésicos que a pessoa se dá para ir levando. Pensar que compreende alguma coisa que na verdade é completamente desconhecida. Você sabe! Eu sou especialista em medo do desconhecido. Então sei como essas estórias são construídas e alimentadas. A pessoa simplesmente não quer ver. Talvez nem o psiquiatra dela queira saber alguma coisa sobre isso. Então todos ficam com essas estórias. A gente sabe é que é uma capa. A pessoa vai usando aquilo por um tempo. Sabe que mais à frente vai bater a cabeça.*

> *A: Parece que ela não pode pensar que desde pequenininha tinha dificuldades de saber dessas verdades.*
>
> *C: Talvez ela nem saiba nada sobre a sexualidade e tudo o mais, mas é mais fácil explicar as coisas com os fatos assim.*

Ou, em um outro fragmento, duas sessões mais tarde:

> *C: Acho que estou apreensivo, por isso estou assim. Fiquei meio assustado com a sessão de ontem e hoje estou com dificuldade de falar daqueles mesmos medos de que falávamos ontem... de tocar no assunto... Senti que você me compreendeu. Acho que foi isso que me pôs medo.*
>
> *A: Tocamos em pavores muito fortes seus.*
>
> *C: Eu me lembrei que quando conversava com minha amiga, e ela brincou que iríamos sem destino, eu fiquei com medo de verdade. Eu tinha, por exemplo, ficado de buscar no computador umas informações e não consegui hoje olhar na tela o dia todo por medo de que durante a viagem dê a louca nela e ela faça algo imprevisível, e parece que eu preciso de tudo encaixadinho. Nem posso pensar que ela pode fazer um movimento que rompa o sentimento de que somos uma entidade e pensamos igual.*

Há uma breve pausa durante a qual ele faz a forma de uma concha com as mãos, que associo com uma ostra.

> *C: Ontem acho que... você compreendendo aqueles medos, eu pensei: "como é que vou retirar o que ele já compreendeu? Está revelado! Ele já sabe. Como voltar atrás?". Isso é o meu medo.*

Nesse ínterim, a porta da sala, que ele não havia fechado completamente, faz "tléck" abrindo-se ruidosamente.

> *C: Tem fantasma nessa sala!*

Eu me levanto imediatamente, fecho cuidadosamente a porta, e digo-lhe: "Sabe, eu acho que você estava mesmo com medo de se fechar aqui na sala de análise comigo hoje. Você deixou a porta entreaberta...".

> *C: Eu deixei um escape.*
>
> *A: É! Eu estava mesmo um bicho papão hoje... Você estava com medo de se fechar comigo aqui dentro.*
>
> *[Pausa.]*
>
> *C: Acho que o meu pavor foi que não falamos das minhas coisas como aquilo do* passado. *Aqueles meninos que me perseguiam na escola... eles estão* aqui *agora me perseguindo.*
>
> *A: São pensamentos, emoções atuais.*
>
> *C: São. Acho que perceber isso é que me deixou temeroso. Eu uso essas memórias do passado para me livrar dos meus medos. Quando falo daquelas vivências eu estou me assegurando de que meus medos estão distantes. O problema é o que eu não lido agora. Quando eu falo dos buracos... são coisas que eu controlo.*

Lidar com "pensamentos" e "o pensar" deixam o analisando assustado a ponto de não querer olhar na "tela" perceptiva/consciência. O pensar encaminha-se para o reconhecimento da existência de uma relação continente-contido. O clima emocional é de perigo, já que há duas pessoas reais e distintas na sala, o que faz a troca de informação significativa e, portanto, perigosa. Sentir-se compreendido gera ansiedades, uma vez que o que os dois compartilham na sala de análise torna-se real e gerador de insights – ou realidade, que não pode ser dispersa ou manipulada pela antiga rede moral de causalidade. Ao dividir o mesmo espaço com o analista sem contar com o apoio de alucinose, ansiedades claustrofóbicas podem surgir. Há a realização dos perseguidores como aspectos emocionais no "aqui agora" que não podem mais ser dispersos "naquilo do passado", ou nos "buracos" que o paciente sentia poder controlar.

No seu quarto ano de análise, o analisando se mostra capaz de contar com a colaboração do analista e *transformar*, dentro da sessão analítica, um *sistema moral, religioso* ou *causal* em *significados*; *teoria do trauma* em *transformações*; *realidade material* em *realidade psíquica*; *conteúdo manifesto* em *latente*; *"fatos"* em *fantasias*. Ao abandonar "*splittings* estáticos" e antigas teorias pseudocausais, o analisando começa alcançar "pensamento verbal" (Bion, 1963/1984), e seus distúrbios de pensamento, que são ninho fértil para múltiplas possibilidades traumáticas ou microtraumáticas, podem ser trabalhados.

Acreditamos que a sensibilidade do analista, aliada à sua intuição psicanalítica, colaboram para que a conversa a dois no *setting* possa ser predominantemente de qualidade transformadora (+K → O), não traumática nem microtraumática. Antonino Ferro (1995, 2000) refere que a "boa interpretação" é aquela que o paciente faz (com a colaboração do analista): o analisando C vinha levando cerca de quatro anos (com quatro sessões semanais) para tomar consciência de questões de sua personalidade, algumas das quais seu analista intuiu em sua entrevista inicial, podendo este ter continência com paciência (e "capacidade negativa") até que o paciente estivesse em condições mentais (com "fatores e funções" suficientes) para as transformações descritas acima.

Os microtraumas na sessão de análise

Sempre intacto aos olhos do mundo,
Ele sente crescer e chorar baixinho
Sua ferida fina e profunda;
Ele está trincado, não o toqueis.
– Sully Prudhomme, "Le vase brisé" (tradução livre)

Certa vez, numa primeira entrevista de análise, um paciente de cerca de 30 anos contou ao seu analista que em sua adolescência sentia forte compulsão para executar atividades homossexuais que acreditava serem promíscuas, e muitas vezes não conseguia conter-se e as atuava. Como estava procurando análise já na idade adulta, casado e com filhos, seu analista lhe perguntou se e como ele experimentava tais compulsões na atualidade. A resposta, muito calma, foi que se tratava de eventos do passado, que o paciente acreditava terem desaparecido, por já terem sido suficientemente elaboradas em terapias anteriores.

A análise parecia transcorrer normalmente, mas havia um estranho silêncio nas questões ligadas à sexualidade do paciente. O que teria ocorrido? Será que as terapias anteriores foram tão eficientes em elaborar "todas" as questões da sexualidade do paciente? Quase dois anos após esse primeiro contato, a mesma temática retornou para a sala de análise, agora disfarçada de "sonhos estranhos"... Os supostos "sonhos estranhos" foram a forma que o paciente encontrou de verificar se seria possível conversar com seu analista sobre essas questões que lhe eram tão dolorosas. Na primeira tentativa, muito rapidamente, o paciente vivenciou seu analista como estando preso em "memórias, desejos e conhecimentos" (Bion, 1970) sobre o comportamento sexual humano e inibiu-se.

A pergunta do colega foi prontamente transformada (Bion, 1965/1984) num nada, um *impacto no vazio*... O paciente atribuiu preconceitos ao seu analista e não pôde nem perceber isso, calando-se concordantemente. Constituiu-se naquele momento um *microtrauma na sessão de análise*, e a calma evasão do paciente teve como objetivo silenciar a dupla para aquelas questões. A vivência do paciente era de que aquela área era um ponto cego da mente de seu analista, que talvez coincidisse com o seu. A assimetria da relação analítica, com consequente idealização do analista, tornava impossível naquele momento da análise qualquer questionamento por parte do paciente. Só lhe restava adaptar-se ao seu analista (ou ao que ele pensou ser seu analista) como se nada tivesse ocorrido, renunciando à existência de uma mente própria, algo que D. W. Winnicott (1960/1983) talvez descrevesse como um "falso self" sendo constituído na sala de análise. Foi somente depois de muito tempo que essas questões ligadas à identidade sexual do paciente puderam retornar para a relação analítica na esperança de ganhar devida significação. Talvez a relação já tivesse evoluído o suficiente para o paciente poder ver seu analista como pessoa real, sujeita a preconceitos, e demandando relação humana verdadeira para manter-se em desenvolvimento. Foi então que seu analista pôde dizer que as imagens do "sonho estranho", supostamente sexuais, que ele estava narrando evocavam-lhe associações sobre um menino muito assustado e carente, que desesperadamente tentava buscar no pênis/seio de um pai/mãe alucinadamente ideal um sêmen/leite mágico para acalmá-lo...

O menino assustado também era um menino corajoso ao ousar trazer, mais uma vez, questões delicadas para a análise. Ele poderia ter se calado para sempre, ficando com essa área tão importante da experiência humana congelada, enrijecida e imóvel... Sua ousadia em sonhar e publicar o sonho pôde elevar o *microtrauma na sessão de análise* para uma experiência de *cesura* (Bion, 1942/1977) geradora de transformações.

Nos movimentos emocionais (K, L e/ou H – Bion, 1962/1984) de toda sessão de análise podem surgir momentos, verbais ou não, nos quais inconscientemente o analista fala (ou se cala), ou faz algum gesto, ou usa alguma peça de roupa ou joia mais chamativa etc., que resulta num silêncio por parte do paciente... Algo aconteceu... naquele momento... é atual... O silêncio do paciente pode ser silencioso mesmo (mudo), ou pode estar disfarçado de uma tranquila evasão do tema, ou de uma pseudoconcordância sobre aquilo que está sendo vivido na sessão. No entanto, o paciente percebeu "algo" no seu analista que não pôde ganhar o plano simbólico para ser verbalizado. Ele experimentou isso como um "impacto" vindo de seu analista e não tem nenhuma condição, naquele momento, de processá-lo a fim de ganhar representabilidade simbólica expressável na relação. O "impacto" é atual, é da relação com a pessoa real do analista, e surpreende o paciente. Ele não esperava aquela reação do analista, aquele perfume marcante ou roupa pomposa, ou a resposta tão pronta...

O surgimento desses movimentos emocionais silenciosos na relação analítica prescinde das experiências do passado do paciente, apesar de estarem relacionados com elas, uma vez que são as áreas mais frágeis e vulneráveis do paciente que estão sujeitas aos *microtraumas na sessão de análise*. Onde o ego é forte, um "impacto" vindo do analista gera ação, e não sobreadaptação.[8] O microtrauma é sempre um "impacto no vazio", não pode ser reclamado ou contestado, nem mesmo pode ser atuado (na forma de um "*acting in*") na sessão; e o analista não percebe nada anormal ocorrendo, uma vez que se trata de um ponto cego seu, um escotoma na sua percepção da relação com o paciente: tudo parece estar bem, a não ser por um breve silêncio por parte do paciente, ou algo assim.

Um *modelo campestre* pode nos ajudar a compreender a questão: caminhamos por terras onde há mangueiras... Há uma manga no

8 Por "ação" ou "sobreadaptação" estamos nos referindo a relacionamento entre fatos, e não à relação do tipo causa-efeito.

chão que parece ter se desprendido do seu galho há pouco tempo. Pegamo-la nas mãos e observamos que sua superfície está intacta: sua textura é homogênea, de um amarelo-laranja de grande beleza. A conjetura é de que a fruta, já madura, se desprendeu do pé, e a encontramos num bom momento para ser saboreada. Levamo-la para casa e gentilmente a colocamos na fruteira da sala. Horas depois, ao observarmos novamente a fruta, notamos que na área onde ela sofreu o impacto com o solo há agora um espessamento de sua tez. Sua casca endureceu naquela região e, se a apalparmos delicadamente, conseguiremos delimitar a área onde ela sofreu o "trauma". Ao abrirmos a fruta, percebemos que na região traumatizada há deterioração, que ficou oculta quando vista por fora... Percebem-se fissuras maiores ou menores na sua textura. Essa área da manga, para fins de nutrição, em geral é descartada.

Ou um *modelo somático*: todos já tivemos a experiência de sofrer alguma lesão de descontinuidade em nossa pele. Dependendo da sensibilidade de cada indivíduo, haverá, em maior ou menor grau, um processo de cicatrização cujo objetivo é restaurar a continuidade perdida. Pode-se formar o que os dermatologistas chamam de queloide, isto é, uma hiperplasia do tecido fibroso que, ao ser apalpada, se mostra mais espessa que a pele normal. Se quisermos ir adiante e pegar uma agulha para examinar questões de sensibilidade, notaremos que a área traumatizada, supostamente restaurada, é rígida e apresenta significativa diminuição da sensibilidade local. Essa região fica menos sensível e mais resistente. Ao forçarmos a agulha, não se sente dor... No entanto, se tivermos a infelicidade de sofrer um novo trauma no mesmo local, notaremos que nas suas bordas surgirá uma fissura profunda e difícil de ser suturada, pois a área circundante ao queloide se torna mais frágil.

O *microtrauma* que ocorre na sessão de análise corresponde ao "impacto" que a manga sofre ao tocar o chão; inicialmente ele não é perceptível aos nossos sentidos, nem mesmo à nossa consciência (como órgão sensorial para captação das qualidades psíquicas), mas ele existe, é real e deixa evidências que mais tarde serão perceptíveis. Se abrirmos a manga ali mesmo no campo, não se perceberá nada; mas, se dermos algum tempo, poderemos perceber o espessamento da "pele" da manga, tal qual o queloide humano, denunciando que naquela área houve traumatismo, ferida.

O impacto silencioso do *microtrauma na sessão de análise* gera áreas de insensibilidade no self do paciente: é como se houvesse um enrijecimento automático daquela área da experiência, com fins defensivos e de sobrevivência psíquica. Dentro daquela área da experiência emocional na qual houve a adaptação ao analista, com enrijecimento, o paciente se torna forte (ele tem que ser mais forte que o próprio analista), mas isso só é possível à custa da insensibilidade: ele se previne de "sentir" dor, mas para isso fica impossibilitado também de "sofrer" amor (Bion, 1970).

O "queloide" é área de vínculo –K, um anticonhecimento defensivo, que em termos de pensamento é inútil para uso maduro (parte podre da manga que é descartada), uma vez que sua função principal é evadir-se da verdade. No entanto, por "efeito colateral", as áreas circunvizinhas ao queloide são muito frágeis e friáveis, são mais sensíveis que a "pele" normal, talvez pela proximidade da diferença de camadas de defesa.

Muitas vezes acreditamos estar suficientemente aptos para atender nosso paciente, e em parte estamos mesmo; mas algo ocorre naquela dupla analítica específica, naquele momento específico da experiência, que não permite à dupla usar suficiente desenvolvimento de uma continuidade da vivência emocional a fim de atingir um ponto de maturidade/insight transformador. O *microtrauma* não atinge a dimensão de uma *microcesura*...[9] Há fatores que são oriundos do

9 Microcesuras são movimentos dinâmicos que ocorrem na sessão de análise e são potencialmente geradores de transformações. São movimentos nos quais a

analista... ele pode estar enlutado, ou preocupado com questões de saúde de um de seus familiares, e o paciente de alguma maneira capta que a mente de seu analista está parcialmente saturada com questões pessoais. Ali ele sente que não pode entrar, ou que não há espaço para ele, ou que aqueles temas são intoleráveis para o analista; e em vez de reclamar seu direito de ter espaço junto ao analista, cala-se ou, pior, passa a cuidar de seu analista, invertendo as funções na sala de análise (Ferro, 1995). Esse "silêncio" por parte do paciente, que nem chega a ser consciente para ele, constitui um *microtrauma na sessão*. É uma experiência que ocorre na intersubjetividade da dupla analítica, mas não consegue ganhar representação simbólica, ficando uma experiência surda, muda e cega.

Uma analista estava vivendo um momento muito doloroso de sua vida quando um familiar próximo recebeu o diagnóstico de uma grave doença. Contou-nos que alguns pacientes abandonaram a análise nessa época.

Eis um fragmento de sessão. A paciente diz:

> *Estou apavorada! Meu útero está com tanto mioma que parece útero de três meses de gestação. O médico em São Paulo está tentando um medicamento para ver se reduz um pouco, antes de uma intervenção mais agressiva. Meu pai e minha mãe estão com problemas como sempre e não conseguem nem imaginar o que está acontecendo comigo. Aquele sonho não me deixa em paz...*

Ela sonhara que estava em uma rodovia asfaltada, por onde ela caminhava e, de repente, puxou para cima o asfalto, e à medida que o puxava, verificava que embaixo havia uma profusão de cadáveres.

---

assimetria de funções entre analista e analisando está presente, e há dor psíquica envolvida. Microcesuras rumam para "mudanças catastróficas" (Bion, 1966).

A sessão caminhou levando a dupla a pensar e conversar sobre as vivências de impotência diante de alguns momentos da vida, os quais só se pode contemplar e interagir, mas não modificar. Após uma pausa, a paciente disse que talvez se afastasse da análise para fazer o tratamento do mioma, que teria que ir a São Paulo e possivelmente faltaria muito às sessões, mas não sabia ainda ao certo...

Acertou os honorários do mês, despedindo-se com um "até amanhã". Não retornou mais, interrompendo a análise com um recado na secretária eletrônica dizendo que assim que possível entraria novamente em contato.

Quatro anos depois, uma amiga da paciente telefonou para a analista no horário do almoço, em sua casa, dizendo que a paciente estava muito mal e estava pensando em conversar com ela, mas precisava ser imediatamente. A analista sentiu na voz da amiga muito desespero e encurtou sua hora de almoço, respondendo que a paciente poderia vir.

A analisanda entrou "como um furacão" no consultório e deitou-se no divã como se nunca tivesse interrompido a análise. Contou que estava com um namorado novo, e ele queria se casar com ela. Estava com 40 anos e havia muito não namorava. Contou que estava pensando "apenas na aposentadoria e em viajar", e de repente sua vida mudou "da água para o vinho". Retomaram o trabalho analítico.

Logo nas primeiras sessões, a analisanda contou que precisara interromper a análise porque ficou sabendo do problema pessoal da analista (saúde de um familiar) e sentira que toda vez que a analista falava de dor, não era da dor dela (paciente) que falava, mas sim da própria. A analista recebeu com certo impacto o que ouviu, pois sentiu haver verdade na fala da paciente. Puderam, então, continuar o trabalho.

Conjeturamos que L (amor) ou H (ódio) ou K (conhecimento) devem ser contidos pelo analista antes de ser veiculados ao paciente;

do contrário, pacientes mais sensíveis podem sentir-se abandonados na sala de análise, por mais pertinente que seja nosso diálogo. A dor da analista, para aquela paciente em particular, extravasou (extra-vasou), constituindo-se num microtrauma. A parte saudável da mente da paciente permitiu que ela interrompesse o processo, dando tempo à sua analista para elaborar o luto. Só então a relação pôde prosseguir.

K (conhecimento) pode ser compartilhado ou não. Para ilustrar situações assim, trazemos um fragmento de material clínico de uma supervisão: num determinado momento de uma sessão, um paciente diz ao seu terapeuta que ele, o terapeuta, não tinha condições de saber como ele, o paciente, estava se sentindo, visto que nunca havia sofrido de impregnação por medicamentos.

O terapeuta ficou imobilizado e não pôde dizer nada ao paciente, pois achou que este estava com a razão. Criou-se um silêncio mudo, e o paciente pareceu evadir-se desse tema, desesperançado.

O aparecimento do *microtrauma na sessão* ocorreu quando o analista não pôde reconhecer em si próprio situações nas quais experimentara divisão esquizofrênica – por exemplo, a experiência de ter uma parte da sua mente tomada por condição considerada invasiva, enquanto a outra parte tem consciência disso, mas sente-se impotente para integrar as experiências (impregnação medicamentosa).

A própria formulação do paciente constituiu-se como uma "impregnação", com a qual o terapeuta ficou identificado (impregnado), aprisionando-o numa impossibilidade de viver a relação mais empática com seu paciente até poder conversar com sua supervisora e compreender a comunicação primitiva que estava ocorrendo na dupla analítica. Só então o microtrauma pôde ser trabalhado e transformado em microcesura, permitindo um movimento mais vivo na dupla, que poderia ser expresso assim: "se meu terapeuta pode experimentar esquizofrenia, eu também posso experimentar sanidade".

Bion (1962/1984, 1963/1984), ao tecer considerações sobre a condição psíquica que descreveu como "reversão de perspectiva", usou como modelo o cubo de Necker e o vaso de Rubin, nos quais o jogo de figura e fundo faz mudar completamente o objeto em cena. A "reversão de perspectiva"[10] é, segundo Bion (1963/1984), uma defesa contra a dor de crescimento em relação a conflitos edípicos. O mecanismo intrínseco à "reversão de perspectiva" foi denominado pelo autor de "*splitting* estático", que representa uma falha na capacidade de casar uma "pré-concepção" com sua "realização" correspondente, rumando a um "conceito". Haveria uma reversão na qualidade "dinâmica" do *splitting* para um modo "estático", no qual dinâmicas edípicas não entrariam em movimento na relação.

Bion (1963/1994) explica que não se trata de identificação projetiva de partes da mente do indivíduo, ou de evacuação de elementos beta; pelo contrário, nada muda, tudo permanece estático, e há a ilusão conjunta de que analista e paciente estão caminhando juntos e produtivamente. Ele acredita fortemente que, se esses movimentos do analista e do analisando fossem expostos à grade, os "silêncios" ou as "pseudoconcordâncias" da "reversão de perspectiva" seriam revelados (Bion, 1963/1984).

Na situação de *microtrauma*, o analisando transforma, pelo mecanismo de "*splitting* estático", uma situação dinâmica potencialmente evolutiva (uma cesura) numa situação estática. O analisando reverte a perspectiva e afasta o aprender com a experiência. Nesse caso, em termos da grade de Bion, a interpretação do analista corresponde a F5, G5 e G6, enquanto o analisando a recebe como F1, G1 e G2.

---

10 A "reversão de perspectiva" é um conceito introduzido por Bion (1963/1984) para designar o fenômeno pelo qual o paciente mantém com o analista "um acordo manifesto e um desacordo latente": ele parece concordar com as intervenções do analista, mas no fundo ele as desvitaliza, revertendo seu significado para suas próprias premissas (resistências).

Como na teoria de Freud da sedução sexual realística causando o trauma, apenas a posteriori os microtraumas na sessão de análise seriam captados pelo analista, por meio da sua intuição. Pensamos não haver outro mecanismo para se captarem *microtraumas* a não ser o intuir. Se isso for possível, o *microtrauma* pode tornar-se uma *microcesura na sessão de análise.*

Um exemplo dos movimentos de transformação microtrauma ➔ microcesura pode ser descrito assim: um analisando X entrou para a sessão, e a analista ainda estava tomada de vivências de memórias de fatos contundentes ocorridos na sessão anterior à sua.

A analista, ao se perceber com devaneios, desejou que esse analisando se atrasasse ou mesmo faltasse à sessão naquele dia: pensava na analisanda anterior que, ao anunciar que estava grávida, sofria pelas grandes implicações que isso teria na sua vida. Por sua vez, o analisando X[11] estivera durante dez anos frequentando um serviço de reprodução humana tentando fertilizar a esposa, sem nenhum sucesso. Tentativas frustradas fizeram com que o casal adotasse um filho, agora com 1 ano de idade.

O analisando X chegou pontualmente em seu horário, deitou-se no divã e intuitivamente percebeu que havia *algo* com a analista, que não estava em sintonia com ele, e disse: "Eu não queria estar aqui hoje..." Com arrogância, disse que gostaria de estar viajando ou trabalhando, mas não estar ali naquele dia. A analista respondeu: "Estando aqui, vamos aproveitar a sessão. Estamos juntos, e *a sessão é sua*".

A analista denunciou-se ao falar o óbvio: a sessão era dele... Em tom muito rude, o analisando argumentou que percebia, às

11 O paciente X é o nono filho da família e viveu um dos mitos de ser o filho caçula: não se sentia ouvido nem considerado. Sentia-se sem "espaço". Predominava nas sessões uma rebeldia às regras do *setting*, como horários etc., criando impasses.

vezes, que ser analista deveria ser um *suplício*, pois o analista *tem que* acompanhar uma pessoa que está a seu lado, mas quem traz a conversa é o analisando... que a coisa tem essa direção, e a analista devia ter desejos de conversar sobre outras questões.

A: Você fala em suplício... seria suplício estar com você? É assim que você me sente agora?

X, triunfante, reafirma que sim, que estava se sentindo "legal, leve", e disse para a analista que ela "queria estar em qualquer outro lugar, menos ali com ele".

Decorria algum tempo da sessão, quando a analista[12] pôde organizar-se diante do inusitado da sessão e dizer:

> *Sua necessidade, pela sua carência, pelos seus vazios, fez com que pudesse captar algo em minha mente; por exemplo, captar que eu não estivesse com minha mente inteiramente disponível a você logo que chegou, porque sou humana. É uma captação "fina" essa sua, mas a maneira de comunicar-me isso é com hostilidade e arrogância.*

Ao interpretá-lo, transferencialmente, mostrando sua defesa contra o sentimento de rejeição e ciúme, a analista revelou-se a ele num clima de verdade e privacidade.

Eufórico, X confirmou à analista que, ao chegar, ela queria forçá-lo a falar antes mesmo que tivesse sintonizado na sessão, então, teve medo... Mas depois, percebendo que ela poderia suportá-lo

---

12 Segundo Antonino Ferro (1995), o próprio paciente costuma se ver como alguém capaz de fazer com que o analista entre em contato novamente com o próprio funcionamento mental, e apenas quando este volta a ser adequado se retoma o caminho compartilhado.

como estava – "agressivo e intrusivo" –, sentiu uma forte emoção e pôde falar "sem desabar-se" ou "desabar a analista". Vivenciaram na dupla uma experiência que fortaleceu a relação, pois prosseguiram a sessão falando em clima de cordialidade sobre os espaços internos de X que estavam se ampliando...[13] A dupla analista-analisando teve êxito em transformar um possível microtrauma em uma microcesura geradora de desenvolvimento.

Cesuras são movimentos dinâmicos: "*So...? Investigate the caesura; not the analyst; not the analysand; not the unconscious; not the conscious; not sanity; not insanity. But the caesura, the link, the synapse, the (counter-trans)-ference, the transitive-intransitive mood*"[14] (Bion, 1942/1977, p. 56).

As microcesuras formam um vínculo, uma interface, uma sinapse, um encontro/desencontro... enfim, um movimento. Pode-se ganhar a dimensão do "*splitting* dinâmico", característico da posição esquizoparanoide, na qual pode haver intercâmbios via identificações projetivas e haver "luta viva" na sala de análise... As cesuras têm duas faces: de um lado há o registro da ruptura (da assimetria de funções, papéis, sexos etc.), e do outro há o registro da continuidade. Há continuidade, só que em um outro nível... Pode haver vínculo verdadeiro, seja ele de L, H ou K. As transformações rumam em direção a O.

O paciente de 30 anos que calou sua sexualidade ficou preso no "*splitting* estático" por quase dois anos. Ao poder publicar seu *estranho sonho*, e este ser acolhido por seu analista, houve movimento

---

13 Rosenfeld (1987/1988) faz referência à necessidade de analistas ponderarem sobre a própria experiência perceptiva, em termos de quanto, como e quando esta deve ser comunicada ao paciente.

14 "E então? Investigue a cesura; não o analista; não o analisando; não o inconsciente; não o consciente; não a sanidade; não a insanidade. Mas a cesura, o vínculo, a sinapse, a (contra-trans)-ferência, o humor transitivo-intransitivo" (tradução livre).

de microcesura, e a assimetria na sala de análise foi restabelecida nessa área da experiência humana. O paciente ganhou um analista com quem conversar sobre sua sexualidade. Nesse ponto ele pôde reclamar dos preconceitos que sentia haver no seu analista, lutar com ele por uma análise diferente, que rumasse para "mudanças catastróficas" (Bion, 1966).

Os microtraumas são reações primitivas da personalidade incipiente que não dispõe de recursos adequados para lidar com "mudanças catastróficas". Desde Strachey (1934/1969), sabemos que não há "interpretação mutativa" sem catástrofe/cesura para ambos os lados da relação (Caper, 1995). Isso se coaduna com a visão de Bion (1970) de que, na parceria analítica, uma interpretação representa a morte para o estado de mente existente.[15]

Figura 8.1 – *The painter's room* ("O ateliê do pintor"), de Lucian Freud (1943).

Fonte: Freud (1943/2002).

A interpretação representa para o analisando uma cesura, análoga ao modelo de Édipo na encruzilhada de Tebas. O paciente teme a interpretação (a encruzilhada) que o aproximaria de uma mudança

15 Ou quando ♀ + ♂ tornam-se ♀♂.

catastrófica. O microtrauma seria a re-ação da personalidade sem capacidade de ação; um corolário defensivo da personalidade sem defesas. O mecanismo é o "*splitting* estático", como o vemos maravilhosamente descrito na tela de Lucian Freud: não há uma personalidade coesa a receber o impacto do objeto-bizarro que ganha volume fantasmagórico no ambiente. Da personalidade ausente restam apenas seus restos, esvaziados: o chale, o chapéu e o assento para uma personalidade inexistente.

Nesse caso, não haveria nem mesmo o "filtro" da posição esquizoparanoide com o qual a personalidade do paciente poderia enfrentar a adversidade que os *movimentos* da personalidade do analista representam. A personalidade não é vigorosa ou coesa o suficiente para habilitar-se à oscilação PS ↔ D. Conforme Bion (1965/1984), o pensamento não se traduz em ação, nem meditação em pensamento, nem um estado de mente em outro. Há, em vez disso, um impacto no vazio que só pode ser intuído: o modelo é o de um buraco negro a extinguir o que *foi substancial.* A "encruzilhada de Tebas" torna-se um lugar vazio. O contexto do conflito edípico é desfocado.

Um espectro "narcisismo ↔ social-ismo" (Bion, 1991/2000) muito intenso fomenta a experiência de microtraumas numa sessão de análise. Podemos observar uma exagerada paixão de amor (L) social-ista nos analistas que se tornam "fiéis seguidores" de seu analista didata, formando pequenos clãs com um corpo conceitual todo próprio... A contraparte é o ódio (H) narcisista pela própria personalidade: quando o indivíduo no grupo não se sente livre para publicar seu pensamento próprio. O "temor reverencial" (Bion, 1991/2000) denota a certeza do não acolhimento pelos pares do pensamento individual de forma crítico-construtiva.

Há movimentos de sanidade quando o paciente decide interromper certa análise com certo analista num certo momento. Não há necessariamente evasão ou fuga numa interrupção. No exemplo da colega vivenciando luto, sua paciente, muito sensível e necessitada da analista funcionando em plena capacidade, teve a compaixão madura de ausentar-se temporariamente da cena de luto que a analista estava elaborando. O luto da analista deixava sua relação com a paciente muito carregada de paixão. Amor (L) ou ódio (H) são vínculos fundamentais em qualquer relação humana, mas a relação analítica deve privilegiar o vínculo de conhecimento (K); este último, por sua vez, pressupõe os vínculos de L e H incorporados nele. Uma interpretação psicanalítica (vínculo K) deve ser veiculada com compaixão (L), ou mesmo com agressividade (H), e nunca numa forma desafetada... como se houvesse algo como um "vínculo K puro". No entanto, L ou H devem ser antes contidos pela mente do analista, do contrário poderão extravasar K e constituir sobrecarga para o analisando.

K "desafetado" (–L ou –H → –K), ou veiculado com demasiada paixão, pode constituir *microtraumas* que, se frequentes numa análise, levam ao prolongamento desnecessário da relação, ou ao desenvolvimento de idealizações e "temores reverenciais", tornando a relação analítica simbiótica ou parasitária (Bion, 1970). São análises que duram muitos e muitos anos, às vezes décadas, e estão disfarçadas de um suposto "trabalho muito profundo", mas que, na realidade, esconde todo um "sistema dedutivo científico" com viés na coluna 2 da grade (G2) produzido pela dupla para justificar o trabalho interminável.

Veicular K sem as emoções básicas que veiculariam *funções* para elaborar K é aprisionar o paciente na dependência das funções mentais do analista. Veicular K com muito L deixa o paciente em eterna dívida de gratidão ao seu analista "tão amoroso"... pois como se separar de um analista que é "puro coração"? Se K costuma extravasar H demais, pode estar havendo dinâmica sadomasoquista sutil, perversamente sofisticada, na qual K perde importância, e os movimentos analíticos passam a ser sexualizados. A interpretação "dolorosa" passa a ser a almejada, a boa, a correta, mais em função do prazer sadomasoquista do "dolorosa" do que pelo seu conteúdo (K), que fica esvaziado de significados.[16]

Há "*enactments*"[17] nos quais o analista é levado a atuar dando uma interpretação "dolorosa" ou "penetrante" ao seu paciente. Nesses casos o analista geralmente sente que há algo errado, o que diferencia essas experiências dos *microtraumas*, nos quais não se percebem as atuações. Nos "*enactments*" (Cassorla, 2001) geralmente é possível interpretar o que ocorreu, levando a transformações da experiência. O *microtrauma* é estático, cego, surdo e mudo, não é constituído por identificações projetivas, as quais um analista atento é capaz de escutar como comunicação de algo, como pode ocorrer nos "*enactments*". Os *microtraumas* não comunicam nada e não levam a mudanças, a não ser que o analista, a posteriori, intua a atuação da dupla e faça algo para modificá-la.

Memórias, desejos e conhecimentos saturados da mente do analista podem constituir *microtraumas na sessão*. Um analista relatou que teve um jovem paciente que fez dois períodos de análise com ele, sendo o primeiro interrompido logo após um período no qual o paciente trouxera questões ligadas à sua identidade sexual, que na época foram interpretadas transferencialmente como material de Édipo negativo (fantasias homossexuais inconscientes). O analista acredita que sua abordagem foi precipitada e resultou na interrupção da análise. O fragmento seguinte é do segundo período da análise desse paciente, após interrupção de cerca de um ano e meio:

---

16 Ver "Uma criança é espancada", de Freud (1919/1996b).

17 "*Enactments*" são movimentos (conluios) inconscientes que ocorrem na dupla analítica, nos quais geralmente o analisando leva o analista a um "*acting in*" que reedita vivências significativas de sua vida.

P: Eu finalmente aprendi a viver com as pequenas coisas, e aí dá pra ficar mais relaxado, não me preocupar tanto com tudo, como eu era antes.

A: Você pode me dar um exemplo? O que você chama de pequenas coisas?

P: Ah! Sei lá...

[Após um silêncio breve:]

P: Lá no meu trabalho tem um cara que fala assim: "Aquele cara é um chupa-pica!". E, antigamente, se ele dissesse isso, na hora eu ficava pensando: "o cara é um chupa-pica". Agora não, eu penso: "ninguém sabe o que ele é, se chupa pica, se não chupa; se eu chupo ou não, ou se já chupei...". Não tem nada a ver, entende?

Diante de uma colocação desse tipo, um analista poderia tomar o vértice de analisar o que o paciente entende por "chupa-pica", visando abrir caminho para conversar sobre homossexualidade e demonstrar ao paciente que o analista não tem preconceitos sexuais, ato que em si mesmo já pode constituir um. Um outro analista (ou o mesmo, num outro momento) poderia sonhar com um bebê chupando e picando o seio de sua mãe, e tentar investigar e possivelmente interpretar dinâmica de sexualidade oral-canibalística. Uma outra possibilidade ainda, entre muitas, seria apontar ao paciente algo como: "Você está me dizendo que sente que agora 'pensa, logo existe'... que não se sente mais uma extensão do pensamento dos outros, que tem ideias próprias, pensamentos próprios, identidade própria...", não enfocando diretamente questões de conteúdo (sexualidade), mas sim de continente (pensamentos sobre sexualidade). Essa última opção foi a escolhida pelo analista, e este sentiu que essa abordagem permitiu ampliar o campo de interação da dupla: microtrauma → microcesura.

O que favorece um analista escolher esta ou aquela interpretação? E qual seria a mais útil ao paciente naquele determinado momento de seu desenvolvimento? Essas questões nos remetem a "memórias e desejos": quando uma memória é obstrutiva e quando ela é útil para a análise de alguém?

Por meio da vivência contínua da transferência-contratransferência na relação, vamos conhecendo a história viva do nosso paciente, e isso nos permite situá-lo – a cada sessão, em cada novo encontro (sempre inédito) – num determinado ponto do desenvolvimento humano. Isso, aliado à "intuição analiticamente treinada" (Sapienza, 1997), permite ao analista modular o que e como falar ao seu paciente, prevenindo o surgimento de alguns possíveis *microtraumas na sessão.*

Microtraumas: evoluções da técnica psicanalítica

Evoluções na teoria da técnica psicanalítica dão ênfase à pessoa real do analista, que junto com o paciente constitui o campo analítico. Há, portanto, uma mútua e permanente interação na qual cada elemento do par influencia e é influenciado pelo outro. A mente do analista está profundamente implicada na relação com o paciente. Está exposta continuamente aos elementos beta, às identificações projetivas, além da própria e natural oscilação PS ↔ PD, que é contínua.

Há cisões fisiológicas (ou normais) ou clivagens que, dentro de certos limites, deixam fora da sala de análise estados mentais que poderiam oferecer interferência no trabalho com o analisando. Mas esses sistemas não são suficientes diante de situações que observamos e que clinicamente chamamos de *microtraumas.*

Os microtraumas são movimentos sutis, inconscientes, originários da relação real com o analista. Não são perceptíveis pela dupla no momento de sua ocorrência e estão a favor de manobras da parte psicótica da personalidade, que tenta manter a análise como está, numa aparente normalidade, supostamente produtiva, impedindo mudanças catastróficas → criativas. Os microtraumas correspondem a uma iatrogenia inconsciente.

A palavra "iatrogenia" tem origem grega: "*yatros*" significa "médico" e, acrescido do étimo "gênese", revela-nos sobre doenças que têm origem em inadequada conduta médica. Similarmente os analistas, como pessoas reais, trabalham com um largo espectro de sentimentos ocultos, abstratos, e podem, involuntariamente, contribuir para um resultado patogênico ao psiquismo do paciente.[18]

Ações iatrogênicas, num nível macroscópico, podem ocorrer quando o analista envolve o analisando em conluios perversos, como os sexuais, ou quando, por meio de maciças identificações projetivas, o analisando é transformado numa espécie de "duplo" (Bion, 1967/1984) do terapeuta, de sorte que o analisando é levado a praticar *actings* (eróticos, por exemplo) que manifestamente o analista não teria como praticar. Outras ações poderiam ser mencionadas, como a construção de um *falso self* ou a liberação no paciente de um lado perverso ou psicopático.

Por ser um ato inconsciente, as consequências do microtrauma na dupla analítica dependerão das condições internas de cada elemento do par. Se puder se tornar consciente, verbalizado ou compartilhado, seu destino será o das microcesuras com transformações em mudanças criativas. Se não puder ser compartilhado ao ser percebido por um dos membros da dupla, o microtrauma poderá se ampliar,

---

18 Sentimo-nos em ressonância com autores contemporâneos, como Thomas Ogden (1996), que nos alerta para o cuidado em relação ao risco da "criação de uma doença iatrogênica na qual a capacidade para rêveries é paralisada, ou levada a ocultar-se, dessa forma tornando significativamente menos provável que um processo analítico verdadeiro venha a ocorrer" (p. 431).

culminando com o aparecimento da *reação terapêutica negativa* (Freud, 1923/1996), ou, ainda, poderão promover rupturas, abandono da análise ou, pior, a estruturação de um *falso self psicanalítico* e uma sobreadaptação a questões do analista que impedem o paciente de "vir a ser" ele mesmo.

Microtraumas, ao se originarem na mente do analista, em movimento silencioso e inconsciente, põem em relevo a contínua interação entre analista e analisando. Essa interação nos situa neste texto, voltados para o *continente* sem perder de vista questões suscitadas pelo *conteúdo* (Bion, 1962/1984, 1963/1984). Nessa perspectiva, o estudo do microtrauma nos propõe algo a ser construído na relação da dupla.

Sully Prudhomme, em seu poema "Le vase brisé", traduz poeticamente o que tentamos expor neste trabalho. Microtraumas nascem assim, de um "toque de leque", puro movimento, em uma superfície sensível como é o cristal, relido aqui como a relação analítica.

No poema parece não haver saída: a fratura leva, ainda que de forma quase imperceptível, à ruptura e à perda da vida que está contida no vaso, a caminho da estaticidade ("*splitting* estático"), da morte.

Diferente pode ser essa fratura no *setting* analítico, dependendo de fatores como a *intuição* do analista para que o microtrauma se transforme em microcesura, em vínculo, em vida.

O exercício adequado da intuição pelo psicanalista constitui fator primordial na preservação da sobrevivência do processo analítico. Em clima de esperança realista, permite expansão das dimensões de tempo e espaço da realidade psíquica para futuras investigações psicanalíticas (Sapienza, 1999).

O texto plástico de Lucian Freud (1943/2002), *The painter's room*, põe em cena um *setting* esvaziado, no qual um *objeto bizarro* ganha proporções fantasmagóricas: vazio é também estaticidade, morte, mas, no quadro, objetos concretos definem uma anterior presença viva a mostrar que o vazio pode ser transformado, se aí se investir o humano com sua condição de pensar. Nessa direção, o objeto bizarro pode ser fonte de criação, uma proposta de continuidade do trabalho analítico em cuja tela a intuição "enxerga" além do que a vista alcança.

A elaboração dos microtraumas está relacionada com a capacidade de observação de atmosferas que não são somente da ordem transferencial, ou seja, áreas de intuição organizada, analiticamente bem treinada, para se estabelecer contato com área de "mudança catastrófica" e sua expansão em direção a O.

Referências

Bion, W. R. (1966). Catastrophic change. *Bulletin of the British Psycho-Analytic Society*, 5, 13-26.

Bion, W. R. (1970). *Attention and interpretation*. Tavistock Publications.

Bion, W. R. (1977). *Two papers: The grid and Caesura*. Imago. (Trabalho original publicado em 1942)

Bion, W. R. (1984). *Learning from experience*. Karnac. (Trabalho original publicado em 1962)

Bion, W. R. (1984). *Elements of Psycho-Analysis*. Karnac. (Trabalho original publicado em 1963)

Bion, W. R. (1984). *Transformations: change from learning to growth*. Karnac. (Trabalho original publicado em 1965)

Bion, W. R. (1984). The imaginary twin. In *Second thoughts: selected papers on Psycho-Analysis* (pp. 3-22). Medical Books. (Trabalho original publicado em 1967)

Bion, W. R. (2000). *Cogitações* (E. H. Sandler e P. C. Sandler, Trads.). Imago. (Trabalho original publicado em 1991)

Breuer, J., & Freud, S. (1996). *Estudo sobre a histeria.* In *Edição standard brasileira das obras psicológicas completas de Sigmund Freud.* Vol. 2. (1893-1895). (C. M. Oiticica e V. Ribeiro, Trads.) Imago.

Caper, R. (1995). On the difficulty of making a mutative interpretation. *The International Journal of Psychoanalysis, 76*, 91-101.

Cassorla, R. M. S. (2001). Acute enactment as a "resource" in disclosing a collusion between the analytical dyad. *The International Journal of Psychoanalysis, 82*(6), 1155-1170.

Ferro, A. (1995). A mente do analista ao trabalho: problemas, riscos e necessidades. In *A técnica na Psicanálise Infantil: a criança e o analista: da relação ao campo emocional* (M. Justum, Trad.; pp. 187-211). Imago.

Ferro, A. (2000). *A Psicanálise como literatura e terapia* (M. Petricciani, Trad.). Imago.

Freud, L. (2002). The painter's room [Quadro]. In D. A. Mellor, *Interpreting Lucian Freud.* Tate. (Trabalho original publicado em 1943)

Freud, S. (1996). *Edição standard brasileira das obras psicológicas de Sigmund Freud: Vol. 2. Estudos sobre a histeria (1893-1895)* (C. M. Oiticica e V. Ribeiro, Trads.). Imago. (Trabalho original publicado em 1895)

Freud, S. (1996). Sinopses dos escritos científicos do dr. Sigm. Freud. In *Edição standard brasileira das obras psicológicas de Sigmund Freud: Vol. 3. Primeiras publicações psicanalíticas (1893-1899)* (C. M. Oiticica e V. Ribeiro, Trads.; pp. 219-245). Imago. (Trabalho original publicado em 1897)

Freud, S. (1996). A interpretação dos sonhos. In *Edição standard brasileira das obras psicológicas de Sigmund Freud: Vol. 5. A interpretação dos sonhos (II) e Sobre os sonhos (1900-1901)* (W. I.

Oliveira, Trad.; pp. 361-665). Imago. (Trabalho original publicado em 1900)

Freud, S. (1996a). O estranho. In *Edição standard brasileira das obras psicológicas completas de Sigmund Freud: Vol. 17. Uma neurose infantil e outros trabalhos (1917-1918)* (C. M. Oiticica e V. Ribeiro, Trads.; pp. 235-273). Imago. (Trabalho original publicado em 1919)

Freud, S. (1996b). Uma criança é espancada: uma contribuição ao estudo das perversões sexuais. In *Edição standard brasileira das obras psicológicas completas de Sigmund Freud: Vol. 17. Uma neurose infantil e outros trabalhos (1917-1918)* (J. Salomão, Trad.; pp. 193-220). Imago. (Trabalho original publicado em 1919)

Freud, S. (1996). Além do princípio do prazer. In *Edição standard brasileira das obras psicológicas de Sigmund Freud: Vol. 18. Além do princípio do prazer, Psicologia de grupo e outros trabalhos (1920-1922)* (C. M. Oiticica e V. Ribeiro, Trads., Trad.; pp. 13-75). Imago. (Trabalho original publicado em 1920)

Freud, S. (1996). O ego e o id. In *Edição standard brasileira das obras psicológicas de Sigmund Freud: Vol. 19. O ego e o id e outros trabalhos (1923-1925)* (C. M. Oiticica e V. Ribeiro, Trads.; pp. 15-80). Imago. (Trabalho original publicado em 1923)

Freud, S. (1996). Inibições, sintomas e ansiedade. In *Edição standard brasileira das obras completas de Sigmund Freud: Vol. 20. Um estudo autobiográfico, Inibições, sintoma e ansiedade, Análise leiga e outros trabalhos* (C. M. Oiticica e V. Ribeiro, Trads.; pp. 81-172). Imago. (Trabalho original publicado em 1926)

Freud, S. (1996). Esboço de Psicanálise. In *Edição standard brasileira das obras psicológicas completas de Sigmund Freud: Vol. 23. Moisés e o monoteísmo, Esboço de psicanálise e outros trabalhos (1937-1939)* (C. M. Oiticica e V. Ribeiro, Trads.; pp. 153-221). Imago. (Trabalho original publicado em 1940)

Junqueira, L. C. U., Filho. (2003). *Sismos e acomodações: a clínica psicanalítica como usina de idéias*. Edições Rosari.

Money-Kyrle, R. (1990). Contratransferência normal e alguns de seus desvios. In E. Spillius (Ed.), *Melanie Klein hoje: desenvolvimentos da teoria essa técnica: Vol. 2: Artigos predominantemente técnicos* (B. O. Haber, Trad; pp. 35-46). Imago. (Trabalho original publicado em 1956)

Ogden, T. H. (1996). Reconsiderando três aspectos da técnica psicanalítica (A. J. Rypl, Trad.). *Revista de Psicanálise da SPPA, 3*(3), 421-444.

Rosenfeld, H. (1988). *Impasse e interpretação: fatores terapêuticos e antiterapêuticos no tratamento psicanalítico de pacientes neuróticos, psicóticos e fronteiriços* (P. M. Rosas, Trad.). Imago. (Trabalho original publicado em 1987)

Sapienza, A. (1997). A aprendizagem da experiência emocional na sessão analítica: trabalho-de-sonho-alfa. *Revista Ide, 30*, 100-108.

Sapienza, A. (1999). O trabalho de sonho alfa do psicanalista na sessão: intuição-atenção-interpretação. *Revista Brasileira de Psicanálise, 33*(3), 423-430.

Strachey, J. (1969). The nature of the therapeutic action in Psychoanalysis. *The International Journal of Psycho-Analysis, 50*(3), 275-292. (Trabalho original publicado em 1934)

Tustin, F. (1988). Psychological birth and psychological catastrophe. In J. S. Grotstein (Ed.), *Do I dare disturb the universe? A memorial to W. R. Bion* (pp. 181-196). Maresfield Library. (Trabalho original publicado em 1981)

Winnicott, W. (1983). Distorção do ego em termos de falso e verdadeiro self. In *O ambiente e os processos de maturação: estudos sobre a teoria do desenvolvimento emocional* (I. C. S. Ortiz, Trad.; pp. 128-139). Artes Médicas. (Trabalho original publicado em 1960)

9. Premonições na experiência analítica: intuição e teorias de observação[1]

A emoção é fundamental na vida do ser humano. Emoção e intuição nos diferenciam das máquinas, dos computadores, dos animais. São elas o caldo de cultura das nossas capacidades pensantes racionais, irracionais, criativas e poéticas.

A palavra "emoção" deriva do latim "*emovere*" e teve primeiro o significado de "pôr em movimento" antes de ter o sentido figurado de uma movimentação psíquica. Somos, portanto, movidos e co-movidos pelas emoções.

O contato emocional é fundamental na relação analítica, sendo imprescindível para o esclarecimento do objeto do conhecimento analítico. Uma experiência emocional não pode ser concebida isolada de um vínculo (Bion, 1963/1989).[2] Esse vínculo pode ser tanto com um objeto externo como com um objeto interno.

---

1 Artigo publicado em 2010 na revista *Berggasse 19* (vol. 1, n. 1, pp. 136-153).

2 Bion (1963/1989) afirma que o protótipo do vínculo (K) do conhecimento ocorre desde o início nas relações do bebê vivenciadas pela mente continente da mãe, que logo tenta colocar o problema em palavras de maneira racional, para que o bebê possa aprender com a experiência (função alfa). Esse vínculo logo

O ódio às emoções gera vínculos desapaixonados, sem vida, distorcidos, estéreis, cruéis. Os seres humanos, em situações turbulentas que ameaçam, podem atacar sua própria mente quanto à capacidade de sentir, como defesa extrema frente a sofrimento, dor, frustração. Esse ataque às funções vinculantes das emoções leva a severas perturbações, como a psicose, e principalmente à falta de crescimento mental.

Do ponto de vista genético/evolutivo, sabendo que as emoções são centrais na vida humana, podemos falar de protoemoções na vida fetal e das respostas primitivas a essas "pressões". Tais respostas, na atualidade, são comprovadas cientificamente por meio de estudos em Neurociência. É possível, portanto, demonstrar que, desde o início da vida, o ser humano tem pensamentos oníricos, sonhos, pensamentos inconscientes de vigília, pensamentos racionais, ações pensadas e criações artísticas.

Em *Elements of Psychoanalysis*, Bion (1963/1989) usa o termo "premonição" para conjecturar sobre os avisos quanto às emoções que poderão emergir de maneira imprevista, violenta, na sala de análise. No mesmo texto, ele afirma que não separa a premonição da associação com sensações de alerta e de ansiedade no momento em que ocorrem. O sentimento de ansiedade é valioso para conduzir o analista a reconhecer a premonição no material clínico.

Sapienza e Junqueira Filho (1996/1997) afirmam que a "premonição" seria um pré-sentimento, uma advertência ou uma sensação antecipada de algo que vai acontecer. É uma circunstância ou um fato que deve ser tomado como aviso; ou, em outros termos, a premonição está para a emoção, na área de angústia traumática da teoria freudiana, como a angústia sinal está para um derrame traumático.

é introjetado, e então o bebê disporá de uma função própria de autocontenção, autocompreensão, que Bion chamou de "função psicanalítica da personalidade", núcleo funcional do ego.

Moção traz ideia de movimento. Quando já definida como *emoção*, o que era premonitório já passou para outro estágio. Na relação analítica, é importante sinalizar que, quanto mais cedo o analista captar o movimento (antes que este se torne emoção pura, com amor, ódio, violência), mais estará próximo aos movimentos equivalentes ao das pré-concepções.[3]

Sabemos que níveis primitivos e psicóticos da mente do analisando produzem *actings*, somatizações e excessivas identificações projetivas não somente para descarga de emoções, sentimentos e ideias intoleráveis visando a alívio, mas também como formas de linguagem não-verbal que tendem a produzir no analista aquilo que não se consegue verbalizar, nomear (Ribeiro, 1997, 1999).

Nas últimas décadas muito se tem discutido sobre a transferência do analista, sua contratransferência, tendo-se dado muita ênfase à interação da dupla analítica no campo intersubjetivo.[4] Tem-se advertido sobre o funcionamento da mente do analista, que deve buscar se instrumentalizar continuamente para a compreensão da mente de seu paciente, aperfeiçoando a "função psicanalítica da personalidade" no exercício do trabalho analítico.

Há necessidade de se compreender os meandros da experiência analítica, desobstruindo os canais que permitam ao inconsciente do analista ter acesso ao inconsciente do paciente e, assim, realizar transformações.

---

3 Bion (1962/1988) denomina "pré-concepção" um estado mental de expectativa apto para o encontro com os fatos. Essas pré-concepções formam parte do equipamento mental para aprender a experiência.

4 Pontes e Torrano (2009), dando ênfase à interação da dupla analítica no campo intersubjetivo, estudam comunicações inconscientes (premonições) que ocorrem fora da sessão de análise que funcionam pelo modelo Bluetooth. Acreditam as autoras que tais comunicações devam ser utilizadas como produtos da transferência, podendo contribuir para o desenvolvimento da relação analítica, se forem interpretadas como chistes, sonhos, atos falhos, ou seja, como outros fenômenos mentais.

Neste trabalho, quero enfatizar a importância da captação das emoções em estado nascente. Se isso ocorrer, facilitará a linguagem e as comunicações para transformações em pensamento. Caso contrário, aparecerão, prevalentemente, reações de descarga, e não pensamentos. Na prática clínica poderão ocorrer transferências eróticas relacionadas à sexualização do vínculo ou à agressividade, e estas serão disfarces do ódio contra a própria experiência psicanalítica ou repetição com o analista dos desastres primitivos.

Para realizar esses movimentos antecipatórios, incipiente nas emoções, é imprescindível a capacidade intuitiva, o estado de prontidão e receptividade do corpo e mente do analista. Por meio de material clínico, procuro demonstrar que as fantasias, sonhos e pensamentos oníricos de vigília têm manifestações mais elaboradas nos mitos e nas criações artísticas. Esse dado constitui a matriz simbólica, essencial para essa apreensão durante as sessões. Tais desenvolvimentos permitirão ao analista "mergulhar", por exemplo, nas fantasias ou significados das ações, fazendo com que estes se desdobrem em seus detalhes, o que possibilitará ao analista "viver" a experiência, digeri-la, formulá-la e comunicá-la como interpretação ao analisando, antecipando e prevenindo possíveis *actings*, seja do analisando, seja do analista (Ribeiro et al., 2007).

Premonições na clínica

Caso A – Momentos de esperança: apreensão de sinais precoces de emoções nascentes

Este caso clínico, já apresentado em "Rêverie hostil e rêverie benigna",[5] volta à cena, neste momento, dado que a abordagem que interessa

5 Este artigo pode ser lido nesta edição (pp. 61-89). (N.E.)

à análise implica especificidades em relação ao que fora matéria do trabalho anterior.

O paciente A, sentindo-se invadido e atormentado por dor de rejeição, vivenciadas no *setting* em encontros anteriores, retornou chegando 20 minutos atrasado para a sessão. Eu já o esperava na sala de atendimento quando percebi sua chegada ruidosa: abriu o portão, entrou conversando e rindo animadamente com uma pessoa, que de início imaginei ser sua esposa. Fui encontrá-lo na sala de espera, ficando surpresa quando me apresentou a moça como sua cunhada mais nova. Ela ficou na sala de espera, e A entrou, deitando-se no divã. Um pouco embaraçado, foi logo justificando que trouxera a cunhada porque ela estava em sua casa. Tinham iniciado um assunto e queriam aproveitar o trajeto de sua casa ao consultório para continuarem conversando. Não podiam "perder tempo" porque no dia seguinte ela viajaria para Londres.

Recebo-o dizendo que o percebia muito alegre e animado naquele momento, ao que respondeu:

> *Discuti muito com minha esposa por causa de minha cunhada. Ela queria levar a irmã de carro com motorista até o aeroporto, e eu achava que isso seria uma grande mordomia. Sugeri que fossem de ônibus. Depois, pensando nas coisas que tenho conversado aqui com você, relacionadas a não sentir culpa e poder viver com conforto material, aceitei que elas fossem com o meu carro, que é melhor, e com um motorista experiente. Depois vi que minha mulher havia dado 200 dólares de presente à irmã para ela gastar como quisesse na Inglaterra, e pensei: "será que isso não é pouco? Devo dar mais?".*

Falei a ele que, apesar de estar parecendo alegre e animado para nosso encontro, sentia-se confuso.

Ouviu essa intervenção e, com ansiedade e, cheio de emoção, disse:

> *Estou assustado com um sonho que tive na segunda--feira. Foi muito difícil lembrar-me desse sonho. Foi mais triste do que difícil. Tem muitos detalhes que esqueci. Sonhei que estávamos no* Pati, *naquele vilarejo onde nasci, com todos os meus irmãos. Estávamos todos juntos naquela casa onde nascemos e fomos criados. Lá havia uma edícula com um quartinho no fundo da casa. Sonhei que meu pai e minha mãe haviam brigado. Eu via meu pai saindo do quartinho do fundo da casa, muito abatido, com uma fisionomia muito triste e, ao mesmo tempo, arrasado! Fui ao seu encontro e perguntei-lhe por que ele estava assim. A resposta foi que minha mãe andava traindo-o com outros homens, e ele estava separando-se dela por isso. No sonho tive uma pena terrível de meu pai, peguei um* facão *grande e saí estourando e esfaqueando animais e móveis que eu encontrava pela frente. Em seguida, sonhei que eu estava neste mesmo local, e aparecia uma* cadela *de olhos tristes, trazendo uma cadelinha, que era sua cria, junto dela. Ela olhava-me pedindo amparo e abrigo. Era uma cadela chamada* Nara, *que tínhamos lá no* Pati *e de que eu gostava muito. Ela engravidava de qualquer cachorro e depois vinha de volta pedir abrigo para si e para suas crias [destaques meus].*
>
> *[Fiquei impactada, tentando pensar, e ele prosseguiu.]*

> *Não suporto pensar que a F. [sua esposa] me traiu com outro homem. Isso volta à minha mente. Ela fica sendo para mim como essa cadela de que eu gostava tanto, que saía e voltava, que tinha se dado, no cio, para todos os outros cães e sempre voltava trazendo a cria para eu criar...*

A pronúncia dessas palavras com musicalidade, emitindo sons, insinuou-se em meus ouvidos comunicando-me fortes emoções; apareceu um sentimento de ser um terceiro "excluído". Eis os efeitos onomatopaicos grifados em sua fala:

Pa-ti → Para-ti

ca-dela → cadê-ela

fa-cão → faz-cão

Na-ra → Mar-tha

Os sons emergiam em forma de resíduos de natureza confusional provavelmente ligados a fantasias primitivas, penetrando com essa força emocional em meus ouvidos. Ressoaram como elementos desprovidos de pensamento verbal. Entretanto, essa comunicação evocou[6] uma reação emocional em mim, ressoando com ritmo e formando uma espécie de melodia, acionando o meu pensar. Então, pude dizer:

> *Sentindo-se rejeitado, excluído e sozinho quando me afasto de você, você fica violento e com muito ódio. Quer exterminar-me. Reduz-me a um quadrúpede que se ausenta para perpetuar a espécie. Abandonei-o por outros.*

---

6 Evocar é diferente de provocar, pois, na função analítica, o trabalho se desenvolverá na área de "sonho".

> *Mas não é só ódio que sente por mim. A analista/cadela volta e é afetiva; tem olhos para você e agora você quer continuar, sem destruí-la, para descobrirmos, em parceria, algo novo para pensar sua vida.*

Esperei uns minutos, e ele permaneceu em silêncio, com o rosto ruborizado, mas sem sinais de rancor, parecendo estar acordando de um longo sonho...

As emoções apreendidas por meio dos efeitos onomatopaicos sonoros revelam ser possível a transformação em linguagem, para que algo não se transforme em ações que não se derivam da maturação do pensar.

Os gestos de A, sua linguagem, seu sonho emanatório provocado após uma intervenção, evidenciam elementos vindos das profundezas de sua mente. Quando A relatou seu sonho, houve um resgate do tema da rejeição[7] e do abandono na relação analítica. Sentindo-se rejeitado e abandonado por mim, ficou identificado com a dupla face do pai: o abandonado e o violento; questões que trazem à superfície a dinâmica de trauma sexual.

Em área traumática, A identificou-se com o agressor e com a vítima, e foi resgatar a analista por meio do animal de estimação (grávida), o que, em parte, foi o que tentei fazer com ele durante a sessão. O modelo de violência emocional ocorreu no sentido de "me engravidar". Ao tornar-me um animal de estimação (grávida), eu estaria "prenha" em relação às identificações projetivas, por ficar preocupada com seus sentimentos, com as possibilidades de

---

7 No capítulo VII de *A interpretação dos sonhos*, Freud (1900/1996) afirma que há um antagonismo, quando se está estudando o aparelho psíquico, entre o sistema de percepção, a consciência e o sistema de memória. Afirma, também, que na dinâmica melancólica as imagens que estão registradas nas marcas mnemônicas não são filtradas e ficam vivas, como se o tempo não tivesse passado.

continuidade de sua análise, com sua vida. Ficou gravitando em mim uma função de rêverie benigna em relação a ele. Seus sonhos revelam seus temores quanto às revivências de emoções com a analista, ligadas à cena primária, ressoando como elementos desprovidos de pensamento verbal.

Mas o que A estaria querendo comunicar-me ao trazer-me essa acompanhante? Inicialmente, lembrei-me de que, ao ouvi-lo chegar, havia em mim uma pré-concepção de que eu iria ver um casal. Imaginei que A estaria chegando com uma mulher, que seria sua esposa, e surpreendi-me ao vê-lo com uma jovem cunhada (uma menina), ligada à esposa dele, irmã dela. Isso me remeteu à dinâmica da cena primária: houve uma distorção dela e, consequentemente, da sexualidade e do pensamento.

As emoções, antecipadamente captadas e construídas para interpretação, facilitaram que A fizesse novas revelações.

Bion (1962/1988) julgava que o mito edípico fazia parte integrante do espírito humano. É a versão individual desse mito que faz com que a criança tome contato com seus pais. Nesses momentos descritos, os componentes edípicos estão dispersos, e A não dispõe de um esquema inato para apreender a relação parental e se adaptar à realidade. Uma das dificuldades dessa análise seria conseguir localizar os fragmentos edípicos amplamente dispersos no tempo e mostrar a correlação entre eles.

Caso B – Sexualização da dor mental: transferência erótica[8]

Cada paciente tem um idioma, uma forma de se comunicar. Há perturbações no paciente, sua psicopatologia, mas há também áreas

8 Por erotização pode-se entender uma defesa específica contra a dor da perda e da separação. "A literatura frequentemente usa os termos 'sexualização' e

que envolvem "formas e pensamentos" que vamos descobrindo por meio das *premonições* e aprendendo como tocá-las, visando a transformações criativas.

B tem 39 anos, é casado e profissional liberal. Esteve em análise durante o período de dez anos com uma interrupção de alguns meses. Na sua primeira fase da análise, predominava um vínculo de ódio com a analista, que ele expressava opondo-se às regras do *setting*, aos horários das sessões, honorários... muitas vezes polemizando como se estivesse num tribunal. Seu pedido de retorno, após seis meses de ausência, deu-se com o intermédio de sua secretária, pois temia ser rejeitado. Percebi sua reação de desamparo em sua volta que, arrogantemente, ele tentou disfarçar dizendo: "Martha, eu vim te ver! Ainda não sei se quero fazer análise... vim te ver".

B contou-me que, durante a ausência da análise, frequentou com a esposa um centro de reprodução humana e, após tentativas frustradas e dolorosas de gerar um filho legítimo, tinham adotado um menino. Senti que sua nova procura por análise tinha a ver com aprender a lidar com situações triangulares – agora ele era pai, tinha uma esposa e um filho.

Com frequência, B chegava para suas sessões com devaneios negativos, como se o re-encontro fosse ser com alguém que iria maltratá-lo ou rejeitá-lo. Quando eu não percebia tais manobras, entrava com ele em dinâmica sadomasoquista ou em funções de rêverie hostil[9] (Ribeiro, 1999).

'libidinização' como sinônimos para indicar condutas ou atuações sexuais cujo objetivo principal não é a busca de prazer, mas a fuga da dor com o desejo de transformar uma realidade penosa em agradável" (Bonasia, 2001, p. 257, tradução livre).

9 Sapienza, em seus comentários sobre a função de "rêverie hostil", afirma que ela tem substratos nos textos de Bion e na clínica. Sobre essa teoria, ele faz uma ponte que liga dois elementos: o primeiro é que rêverie hostil é um tipo de devaneio; o segundo, que é um tipo de atividade de sonho que vai na direção de –K e

Certa vez, após alguns dias de ausência por faltas suas, B retornou alegre e sorridente. Em tom direto, com voz pausada, um tanto sedutora, disse:

> *Sabe, Martha, senti saudades de você. Tive que viajar a trabalho... ando tomando uma "overdose" de trabalho. Ando cansado disso tudo... não sei se é ressaca, mas quero descansar um pouco. Não quero fazer mais nada com sofreguidão. Não quero me expor tanto e quero encontrar uma medida para não cometer tantos excessos. Estou desgastado com a correria do trabalho... e quero tirar férias. Parar mesmo para cuidar de mim.*

Apesar do clima de cordialidade, minhas premonições sinalizavam a instalação de sentimentos de transferência erótica. Ele falou de "saudades da analista" – e tentei colocá-lo diante desse sentimento comigo, dizendo-lhe que, se sentiu saudades, era porque estava podendo levar-me junto dele, mas de várias maneiras ele foi se desvencilhando dessa intimidade, fazendo malabarismos para não perceber, em sua consciência, a existência de duas pessoas diferentes na sala: ele e eu – um homem e uma mulher.

Inspirada numa fala sua sobre abandonar a profissão para ser jornalista ou historiador, conjecturei com ele como se integraria em sua mente o jornalista ativo – revolucionário e contestador (masculino) e historiador passivo, receptivo (feminino). Isso resulta na criação de uma "manobra" entre passado (professor de História)

---

estaria vinculado a um fator de superego primitivo perseguidor e assassino do ego, que vai forçar e intensificar a onisciência, e também a estupidez, porque as pessoas que vivem nesse estado de onisciência não podem aprender com a experiência emocional. (Esse comentário de Sapienza, originalmente feito em reunião em 1997, pode ser lido nesta edição, pp. 91-114.)

e futuro (jornalista revolucionário) visando a desvencilhar-se da consciência do presente, do que estava acontecendo no "foco" do aprender com a experiência emocional, com a analista ali presente, uma mulher, portanto passível de fantasias, desejos sexuais,[10] paixões e envolvimento amoroso.[11] Disse-lhe algo dessa ordem e, após uma pausa, C indagou: "Será que você, Martha, vai deixar algum dia de ser psicanalista ou deixar essa energia que sinto em você que lembra a minha mãe?".

Disse-lhe que ele queria aprender por meio da analista a ser firme, penetrar, ser ativo e também usar sua energia, criatividade, seu lado masculino e seu lado feminino com equilíbrio. Ele me ouviu, expressou um riso como se estivesse gostando ou aprendendo algo naquela fala e, depois de dar tantas voltas, revelou que não viera às sessões naqueles dias porque fora viajar com "sua decoradora", sua amante.

Na falta do objeto, B recorreu à *sexualização da dor*, ao transformar dor de ausência em sensações eróticas prazerosas. Anteriormente, em situações semelhantes, predominava nele a *agressivização da dor*, mais ou menos como descrito com A.

B veio para a analista recebê-lo e identificar com ele esse amor de transferência (a mãe) no qual há erotização, *sexualização da*

---

10 Polacchini (fala em reunião, 12 de agosto de 2009) nos convoca a integrar a fantasia sexual na contratransferência e usá-la para o paciente. Usando-a assim, será preciosa aliada no tratamento, como já nos assinalou Freud. E a mesma autora, citando Bion, assinala que os fenômenos transferenciais e contratransferenciais são restritos para comportar toda a experiência que está ocorrendo na dupla: sob esse vértice, o analista e o analisando têm muito a pesquisar em direção à imanência das emoções na sessão, em direção a elas em nível consciente e inconsciente.

11 Freud (1915/1969) alertava os analistas para que não confundissem essa reação com amor verdadeiro, ao mesmo tempo que os advertia contra as tentativas de reprimir o amor desses pacientes, desde que o "tratassem como algo irreal e o retratassem até suas origens inconscientes" (p. 216).

dor e sentimento de exclusão.[12] O sentido do seu encontro com a de-cor-adora,[13] além de atender às suas necessidades de contato físico, visava substituir seu primeiro amor, que, transferencialmente, veio colocar em mim.

Discriminando ter mãe arcaica, ter uma mulher, ter uma analista e ter uma amante, B poderá perceber espaços, lugares diferentes, pessoas diferentes para poder ir saindo do mundo indiscriminado da equação simbólica na qual "o que parece é", e ir abrindo mão de seus *actings*, alucinações e delírios. A captação da emoção pela analista sinalizou o caminho a ser percorrido na sessão.

Instrumentação do analista para a captação das premonições: intuição e modelos de observação – mitos, literatura e arte

A mente do analista na sessão e suas qualidades: atenção e intuição psicanaliticamente bem treinadas

Os casos clínicos apresentados transitam sobre conteúdos mentais que emergiram na experiência analítica por meio de:

- fantasias, desde as mais arcaicas e fusionais às mais evoluídas, que bordejam a triangularidade edipiana;

---

12 Gomes (1998) diz que Bion sempre considerou o mito edípico como um dos componentes importantes do conteúdo da mente humana, constituindo o conteúdo dos pensamentos. Em seu texto, a autora descreve que uma das condições mais significativas para uma personalidade realizar a pré-concepção edípica seria a sua capacidade de tolerar o doloroso sentimento de exclusão. Esse sentimento gerará, além de ciúmes, inveja, ódio, também o mais antigo e profundo sofrimento mental: o terror ao abandono, ao desamparo, à morte.

13 "De-cor-adora" = "ama com o coração" – órgão simbolicamente central no corpo, significando ser o centro das emoções e dos afetos.

- impulsos de amor e ódio, gerando situações de inveja e ciúmes;
- sentimentos de onipotência, onisciência e desamparo; e
- dificuldades de contenção, inacessibilidade na busca do objeto, gerando angústias caóticas ou angústias de vazio, equivalentes às angústias de morte.

Para intuir, conter, captar e verbalizar o material primitivo, recomenda-se um estado de prontidão da mente do analista (*atenção flutuante*), implicando que este esteja em bom estado de saúde mental e física. A Psicanálise pode, inclusive, ser chamada de ciência intuicionista, uma vez que usa a *intuição* como forma primária de conhecimento.

A intuição[14] refere-se à visão ou apreensão/compreensão direta e imediata de realidades e verdades sem elementos intermediários. A palavra "intuição" assumiu significado técnico-filosófico quando foi usada como tradução para o termo utilizado por Kant (1781/1987) como "o primeiro registro da experiência de percepção dos seres humanos" – no seu tratado filosófico *Crítica da razão pura* (Caygill, 1995/2000). Bion (1970/1973), com ênfase na filosofia neokantiana, considerou a *intuição*[15] como uma função de sensibilidade que se soma à experiência empírica.

David Taylor (2007), baseado nessas premissas, definiu "intuição psicanalítica" como uma forma de pressentir imediata. Essa forma de

---

14 "Intuição – do latim *intuitione* – 'imagem refletida por um espelho, com sentido filosófico em lat escolástico'. 1. Ato de ver, perceber, discernir percepção clara e imediata; discernimento instantâneo; visão, capacidade de observar atentamente. 2. Ato ou capacidade de pressentir, pressentimento. Ex.: *Tenho a intuição de que vai chover hoje*. 3. *Filos*. Conhecimento imediato de um objeto na plenitude de sua realidade, seja este objeto de ordem material, ou espiritual. 4. *Filos*. Apreensão direta, imediata e atual de um objeto na sua realidade individual. 5. A faculdade intuitiva" (Ferreira, 1999, p. 1130).

15 A intuição – que é cega – e o conceito – que é vazio – podem unir-se para completar um pensamento maduro (Bion, 1977/1982).

pressentir se apoiaria sobre a *percepção pré-consciente ou inconsciente* de pequenos e precoces sinais de dados emocionais. Esse tipo de percepção fornece a matéria-prima para apreensões psicanalíticas que exigem processos de observação e raciocínios explícitos para sua construção. A *intuição psicanalítica*, aplicada para captar as premonições, implicaria uma orientação empírica dirigida ao que está começando a acontecer, principalmente quanto aos processos iniciais de pensamentos e sentimentos, vislumbrando o que poderá acontecer no futuro.

A intuição psicanaliticamente bem treinada se relaciona com o preparo do analista para exercer suas funções. Estará mais livre da invasão dos elementos das partes psicóticas de sua personalidade e, assim, mais livre para pressentir as emoções durante as sessões, em razão de análises relativamente bem-sucedidas.

Uma intuição psicanalítica é imatura quando é vista como a dos adivinhos profetizando situações futuras sem fundamentos; é madura quando está a serviço da análise, predominando o vínculo +K do conhecimento, e quando é distinta de situações premonitórias impregnadas de alucinações, delírios, carreando carga de inveja, ou jogos de rivalidade, ou a tentativa de induzir o outro a se sentir um "nada"...

O estado de mente ideal no analista, para intuir e captar[16] as premonições na sessão de análise, deverá se compor de alguns elementos:

---

16 Franco Filho (2000), citando Bion, refere que esse autor, ao abordar as condições do analista para captar determinadas transformações vindas da área psicótica da personalidade do paciente, menciona a necessidade de um estado mental que vai além da simples atenção flutuante proposta por Freud. Ele propõe uma suspensão de memória e desejo como condição de experimentar fatos ligados às transformações em alucinose. Com esse método empático de conhecimento da área psicótica da personalidade, o analista passa a vivenciar o desconhecido

- permitir amplo contato com dor mental sem dela se evadir durante as sessões; amplo contato também com a própria dor de estar vivo e de existir;
- ter estado de prontidão para "sonhar" no material pré-consciente ou inconsciente na sessão – e é essa elaboração (dream-work-α) que levará ao aprendizado emocional e consequente crescimento mental;
- ter suficiência de análise pessoal que o libertará de escotomas e obstruções psicopatológicas, favorecendo a liberdade interna e a disciplina mental para exercer as funções;
- favorecer a "opacificação de memórias,[17] desejos e teorias" como disciplina para o trabalho analítico (Bion, 1970/1973); e
- cultivar e preservar o equipamento mental para a provisão de "pensamentos sonhos", o que favorecerá a função de rêverie buscando sempre estar em contato com novas ideias, imagens do mundo inspiradas nos mitos, literatura e artes em geral.

Como os criadores de arte e de ciência, psicanalistas deverão ser capazes de transformar o intuído em uma formulação. Somente assim o vínculo +K poderá evoluir. Tais "descobrimentos" produzirão

---

do paciente como uma experiência real, com consequências regressivas para a dupla.

Assim, as fantasias da área psicótica não penetram no analista aleatoriamente. Ele as vive como resultado do estado mental em que ele se colocou como fruto de sua disciplina pessoal.

17 Sapienza (2004) nos propõe diferenciar dois tipos de memória:

- Memória sonho: ocorre de modo espontâneo no decorrer da sessão analítica, assemelhando-se a um devaneio, permitindo associações criativas, inesperadas, favorecendo o desenvolvimento e a sanidade.
- Memória-arquivo: relacionada à disciplina de "opacificação de memórias, desejos e teorias" (Bion, 1970/1973) pelo analista, visando inibir a saturação da mente por acúmulo de memórias já conhecidas que impedem aberturas a novos significados. Em excesso, esse tipo de memória alimenta preconceitos, compulsões à repetição etc.

novos mistérios, que novamente poderão ser "pré-sentidos" e intuídos. Sendo possível tolerar a dor da turbulência emocional ou a dor que esses conhecimentos armazenados irão gerar, será possível que surjam novos ciclos de descobertas (Bion, 1965/1991).

A mente do analista na sessão transitando na fileira C da grade: o uso dos modelos – Homero na Odisseia e Turner na pintura

Cortiñas (1993/1999), citando H. Segal, afirma que a função de transformação simbólica é uma atividade especificamente humana. Estuda as vicissitudes do processo de simbolização: somatização → dados sensoriais → percepção da experiência emocional → ideogramas oníricos → equipamentos pensados. Estes últimos podem ser colocados em narrativas que se transformam em pensamentos novos quando ocorrem novas rupturas.

Assim como na *construção* de uma interpretação inspirada, quando essa complexa evolução se realiza em uma obra de arte, podemos falar na descoberta de um *símbolo estético* capaz de conjugar harmoniosamente os pontos de vista epistemológico, ético e estético. Isso essa autora denominou de "função de rêverie para a humanidade".

Os artistas, em geral, constroem obras de arte e evocam a busca de sentidos que emergem das profundezas arcaicas da mente humana, podendo nascer de áreas abissais. Provocam nos espectadores fortes emoções para serem identificadas.

Estética e Psicanálise, cada qual à sua maneira, são colocadas em desafio diante do irrepresentável. Assim, os artistas re-encontram os psicanalistas, preocupados em acompanhar seu paciente às fronteiras do analisável.

Uma representação que envolva ***ética-estética*** e *epistemologia* e que pode ser chamada de *rêverie para a humanidade* pode se realizar, por exemplo, no modelo mítico da *Odisseia*, declamada por Homero e pintada por Turner na descrição da passagem de Ulisses pela caverna de Polifemo.

O tema foi escolhido por suas vívidas qualidades pictóricas (categoria C da grade) que, por meio da rêverie do analista, possibilitam formular uma interpretação ou usar o modelo para uma construção em que elementos como onipotência/onisciência estariam, por exemplo, conjugados com seus pares simétricos impotência/desamparo.

Um dos modelos míticos, descrito por Homero na *Odisseia* e pintado por Turner, demonstra-nos essa *rêverie para a humanidade.*

O mito que serve de suporte ao drama de A foi extraído do Canto IX da *Odisseia*, em que Homero relata as aventuras de Ulisses na caverna do ciclope[18] Polifemo.[19]

> *Polifemo é filho do deus Posídon e da ninfa Toosa. A narrativa homérica apresenta-o como um gigante com um olho só no meio da testa, monstruoso e antropófago. Ulisses, com doze de seus companheiros, quando descansava numa gruta, cheia de cestos de queijo e de ovelhas, e aguardava o morador, para receber as dádivas da hospitalidade, foi aprisionado pelo ciclope. Este já havia devorado seis de seus marinheiros, quando o herói, usando, como sempre, de astúcia, servia por três vezes ao monstro um vinho delicioso. Durante a noite, enquanto*

18 "Ciclope – em grego (Kýklops), 'olho redondo', pois os ciclopes eram conhecidos como seres monstruosos com um olho só no meio da fronte. Demônios das tempestades, seu olho único representa o relâmpago, daí serem eles chamados *Brontes*, o trovão, *Estéropes*, o relâmpago, e *Arges*, o raio" (Eurípedes & Aristófanes, 1986, p. 37-38).

19 Polifemo foi imortalizado por Homero e Eurípedes. Etimologicamente, seu nome (*Polýphemos*) quer dizer "aquele de quem se fala muito; o grandemente famoso".

Polifemo, sob o efeito da bebida, dormia profundamente, Ulisses e seus companheiros incandesceram um pedaço de um tronco de oliveira, já de antemão aguçado, e cravaram-no no olho único do monstro. Sem poder contar com o socorro de seus irmãos, que o consideraram louco por gritar que Ninguém o havia cegado (este foi o nome com que o astuto Ulisses se apresentara ao ciclope), Ulisses foge. Livre do perigo, o herói lhe revela seu verdadeiro nome e Polifemo se recorda de uma profecia, segundo a qual ele seria cegado por Ulisses. Por duas vezes, o ciclope, arrancando blocos de pedra, lançou-os contra os navios gregos, mas certamente Atena, a deusa de olhos garbos, protegeu o filho de Laerte. Foi a partir desse momento que Posídon, que era pai de Polifemo, começou a odiar Ulisses, fazendo o mar ficar revolto, dificultando seu retorno a Ítaca. (Eurípedes & Aristófanes, 1986, pp. 37-38)

Figura 9.1 – *Ulysses deriding Polyphemus* (Ulisses zombando de Polifemo), de William Turner (1829).

Fonte: www.nationalgallery.org.uk/paintings/joseph-mallord-william-turner-ulysses.

O quadro de Turner: observando a tela e relacionando-a com o mito

Estamos habituados com a visão categorial: Ulisses é um ser, e Polifemo é outro. Na constituição do mito, no nível do parecer, colocam-se lado a lado em condição (até certo ponto) estática: de um lado há a onipotência, de outro, o desamparo. De um lado, o gigante que imaginou vencer o mais fraco usando sua força bruta; de outro, o astucioso, frágil em superfície.

Entretanto, na pintura de Turner, a apreensão em profundidade rompe a visão categorial, desvelando que o ser fragilizado, Polifemo, urrando de dor e desamparo, se poste ao alto, determinando que o onipotente Ulisses, erguendo as velas do navio e zarpando triunfante para longe do ciclope, sofra a sanção da ordem de Posídon, como vítima a expiar a culpa, segundo a ordem instituída.

Portanto, a leitura de Turner do mito homérico apreendeu que Ulisses enfrenta a cólera de Polifemo, invertendo a primeira avaliação da narrativa; na sua segunda leitura (mais no primeiro plano da tela), observamos que não há placidez nas águas do mar; também não havia *calma* em Homero, pois a turbulência lembra tumultos, conflitos, guerras nas ondas que se elevam com os gigantes. Anuncia-se, então, que Posídon, dotado do poder que lhe confere, irá vingar o filho Polifemo, invertendo a primeira apreensão do sentido – de onipotente, Ulisses retornará à condição de desamparado.

As pinceladas de Turner nos demonstram, com nitidez, o mastro do navio, as águas do mar, o céu, num cromatismo que mistura as cores ocre, amarelo, azul, verde; entretanto, elas se confundem e não definem claramente as figuras míticas de Ulisses e Polifemo. Com isso, esse artista nos presenteia com a ideia de que, na condição humana, a onipotência e o desamparo se confundem. Para não entrarmos nas ciladas maníaco-depressivas e no pessimismo niilista, essas apreensões abrem cuidadosas perspectivas na relação analítica.

Evocações

Bion (1977/1982) afirma que o psicanalista clínico – como o pintor, o músico, o escultor – tem que *ver* e demonstrar a *verdade intuída* para que os outros a vejam. Essa verdade intuída, uma *premonição*, em geral, pode impressionar como feia e aterrorizante a pessoa que a observa, pelo menos enquanto ainda não há uma apresentação suficientemente elaborada (na forma de uma narrativa, que pode ser verbal, visual, musical, entre outras formas de expressão) dessa verdade.

Portanto, o clínico psicanalista, assim como o pintor, o músico, o escultor, pode cultivar qualidades de "visão" premonitória e de publicação desta em forma estética para que seus interlocutores possam "ver" verdades que habitualmente são sentidas como repulsivas e chocantes. Dessa maneira, a pessoa que observa esse "feio, aterrorizante" poderá ficar identificada com a Verdade. Esse instrumental de análise que propõe a captação das *premonições* com finalidade de comunicação convoca-nos a oferecer sentido e significado aos psicanalistas, visando ao desenvolvimento das formas estéticas de interpretar a condição humana.

Referências

Bion, W. R. (1973). *Atenção e interpretação* (P. C. Sandler, Trad.). Imago. (Trabalho original publicado em 1970)

Bion, W. R. (1982). *La tabla y La cesura* (S. Abreu, Trad.; 2ª ed.). Gedisa. (Trabalho original publicado em 1977)

Bion, W. R. (1988). *Learning from experience*. Maresfield Library. (Trabalho original publicado em 1962)

Bion, W. R. (1989). *Elements of Psychoanalysis*. Maresfield Library. (Trabalho original publicado em 1963)

Bion, W. R. (1991). *Transformations: change from learning to growth*. Maresfield Library. (Trabalho original publicado em 1965)

Bonasia, E. (2001). The countertransference: erotic, erotised and perverse. *The International Journal of Psychoanalysis*, *82*(2), 249-262.

Caygill, H. (2000). *Dicionário Kant* (A. Cabral, Trad.). Jorge Zahar Editor. (Trabalho original publicado em 1995)

Cortiñas, L. P. (1999). El nacimiento psíquico de la experiencia emocional. In E. T. Bianchedi, R. Antar, M. Bianchedi, L. P. Cortiñas, S. Neborak, A. G. Kaplan, M. S. M. Sáenz, & R. Oelsner, *Bion conocido/desconocido* (pp. 149-186). Lugar Editorial. (Trabalho original publicado em 1993)

Eurípedes & Aristófanes. (1986). *Teatro grego* (J. S. Brandão, Trad.). Espaço e Tempo.

Ferreira, A. B. H. (1999). *Novo Aurélio Século XXI: o dicionário da língua portuguesa*. Nova Fronteira.

Franco, O. M., Filho. (2000). Quando o analista é alvo da "magia" do paciente. *Revista Brasileira de Psicanálise*, *34*(4), 687-709.

Freud, S. (1969). Observações sobre o amor transferencial (Novas recomendações sobre a técnica da Psicanálise III. In *Edição standard brasileira das obras psicológicas completas de Sigmund Freud: Vol. 12. O caso Schreber, Artigos sobre técnica e outros trabalhos (1911-1913)* (J. Salomão, Trad., pp. 207-221. Imago. (Trabalho original publicado em 1915)

Freud, S. (1996). A interpretação dos sonhos. In *Edição standard brasileira das obras psicológicas de Sigmund Freud: Vol. 5. A interpretação dos sonhos (II) e Sobre os sonhos (1900-1901)* (W. I. Oliveira, Trad.; pp. 361-665). Imago. (Trabalho original publicado em 1900)

Gomes, M. C. P. (1998). A não configuração do mito edípico: uma das mais trágicas catástrofes mentais. *Alter, 17*(1), 51-69.

Kant, I. (1987). *Crítica da razão pura* (V. Rohden e U. B. Moosburger, Trads.; 3a ed.). Nova Cultural. (Trabalho original publicado em 1781)

Pontes, A. R. N., & Torrano, L. (2009, 21 de março). *A comunicação inconsciente interpsíquica (paciente/analista) entre passado presente e futuro: o modelo da comunicação Bluetooth na Psicanálise* [Apresentação de trabalho]. Pensando a Psicanálise, Ribeirão Preto, SP, Brasil.

Ribeiro, M. M. M. (1997). As duas margens do rio: considerações psicanalíticas sobre o fenômeno psicossomático e clínica psicossomática. *Jornal de Psicanálise, 30*(55/56), 339-357.

Ribeiro, M. M. M. (1999). Rêverie hostil e rêverie benigna. *Revista Brasileira de Psicanálise, 33*(3), 431-447.

Ribeiro, M. M. M., Wierman, M. L., Correa, M. L. P., Ribeiro, P. M. M., Delboni, S. F. S., & Marques, T. H. T. (2007). Microtraumas na sessão de análise. *Revista Brasileira de Psicanálise, 41*(2), 125-140.

Sapienza, A. (2004). Reflexões clínicas psicanalíticas sobre a memória-sonho. *Ciência e Cultura, 56*(4), 29-32.

Sapienza, A., & Junqueira, L. C. U., Filho. (1997). Eros tecelão de mitos. In M. O. A. F. França (Org.), *Bion em São Paulo: ressonâncias* (pp. 185-200). SBPSP. (Trabalho original publicado em 1996)

Taylor, D. (2007). Antecipação e interpretação. *Revista de Psicanálise da SPPA, 14*(3), 487-508.

Ulysses deriding Polyphemus. (2014). In *Wikipedia*. https://bit.ly/Ulys_Polyp

10. A relação presa-predador, ou Psicanálise, a ciência dos sentimentos e da compreensão humana

Descansei em ti meu feixe de desencontros
e de encontros funestos.
Queria talvez – sem o perceber, juro –
sadicamente massacrar-te.
Sob o ferro de culpas e vacilações e angústias que doíam
desde a hora do nascimento,
Senão desde o instante da concepção em
certo mês perdido na História.
Ou mais longe, desde aquele momento intemporal
em que os seres são apenas hipóteses não formuladas
no caos universal.

– Carlos Drummond de Andrade,
"Amar se aprende amando"

Mas, o que descobri é que há uma ponte entre a "Imobilidade Tônica" e a "Modulação da Dor". Então, num dos meus trabalhos, eu descobri que, quando eu estimulava uma região do cérebro animal com acetilcolina, eu conseguia abolir, além do movimento,

> *também o reflexo ao estímulo doloroso por um período de uma hora. A imobilização dura 15 minutos. A aplicação prática disso é que, se o animal for atacado, ele continuará imóvel... porque, se ele sentisse dor ao ser mordido, atacado, ele se moveria, e o predador continuaria a devorá-lo. Então, dois fatores preservam a vida animal: a imobilidade diante do agressor (fingir de morto) e a ausência da dor pelo período de uma hora. Descobri isso hoje de manhã e precisaria de alguém para contar essas descobertas. (T., vinheta clínica)*

T. é a pessoa com quem tenho vivido uma experiência de relação analítica intensiva há cerca de três anos. É pesquisadora e tem um talento especial para relatar os seus trabalhos científicos. Nesses trabalhos, metaforicamente falando, tem demonstrado que, para os seres vivos, a "imobilidade" é garantia de sobrevivência, e o "movimento" é ameaçador à situação existencial, isto é, à vida.

T. veste-se sempre do mesmo jeito: moda unissex (calça jeans e camisa branca). Seu corpo é rígido; não gesticula para falar; seu andar é duro; fica imóvel no divã. Deitada no divã, somente sua voz é que ecoa de seu corpo parado, sinalizando um estado mental de imobilidade.

Minha hipótese sobre T. é que ela sofreu uma grave perda quando ainda vivia um estado psíquico de concretude. A vivência precoce de uma cesura quando seu aparelho psíquico ainda não podia substituir o objeto concreto pela simbolização fez com que sua vida de relações se baseasse num padrão psíquico arcaico, com características especiais.

Percebo que ela sente, dentro de si, forças tragicamente destrutivas, que foram ampliadas por vivências de perda nas relações com seus primeiros objetos. Assim, acreditou ser um grande predador que tem passado pela vida imobilizando e matando seus objetos. Imagina que os seres que vivem à sua volta e têm contato com ela são fadados a adoecer, a morrer e, assim, a abandoná-la. A confirmação de suas teorias com dados da realidade externa, durante a vida, fez crescer dentro dela uma crença onipotente em seus sentimentos destrutivos.

Em consequência dessa estruturação, ela se organiza de maneira frágil, vivendo uma constante e trágica expectativa de ser abandonada por seus objetos, transformando-se, então, em sua vítima, ou "presa", resultando disso profundas alterações na sua identidade, no seu esquema corporal, na determinação das posições masculinas e femininas, nas perturbações de seu pensamento, nas somatizações que sofre.

O temor constante de desmoronamento de sua frágil estrutura básica interna leva-a a defender-se, criando um "encapsulamento" e uma "imobilidade" para si mesma, que são defesas psicóticas utilizadas preferentemente por ela, imaginando ser esse o meio mais seguro usado contra a desagregação, a fragmentação total ou a repetição de catástrofes.

Enquanto alguns pacientes procuram a análise num momento em que mantêm a expectativa de ampliar o contato consigo mesmo e com seus objetos, T. a procura porque parece precisar refugiar-se deles. Assim, ela tenta estabelecer uma organização defensiva contra os objetos internos e externos que lhe estão causando uma ansiedade esmagadora.

Na relação analítica, T. tenta paralisar o processo analítico atuando por meio da fala. Ela utiliza a linguagem para se transformar ora em "predadora" ora em "presa", tentando, assim, imobilizar a analista e paralisar o processo analítico. Por meio da palavra, tenta transformar-se em "predadora", ficando eu sua "presa". Isso ocorre quando suas falas são cheias de ricas metáforas e analogias, quando são longas e intelectualizadas ou quando ela se insere com hostilidade, colocando dúvidas sobre o método analítico. Ela também se transforma em "presa", e eu em sua "predadora", quando tento com firmeza decodificá-la. Então, ela se fragiliza, faz silêncios prolongados e se fecha em seu reduto isolacionista.

Durante os primeiros tempos dessa caminhada que nos pusemos a fazer juntas, T. trouxe com facilidade seus dados pessoais e os acontecimentos catastróficos ocorridos em seu passado histórico. Para fazer parte de seu capital psíquico, tais acontecimentos necessitam de elaboração na relação analítica.

Utilizando o modelo biológico do mundo animal, T. descobriu um meio de interceptar a "dor" na relação entre dois seres vivos. Aqui comigo, não conseguindo introjetar-me inicialmente, como um objeto adequado, e sim ameaçador, ela tenta por meio desse interjogo fugir à "dor" que emerge na transferência, pela repetição de vivências dolorosas e ameaçadoras. Para isso, utiliza as mais variadas defesas, tentando imobilizar-se e imobilizar-me, paralisando o processo analítico.

As forças utilizadas para essa paralisação são contrárias às forças de movimentação, de vida, que uma relação analítica pode gerar. Com o caminhar do processo analítico, as defesas contra essas forças vão caindo e T. começa a introjetar-me como um continente capaz de contê-la e ordená-la adequadamente, a fim de que, por meio dessa introjeção, possa tornar-se capaz de exercer tal função para si mesma. A caminhada, rumo a esse destino, tentarei demonstrar neste texto.

Os inícios

T. tem 47 anos de idade. É solteira, médica e professora universitária. Procurou-me para a entrevista num final de ano, às vésperas das minhas férias. Quem a havia enviado foi sua antiga companheira, M. L., que falecera havia poucos meses e, antes de morrer, recomendara que me procurasse para analisar-se.

Observei sua postura tímida: ao conversar, ela quase não fixava os olhos em mim. Observei também ser magra, com o corpo arqueado e os ombros caídos, como se estivesse carregando sempre um grande peso nas costas.

Na entrevista, T. relatou-me que seus pais eram imigrantes europeus, viveram numa reserva ecológica no Sul do país. A mãe tinha depressões profundas que a deixavam psiquicamente ausente por muito tempo. Durante a gestação de T., ela soube que o marido tinha uma amante. Faleceu havia nove anos, na segunda tentativa de suicídio, ingerindo dose letal de agrotóxicos e tranquilizantes. T. tem dois irmãos: um homem mais velho e uma mulher.

Quando decidiu estudar Medicina, saiu de casa pela primeira vez. Nessa ocasião, começou a namorar um homem 20 anos mais velho, com quem teve suas primeiras relações heterossexuais. Era um homem de porte atlético e, como ela, muito ligado à natureza. Após um ano de namoro, ele faleceu de broncopneumonia.

Após formar-se em Medicina, decidiu ser pesquisadora e se instalou na universidade onde trabalha até os dias atuais. Nessa época, iniciou suas primeiras relações homossexuais. Teve três amantes: a primeira foi M. L., com quem seu envolvimento durou 17 anos, terminando com sua morte; a segunda foi L., também pesquisadora, com a qual a relação durou três anos; e a terceira e atual é J., uma psicóloga que vive em outro estado. Ela iniciava sempre uma relação nova quando a outra estava terminando, "para não ficar sozinha".

T. contava que havia convivido intimamente com M. L. durante 17 anos e, juntas, construíram uma casa com partes comuns às duas (varandas, cozinha, área de lazer) e partes independentes (quartos, biblioteca, banheiros e livings), dando a impressão de duas casas com fachadas separadas, mas unidas no corpo e nos fundos. Ela dizia que precisava da análise para conseguir pensar o que faria com aquela casa, que legalmente pertencia também aos familiares de M. L., que vivem no exterior. Com voz baixa e pausada, dizia que o que mais a angustiava era a culpa que sentia pela doença e morte da amiga, pois o seu câncer fora diagnosticado justamente quando decidiu se separar dela, por estar já ligada afetivamente a outra pessoa.

Na entrevista, havia um pedido de socorro no olhar de T. Senti que estava diante de alguém dotado de grande sensibilidade e de inteligência superior, mas queixando-se de que sua capacidade criativa e sua produtividade nos terrenos científico e artístico haviam se estancado.

Resolvi tomá-la para análise, e marcamos o início para depois das férias.

A metáfora do nascimento biológico em direção ao nascimento psíquico

Uma das formas mais primitivas de comunicação que o ser humano utiliza para interagir com outro para obter uma reação é pela emissão de sons. Desde o início do nosso trabalho, T. foi sinalizando que seriam seus sons (palavras), ou a ausência deles, nos seus silêncios, que arcaicamente lembrariam seus choros ou o calar deles, a sua principal forma de comunicação comigo.

> *T: Ontem, se eu tivesse que continuar aqui, após sua intervenção no final da sessão, eu não aguentaria.*
>
> *M: Há algo que a mobilizou.*
>
> *T: É sobre aquilo que se falou, sobre a condição intrauterina. O útero deveria ser um lugar de conforto ideal: sem fome, sem sede, sem dores, sem frio. Depois que a gente nasce, para sobreviver, é preciso chorar... chorar... Aí, eu me lembrei de dois fatos vividos por mim, que eu soube*

por minha mãe: o primeiro foi quando nasci; disseram que chorei muito. Chorei tanto nos primeiros dias que meus pais me trancaram por noites num quarto escuro, e daí não chorei mais. Fui sempre uma criança dócil, segundo o critério deles. Minha mãe dizia que tinha feito isso porque meu pai não podia perder noites de sono. Ele tinha que trabalhar no dia seguinte, e filho não podia fazer barulho. Comecei cedo a calar minhas emoções. Minha mãe contava esse fato sempre que tinha que opinar sobre "educação de crianças".

A segunda coisa parecida com isso que me aconteceu foi quando eu subi numa árvore, caí e quebrei o braço. Tive que engessá-lo. Tinha 6 anos de idade. À noite, após o engessamento, eu sentia muita dor e chorava demais. Minha mãe se levantou e me repreendeu; disse que eu tinha que parar de chorar, para não atrapalhar o sono de meu pai. Daí para a frente, eu não dei mais preocupação. Eles acharam sempre que eu era um modelo de criança ideal, que eu não fazia artes ou peraltices e estava sempre quieta e não chorava mais.

Ao longo de minha vida procurei sempre me virar sozinha e resolver como podia todos os meus problemas. Houve um contraste entre mim e o meu irmão, que foi sempre problemático e revoltado. Também nos estudos nunca dei preocupação a meus pais.

M: Hoje você traz todas essas lembranças. Sente-se uma sobrevivente... para sobreviver, é preciso chorar. É como se, agora, eu estivesse ouvindo o seu choro.

T: É... é... [gagueja]. Eu não conquistei espaço para mim em minha família. Ainda hoje, quando eu os procuro, não dou o mínimo trabalho. Não exijo nada. Com meus irmãos, nunca briguei. Isso talvez seja pelo meu jeito de aceitá-los como são, e por não reivindicar nada para mim. Não consigo polemizar colocando as minhas ideias. Em casa com a minha empregada e no trabalho com as minhas técnicas, quando não cumprem horários ou são displicentes, não assumo liderança nenhuma. Por me sentir dependente e precisar delas afetivamente, não me imponho e sempre acabo sendo explorada.

M: Quando precisa se impor, você tem medo de que suas palavras (seu choro) arrebente as pessoas. Suas palavras poderiam destruir os outros. Então você se cala, como se não existisse.

T: Sinto que as emoções fortes, eu as bloqueio. Na morte de minha mãe, na morte de M. L., parece que na hora eu não liguei. A coisa vem depois. Não consigo mexer na casa da M. L., geminada com a minha. Fica forte a presença dela ali. Eu não consigo ir a Buenos Aires para passear, porque ela foi enterrada lá. No momento em que ela morreu, eu enfrentei tudo e fui até Cumbica embarcar o corpo. Mas não pude ver enterrá-la.

M: Atrás da "menina que não chora" e que aparentemente não sente nada, há alguém que sente muito e vem expor a mim sua dor. Hoje você está aqui com sua ferida exposta como esteve quando pequena embaixo daquela árvore da qual caiu e não teve quem a segurasse. Aqui comigo você não está só como naquele dia.

T: Eu queria explicação para toda essa dificuldade que tenho de externar meus sentimentos. Sempre achei que isso estava na raça. Meu pai é alemão e minha mãe era belga. Acho que dá tudo no mesmo. Fiquei só, mas meus irmãos se casaram com brasileiros e devem ter amenizado isso.

M: E você veio se analisar com uma brasileira. Aqui você deseja "amenizar" sua dor ou, pelo menos, conhecê-la.

Essa foi uma das primeiras sessões de T. Suas comunicações, por meio de linguagem rica em metáforas e analogias, transmitiam mensagens inconscientes, de uma forma pouco assimilável para ela. Nosso encontro estava longe de ser vivenciado, pois ela parecia alhear-se da experiência emocional tanto em relação a si mesma como em relação ao contato comigo, na transferência.

T. vinha para analisar-se. Tustin (1981/1988) nos diz que análise é como um parto e pode tornar-se um nascimento psicológico.

A metáfora do nascimento emergiu naturalmente neste material clínico. Ela falou de relação intrauterina, de nascimento, de parto, modelos ligados às angústias catastróficas, em que há um continente materno e uma separação. Por analogia, trouxe, nas suas associações, uma sequência de experiências traumáticas, nomeando-as por meio do engessamento que sofreu ao cair da árvore. T. teve áreas que foram se fechando do contato humano e criando um "isolamento", o que na área neurótica fez com que ela desenvolvesse defesas obsessivas e, na área psicótica, desenvolvesse as defesas autistas ao relacionar-se com seus objetos.

Atender T. em análise me fez lembrar de um modelo usado por Tustin (1986/1990) ao escrever sobre o tratamento de crianças autistas. Essa autora conta que, na ocasião em que houve o último terremoto que devastou a Cidade do México, foi soterrada uma maternidade que estava em pleno funcionamento. Após duas semanas, os bombeiros encontraram sob os escombros bebês ainda com vida. Os pediatras disseram que sobreviveram por um período maior que as pessoas mais velhas porque o bebê recém-nascido tem uma facilidade inata para desacelerar os processos fisiológicos como a respiração e a circulação, e, assim, puderam sobreviver nesse estado de resposta diminuída por um período mais longo do que se podia esperar. Tustin ainda afirma que a responsividade de vida física diminuída parece ter analogia com a responsividade de vida psíquica diminuída das crianças com defesas autistas.

Senti que analisar T. seria tarefa semelhante à dos bombeiros que tiveram que atravessar um túnel de entulhos em direção à vida. Os bebês do terremoto do México sobreviveram até duas semanas. T. tem 47 anos de idade. Há limites de tempo para a sobrevivência psíquica?

O modelo autístico:

> *(Come chocolates, pequena;*
>
> *Come chocolates!*
>
> *Olha que não há mais metafísica no mundo senão chocolates.*
>
> *Olha que as religiões todas não ensinam mais que a confeitaria.*
>
> *Come, pequena suja, come!*
>
> *Pudesse eu comer chocolates com a mesma verdade com que comes!*
>
> *Mas eu penso e, ao tirar o papel de prata, que é de folhas de estanho,*
>
> *Deito tudo para o chão, como tenho deitado a vida.)*
>
> *(Pessoa, 1933/2009, estrofe 7)*

T. é amante da natureza, animais e plantas. Seus traços obsessivos fizeram dela uma cientista apaixonada e observadora dos fenômenos da natureza.

Nessa sessão, T. usava como adorno, ao redor do pescoço, um colar de ouro com um talismã que é um caracol. Ao deitar-se, falou o seguinte:

> *T: Estive conversando com um pesquisador dinamarquês que está trabalhando aqui no Brasil há um ano. Ele me disse que, para pesquisar, usa no seu trabalho somente um caderno, um lápis e uma lata grande. Assim, ele estuda o comportamento dos insetos. Esta foi uma observação que me deixou pensando. Nos últimos anos, tenho necessidade de me voltar para as coisas mais simples. Eu vivia preocupada em simplificar para entender. Assim, quando fui à França, escolhi deixar as pesquisas que fazia no sistema nervoso dos anfíbios para pesquisar o sistema nervoso de um animal inferior – um molusco invertebrado, porque nele não* há cérebro, não há mente, *há somente um arco-reflexo feito por neurônios gigantes, e esses neurônios podem ser estudados com eletrodos, dentro da própria célula neuronal. Escolhi uma espécie de escargot gigante, que são caramujos terrestres cujas sinapses neuronais são facilmente vistas ao microscópio. Eu sinto que, à medida que a gente caminha para a simplicidade, parece que o horizonte fica mais longe!*
>
> *Quando cheguei da França para dar continuidade à pesquisa, construí em meu jardim um caracolário para eles. De repente, os animaizinhos começaram a morrer.*

> *Qual seria o problema? Que tipo de doença seria? Fui pesquisar e tive que buscar um elemento que estava faltando na sua alimentação. Consegui salvá-los, e eles estão na minha casa há dez anos. Eles dão trabalho e exigem cuidados. Quando viajo, tenho que arranjar um esquema para alguém cuidar deles.*
>
> *Eu tanto me envolvi emocionalmente com os caracoizinhos que passei a estudar o comportamento deles. A partir daí, comecei a sentir dificuldades de sacrificar os animais, e a pesquisa ficou parada.*
>
> *M: Estudar caracóis a atraiu tanto, e você se ligou a eles tão fortemente, que sua pesquisa ficou paralisada, morta. Aqui, nesta pesquisa analítica, você sente que há um vínculo, uma ligação, um alimento específico... mas teme sofrer... paralisar-se ou paralisar-me.*

Ela se irrita com o que falo e reponde: "Eu, a esta altura, não tenho nenhuma razão lógica que me prenda ou que faça rejeitar o trabalho com os caracóis. Então, passei a pesquisa para uma orientanda minha. É ela quem vai trabalhar com os caracóis."

Após curto silêncio, voltou a falar:

> *Quando comecei a criar os animais em casa, foi uma experiência fascinante! Durante o verão, nos dias de chuva eles saem do casulo, e eu, ao alimentá-los, ficava observando-os horas inteiras! Quando eu chegava com a comida (cheguei a condicioná-los), eles se juntavam todos num canto. Eu ficava horas a observá-los. Consegui acompanhar e estudar todo o seu processo de reprodução. Eles são hermafroditas, mas não se autofecundam. Eles*

> *põem ovos, e são grandes, parecem ovos de codorna. Aí nasce um caracolzinho que já está preparado para enfrentar sozinho o mundo. Não vivem como os mamíferos, que precisam de mãe durante tanto tempo. Depois, vem a etapa do inverno. Eles se enterram no chão e ficam por dois a três meses hibernados.*

O caracol que T. carrega como adorno em seu corpo, o que cria em seu jardim, cujo comportamento estuda cientificamente, é ela mesma. Como eles, ela tem uma parte dura (que são suas defesas) e uma parte mole, viva, sensível (que é a sua parte vulnerável), que ela vem expor a mim.

Penso que as repetidas e constantes experiências traumáticas ocorridas nos primórdios de sua existência deixaram dentro dela uma grande lacuna onde esperaria ter-se instalado um objeto psíquico bom, com sua consequente identificação primária e introjeção.

Essa lacuna tem a ver com sua parte vulnerável, frágil, que sofre depressões, pânico, somatizações, sensações de vazio interior, imobilização diante de contatos humanos, inibições de sua criatividade etc.

Caracóis são modelos de casa com continente. Quando passo a ser continente para T., em um nível, há hospitalidade, há esperança de formar comigo um par com quem ela poderá compartilhar a sua dor. Em outro nível, há hostilidade e medo, pois nomear sua dor a mim seria reviver a mesma ameaça que sofreu com seus primeiros fracassos ocorridos em relação ao continente primário.

As tentativas de interpretação transferencial eram frequentemente frustras, despojadas de significado para ela. Entendia isso como formas de resistência, expressão de ataques e defesas de seus redutos autistas. Esses movimentos, brotando das profundezas da mente, no sentido de proteger o reduto autista, são defesas psicóticas configuradas como elementos de obstáculo ao prosseguimento da investigação ou da "escavação arqueológica" de sua mente.

A sexualidade

Macho e fêmea os criou.

– Gênese 1:27, *Bíblia*

T. faz revelações de sua vida afetiva e sexual por meio de associações livres e de sonhos.

> *T: Hoje de manhã, apareceu no Departamento, após longo tempo de ausência, o meu orientando, que é artista. Veio para pedir um afastamento de dez dias para levar seus trabalhos de pintura ao Salão Paulista de Arte, onde vai expor. Quando chegou, fez-se um círculo de mulheres em volta dele, e brincamos que no laboratório há um bando de mulheres e só ele de homem.*
>
> *[Fez uma pequena pausa e prosseguiu.]*
>
> *Não sei como fui lembrar de C. agora. Talvez porque ontem a L. foi almoçar em casa e, depois, convidamos a M. para assistir a um filme que é de um diretor italiano – o mesmo do filme* A comilança *– que conta a história de um triângulo amoroso: uma mulher grávida, outra mulher, e um homem. No filme, depois de uma série de acontecimentos, há um local onde há um show e, no ambiente do show, há confusão e pânico. De repente, as duas mulheres ameaçadas pela multidão deitam-se no chão, e o homem se deita sobre elas, para protegê-las, mas, no tumulto, alguém*

passa e dá uma pancada na cabeça do homem, e ele morre. Ficam as duas, sós. A que estava grávida tem uma criança normal, mas esta não fica com a mãe, pois a mãe tem espírito de guerreira e vai embora. A criança fica com a outra.

Por causa desse filme, veio-me à mente o funcionamento da sociedade dos insetos, na qual a fêmea mata e devora o macho após a cópula, porque já estaria garantida a perpetuação da espécie. Esse filme se parece com isso.

Depois, fiquei pensando: a gente vive num mundo de mulheres, e até em casa tenho duas cadelas e dois gatos machos, mas castrados.

M: Havendo já tantas mulheres em sua vida, você vem procurar mais uma para analisar-se. Uma que talvez tenha marido e filhos, para que assim você possa saber como se vive nesse mundo como casal: "homem e mulher".

T: É, eu ando agora até tendo mais contato com os homens. O meu vizinho vive ao meu lado há muitos anos, e só ontem fui conversar com ele sobre o fato de outros vizinhos estarem colocando fogo no mato próximo à nossa casa, fazendo entrar fuligem e fumaça na casa da gente. Ele é um vizinho excelente. Gostei de conversar com ele.

Sexta-feira também fui à tarde correr na pista e encontrei o cientista dinamarquês que ia fazer o mesmo. Com ele, eu só conversava assuntos profissionais, mas resolvi me entrosar correndo junto. Quebramos uma barreira, e foi ótimo estar na companhia dele.

No Departamento, sinto grandes barreiras no contato com meus colegas. Eles são agressivos e me irritam com muita facilidade. Há muita competição lá dentro. Fico com a ideia de que eu não publico nada... que eles é que publicam e fazem pesquisas de vanguarda e acabam só eles trazendo dinheiro ao Departamento. Eu acho que na convivência com meu irmão aconteceu algo semelhante. A gente vivia competindo. Isso acontece até hoje. Ele é um profissional liberal, porque herdou a indústria do meu pai e vive implicando comigo por eu ser funcionária pública. Esses dias, ele me enviou um recorte de jornal falando mal do funcionalismo público. Só que nós sabemos que os empresários todos estão bem de vida. Ele continua com a indústria dele em pé, e eu fico só lendo e fazendo experiências com sapos e ganhando pouco dinheiro.

M: Você que vivia na terra das amazonas, onde só havia mulheres e mulheres, anda fazendo excursões por outras terras. Percebe que há diferença entre homens e mulheres. Sente que há vantagens para eles... poucas para elas...

T: Hoje de manhã sonhei que estava dissecando um réptil e colocava um tubo na boca dele e injetava um líquido que entrava no ventre dele, que estava aberto. Assim, eu observava o líquido circulando dentro dele. Minha irmã estava por perto, e o sapo urinou no rosto dela. Eu falei para ela se afastar.

Talvez esse sonho tenha a ver com a tese de doutoramento da S., minha orientanda; ela vai defendê-la amanhã. Ela estudou os caracóis gigantes, o funcionamento cardíaco deles. O caracol é um animal de circulação aberta: tem um coração ligado a grandes vasos que se abrem em cavidades hemocélicas. O coração é fraco e tem pouca musculatura e consegue ter força suficiente para mandar o sangue para todas as partes do corpo. É o próprio corpo do animal que impulsiona o sangue.

Qual seria a função desse coração? A S. descobriu que ele só serve para traçar uma trajetória para o sangue ir para as grandes artérias e para todas as direções.

Falei, após o término dessa comunicação que ela estava me descrevendo, por meio do sonho e da pesquisa, como funciona um pênis e que ela e nós, mulheres, temos uma curiosidade em relação ao funcionamento do órgão masculino, que é enrolado como caracol, que tem pouca musculatura, mas se enche de sangue e entra em ereção. Tem também um líquido que vem de dentro dele e, ao penetrar na mulher, produz fecundação, vida.

Ela me ouviu. Fez silêncio, e terminamos a sessão.

Quando nessa sessão pude falar à T. que ela podia ver através dos meus olhos e, assim, enxergar mais longe em relação à sua sexualidade, ela sentiu-se acolhida para trazer associações reveladoras de ser como uma criança megalômana, que quer ter os dois sexos ao mesmo tempo.

Seu olho infantil desde muito cedo localizou as diferenças entre ela e seu irmão, e nunca pôde aceitar essa diferença. Parece sentir que o "falo" – objeto de desejo de todas as crianças – é o símbolo do poder, da fertilidade, da plenitude narcísica.

T. reduz os homens a meros insetos-zangões que só servem para transmitir a vida e, assim, ela passa a viver na terra das amazonas, onde há seios fartos para nutrir e criar filhos.

A ferida narcísica que T. tem por não ter pênis não está relacionada diretamente com sua homossexualidade. Eu penso que esta estaria mais ligada à falta de um objeto interno capaz de lhe oferecer uma representação narcísica estável de seu sexo. Assim, ela vem em busca dessa imagem na analista, que é esposa e mãe, para identificar-se (pré-concepções em busca de realizações).

T. nasceu e viveu com sua mãe. Ela teve, portanto, a oportunidade de ter a representação do primeiro objeto dentro de si. Agora, ela vem para observarmos juntas o que aconteceu com o fracasso dessa primeira introjeção.

Na área não psicótica, T. talvez possa introjetar-me como esposa, mãe e companheira, de uma forma pacífica. Na área psicótica esses atributos da analista poderão despertar nela rivalidade, e ela poderá demonstrar, por meio de paisagens sucessivas, que nossa interação não será apenas de natureza pacífica. Ciladas poderão ocorrer se T. tomar-me como um ideal de ego, ou tentar propor-me uma submissão homossexual, ou poderá haver uma rebeldia, caso eu acredite que sou mesmo um ego ideal.

A destrutividade: como preservar a autonomia nos vínculos humanos?

Fatos ocorridos na realidade externa trouxeram T. para esta sessão, que transcrevo a seguir, em estado de extrema angústia. Sua primeira companheira falecera de câncer e, agora, ela descobriu que L., sua segunda companheira, também está com câncer. L. trabalhava a seu lado, no laboratório. A., a quem ela nomeia na sessão, é um colega de trabalho. Ela o substituiu agora, na chefia do Departamento.

> *T: Há uma bomba! A L. está com câncer! É grave! Retiraram a mama, e há gânglios subaxilares infiltrados. Há muita coincidência: são cinco pessoas do Departamento*

que adoeceram de câncer, e mais duas funcionárias que tiveram abortos com fetos malformados (uma era gêmea) no espaço de quatro anos! Não dá para se atribuir ao acaso! Se fizesse estatística, esse número seria muito significativo e se provaria que há algo muito grave acontecendo no local. O A. gosta de trabalhar em pesquisa de vanguarda. Ele usa material radioativo nas suas pesquisas e exige que seus assistentes e pós-graduandos publiquem trabalhos. As seringas e os tubos de ensaio contaminados, que deveriam ser colocados num caixão revestido de chumbo, são colocados sem cuidados no teto do nosso laboratório, sobre nossas cabeças!

O A. diz sempre que a radiação é mínima e que vai desaparecendo com o tempo. Esses dias, o técnico dele veio procurar-me por eu estar na chefia, dizendo que o lixo atômico está volumoso. Amanhã vou falar com o diretor da Faculdade. Tomar medidas definitivas em relação a isso implica fazer o A. orientar e conscientizar o pessoal que trabalha com ele. As coisas são lentas. Há um projeto de fazer um depósito profundo na terra, no meio do campus, para enterrar esse lixo. Enquanto não se tomam as medidas, as consequências vão aparecendo, e as pessoas adoecendo e morrendo. Há um desleixo grande. Somos um país subdesenvolvido copiando países desenvolvidos. Técnicas modernas de pesquisa internacional são copiadas, reproduzidas sem se ter uma infraestrutura adequada. Esquece-se da responsabilidade moral dos atos.

M: Ao se ligar e desligar das pessoas, você se sente como esse lixo atômico que provoca a destruição delas. Há um empenho em descobrir que foi concretamente o material radioativo que causou a doença de suas amigas, e não que você ter se separado delas lhes teria causado depressão e câncer.

T: Hum!... hum...

[Ela murmura e faz silêncio; depois de alguns minutos, ainda pálida e assustada, disse:]

T: M. L. faleceu. Dormi no hospital com ela em todos os dias mais críticos. Houve momentos em que eu falhei. Um deles foi um dia quando ela recebia uma transfusão de sangue no hospital, e ela me mandou dormir em casa. Naquela noite, ela teve um choque pirogênico com muita hemólise. Outra vez foi no final da doença, nas vésperas da morte dela. Ela tinha voltado para casa e sentiu uma forte dor torácica. Era fim de semana, e eu tentei localizar o cirurgião e não consegui. Ela tomou por conta própria um sedativo e quis dormir. No outro dia, acordou com uma dor insuportável, e eu a levei para o hospital. Chegou com cianose de extremidades, septicemia, e teve morte por infecção disseminada.

M: Você, que cuidou, agora vem em busca de cuidados. Há uma hipersensibilidade de prover tudo, para que nada falte às suas amigas. Assim, você se torna indispensável e nunca se sentirá sozinha.

T: Tudo fica muito difícil, pela coincidência dos fatos. As duas tiveram câncer numa fase em que a relação comigo estava desgastada e quando eu já estava interessada em outra pessoa. A sensação que tenho é que a pessoa em quem eu toco, ou com quem vivo, morre! Vão-se todas, e eu vou ficando viva, para me relacionar com outras

> *pessoas que irão morrer também. Assim foi com minha mãe, com meu primeiro namorado, com a M. L. e agora com a L.*
>
> *M: Você teme por mim. Que nossa relação termine em qualquer catástrofe, e você confirme que seu choro, as suas palavras, ou até seus pensamentos sejam como substâncias radioativas, potencialmente destrutivas!*

T. vive a fantasia de que, desde que nasceu, destrói seus objetos. Há um desespero por sentir-se como um lixo atômico. A primeira perda por sua destruição foi seu pai, que abandonou a mãe por uma amante, quando ela estava ainda no seu ventre. Depois que nasceu, a mãe escolheu cuidar do pai e deixá-la chorando sozinha.

Creio que o pânico de T. está relacionado à parte psicótica de sua personalidade. Nesta, os objetos cancerizados, mutilados, mortos, rejeitados, persecutórios e ameaçadores podem ser vistos como produtos dos seus ataques vorazes (Klein, 1952/2006). Metaforicamente, sua angústia e violência destruíram o seio da mãe. Seu choro, sua raiva destruíram o seio de suas parceiras, enquanto substitutas de seu objeto primário.

Diante de tanta dor, T. veio em busca de cuidados. Mas teme por mim. Poderá ser aqui também um lixo atômico a me destruir, ou encontraremos condições geradoras de uma nova vida. Ela sofre, mas vem para a análise e quer discriminar, entender o que lhe ocorre e talvez aprender comigo que ela não se resume a esse lixo atômico que destrói e mata seus objetos amados.

Nessa sessão, T. trouxe, com clareza, o seu desamparo. Como nos ensina Bion (1957/1967), ela faz uma reversão de perspectiva: de bebê carente, que precisava tanto de cuidados, ela se transforma em mãe idealizada e onipotente de suas parceiras. Ela tem sempre que dar, incansavelmente. Ser um seio eterno, que protege as companheiras até da morte. Falhou com M. L. por estar cansada, por adormecer, por ser humana e, assim, ela faleceu.

Há o seio e há a boca. Ela tenta ser um seio onipotente. A boca é sempre o outro e aparece como demanda de reparações infinitas. Essa é uma das defesas que T. usa contra a angústia de separação. Se ela for sempre seio, nunca ficará só e, assim, se tornará indispensável aos seus objetos. Dando tanto de si, imagina que controla seus objetos e nunca será abandonada. Dando tanto de si, o outro fica sendo o representante do self dela. Por isso, ela não para de pensar em seus objetos e não descansa. O sentir do outro confunde-se com o sentir dela.

Nessa sessão, T. se encontrava em estado de extrema angústia. Bion (1965), em *Transformações*, refere que mesmo qualquer tentativa de investigação científica envolve distorções por meio de certos elementos, de modo a realçar o seu significado. Tendo em vista conseguir recrutar a ajuda do continente/analista, T. sente que a emoção tem que ser exagerada. Assim, o continente pode ser um "seio bom" (interno ou externo) capaz de desintoxicar a emoção ou, inversamente, o continente pode não ser capaz de tolerar a violência da emoção e resultar em uma hipérbole, isto é, uma emoção exagerada para assegurar a atenção do continente.

Separação da analista vivenciada como ruptura, morte

A morte é a curva na estrada,
Morrer é só não ser visto.
– Fernando Pessoa, "A morte é a curva na estrada"

Francis Tustin (1986/1990) refere que as rupturas na continuidade da presença física do analista, como fins de semana e férias, não são experimentadas por alguns pacientes como rejeição, como seria no caso dos pacientes em estado neurótico de resposta. São experimentadas como rupturas físicas reais, ou como a morte de um substrato em que estavam se apoiando. O chão parece ter-se aberto a seus pés, e eles se sentem à beira de um abismo. Isso porque suas primeiras experiências de separação física da mãe estão sendo repetidas por meio da transferência.

Após alguns meses de análise, T. viveu a primeira separação da analista, que saiu de férias. Parecia, até então, não haver nenhum esboço de introjeção de um objeto psíquico bom, T. buscava substitutos. Nessas férias, eclipsou-me, negou onipotentemente nossa separação e foi a uma praia com sua companheira J., ficando hospedadas em uma casa de amigos. Descreveu-me:

> *O mar sempre me fascina. É repousante e significa descanso, mesmo. Ao lado da casa, há um caminho de pedras que foi construído pelos jesuítas. Tal caminho entra vários metros para dentro do mar. Quando a maré desce, há uma porção de animais marinhos que ficam retidos sob as pedras. Esses animais permanecem vivos, não chegam a morrer, até que a maré suba outra vez. Há uma infinidade de espécies de algas, moluscos, cavalos-marinhos, conchas e estrelas-do-mar de todos os tipos e formas. Fiquei impressionada. Sob cada pedra que se levanta, há um "mundo vivo". Eu consegui colher uma porção de conchas para minha coleção. Peguei também algas, e destas eu seco a parte mole e fica só o calcário, o esqueleto, com as mais diferentes formas. Eu nunca tinha tido oportunidade de observar e colher tanta variedade e tanta quantidade de bichos do mar.*

> *M: Agora que você vem e me vê, percebe que sobrevivemos ao tempo de férias, às inundações da separação. Você pode ir e voltar, como o mar faz os movimentos dele, e nós permanecemos vivas. Sob as pedras, você encontrou vida.*

T. teme perder sua analista, como perdeu a mãe para o pai, o namorado, as amantes... Torna-se, então, onipotentemente, o continente primário para suas companheiras. Ela cria a fantasia de ser um objeto protetor onipotente, onisciente. Separação é equacionada com doença, morte.

T. usa metáforas. Tem capacidade criativa. Nós, ela e eu, sobrevivemos à separação das férias. O mar se afasta durante a maré, e há seres que dependem dele e permanecem vivos mesmo sem ele. Ela começa a sentir que nossa relação pode, como o mar que vai e volta, permanecer viva. As metáforas, sendo usadas como modelos, produzem iluminação, insights que levam a uma série de associações sobre o processo analítico. Estou participando da vida de T.

Em sua viagem T. encontrou um "caminho de pedras", caramujos, conchas, calcários, que simbolizam suas defesas, a sua parte invulnerável. A parte vulnerável, ou a sua fragilidade, é a parte mole dos moluscos e das algas que ela projeta nas amigas que precisam tanto dela.

Em uma separação posterior, após mais seis meses de análise, T. não esperou a data marcada e saiu antes de mim para viajar. Voltou no dia marcado. Nesse dia, olhou-me demoradamente, deitou-se e disse:

> *T: Antes de ir para a casa de praia, eu ia todos os dias àquele sítio de meu pai. Levava comigo alguns livros e um cronômetro, para dar sequência aos meus trabalhos experimentais. Eu ficava horas e horas observando os animais. Durante a manhã, até às 16 horas, parece que*

não há vida por lá. Os animais parecem todos estar mortos. Após as 16 horas, começa uma sinfonia de todos os bichos, e aí parece haver vida. Os pássaros começam a cantar, e tudo se movimenta!

Teve uma coisa engraçada que eu observei lá. Meu pai cria pavões, patos, gansos selvagens etc. Há um pavão e uma patinha que estabeleceram uma relação de amizade. É engraçada a relação deles. Às 18 horas, o pavão se coloca sempre no mesmo lugar, e a patinha vem nadando. Ele abre o leque do rabo para ela, e ela vai passando para lá e para cá, brincando entre as penas dele. Só ela pode fazer isso com ele. É difícil interpretar, mas talvez deve ter acontecido algo no passado dos dois, logo que eles saíram do ovo, porque lá as aves chocam perto umas das outras. É bem conhecido o fenômeno do "imprinting"[1] *das aves, que acontece logo que os animais nascem. Há sob certas condições a adoção de uma nova mãe, mesmo que os dois sejam de espécies bem diferentes.*

---

1 Jonh Bowlby (1969/1990) escreveu sobre o termo "*imprinting*" num trabalho teórico sobre "vínculos afetivos" no qual se estudou desde a Etologia à Psicanálise. Diz o autor que esse termo foi criado por Lorenz em 1935, quando estudou o comportamento de algumas aves que nidam no solo e, durante um período mais sensível de seu desenvolvimento, apresentam nítida preferência por outro objeto (outras aves de espécie diferente) que vive em ambiente próximo, mantendo um contato intenso. Tal contato implica aproximar-se do objeto, permanecer perto dele e procurá-lo na sua ausência. O "*imprinting*" de um objeto que se move ou que tem cores chamativas (pavão) em geral se produz de maneira mais rápida e duradoura. Bowlby se estende, ampliando o termo "*imprinting*" e aplicando-o ao estudo das relações objetais de crianças com carência afetiva que sofreram ausência do objeto em fases precoces de suas vidas.

> *M: A patinha tem um encontro com o pavão, e você tem um encontro comigo, após as férias. Ao observar os fenômenos da natureza, você percebe que há um retraimento, um recolhimento dos animais durante algumas horas do dia, e eles não morrem como parece a você, pois, à tarde, começa uma "sinfonia"; a música da vida! É um ir e vir, em ritmo, sem que a ausência e o silêncio signifiquem morte. Fomos e voltamos de nossas férias.*
>
> *T: É isso, sim. Primeiro, fui ao sítio de meu pai, depois fui à praia. Na praia, observei o ritmo de certos animais, como os siris. Quando a onda vem, eles vêm com ela; quando ela vai, eles se enterram na areia. Ao observar isso, eu provoquei um tipo de agressão que os imobilizava. Eles ficam "contidos", "imóveis"! É a imobilidade tônica. Aí, comecei a fazer brincadeiras. Eu os retirava, eles ficavam imóveis, e eu colocava água próximo a eles, e areia também. Observei que a imobilidade deles era maior ou menor se eles tivessem maior ou menor chance de escapar do agressor, que era eu.*
>
> *M: Quando você se aproxima, voltando para sua análise, você observa que aqui tem "água e areia" na forma de conhecimento e recursos para pensar e viver. Aí, você se sente mais móvel, mais viva.*

T. prosseguiu na sessão falando na grande interação, na boa convivência que teve com a irmã e os sobrinhos durante as férias.

Por meio das experiências de maternagem, T. veio em busca de um "*imprinting*" analítico comigo. Na medida em que esse termo tem a ver com a presença ou ausência de objeto interno e externo, é preciso que eu seja um bom objeto, um bom "*imprinting*".

A experiência vivida mostra-nos que tem que haver contato, senão, há ausência e morte.

Ela tem uma teoria que faz aparecer e desaparecer seus objetos. Nunca teve um bom "*imprinting*" com alguém que não desaparecesse, segundo a sua vontade. Como defesa, antes que eu desaparecesse, ela saiu para viajar.

Com ritmo, nossos encontros prosseguiram. O uso de metáforas e modelos tão originais foram prendendo a minha atenção. T. trazia oferendas preciosas para sua analista pensar.

A consciência da necessidade de "consertos internos urgentes": ameaça da loucura

T. sentiu-se destrutiva desde o início da vida, teve constantes vivências de dispersão, de fragmentação. Agora passa a lidar com essas verdades junto à pessoa da analista, momento em que o *setting* analítico será colocado à prova.

Segundo Esther Bick (1967),

> *a necessidade de um objeto continente, no estado não-integrado infantil parece gerar a procura frenética de um objeto – uma luz, uma voz, um cheiro ou outro objeto sensual (*"sensual object"*) – que pudesse prender a atenção e desta forma ser sentido, pelo menos momentaneamente, como mantendo unidas as partes da personalidade. (p. 195)*

Um dia, T. entrou para a sessão às 11h50 e avisou-me que havia uma luz acesa no portão de entrada do consultório. Deitou-se e continuou falando:

> *T: Esta noite, eu andei às voltas com os relógios. Ontem, esteve no Departamento um pesquisador de Brasília, e eu o levei para conhecer o Departamento todo, em retribuição às gentilezas que me fez quando estive lá. Depois fomos ao Pinguim tomar chopp e combinei de levá-lo ao aeroporto no outro dia, às 6 horas. Pedi à Telesp que me acordasse, mas fiquei preocupada acordando a toda hora. Nesta noite, eu sonhei que estava precisando viajar, e eu ia perguntando às pessoas próximas que horas eram. Cada pessoa falava uma hora diferente da outra, e nunca conferia nenhum horário. Não era que estavam mentindo para mim. Eu olhava nos seus relógios, e eles estavam marcando a hora que cada um dizia, mas era uma hora diferente da outra, não conferia. A minha mala estava desfeita, e eu não conseguia arrumá-la para a viagem. Depois, eu acordei e pensei o quanto esse sonho me angustiava. Eu achei que as pessoas queriam me deixar doida. Parecia que as pessoas queriam me enlouquecer.*

Nesse ponto, T. fez uma pausa e eu falei sobre a necessidade que ela tem de ter um ponto integrador que possa ser um horário de análise, um local de consultório onde tem uma luz acesa...

Depois de uma pausa, ela falou o seguinte:

> *T: Lembrei-me que nesse sonho tinha um personagem masculino, e era alguém que eu gostava muito. No meio daquela confusão de saber as horas, ele também não tinha horário certo para me dar. Aí, eu tiro do meu pescoço uma corrente de ouro que eu havia ganhado dele mesmo e faço-o aceitá-la de volta.*

[E continuou:]

Fiquei pensando nesse sonho e eu me lembrei de um fato da minha infância, de uma situação que contrastava demais com aquela situação do sonho, porque eu senti muita angústia e muito medo de enlouquecer. Tive a sensação de estar perdida, e tudo desencontrado. Quando eu era criança, meu avô era relojoeiro. Ele fazia e consertava relógios. Eu gostava muito de estar naquela loja onde havia relógios de todos os tipos, todas as formas e todos os sons. Era muito agradável ficar no meio daquilo, e me lembrei agora da imagem de meu avô.

A teoria kleiniana enfatiza a introjeção do primeiro objeto psíquico bom como núcleo em torno do qual vai se desenvolver o ego (Klein, 1952/2006). T. deu mostras de que tem dentro de si um objeto desmantelado, ameaçador e ameaçado, que "requer consertos". O local de "consertá-lo" lembra-lhe o ateliê do avô relojoeiro. A consciência da necessidade de consertos internos urgentes (ameaça da loucura) é intensa. Ela traz isso por meio das imagens de ser como uma poeira atômica, imagens dos cânceres e dos sonhos de estar perdida.

O trabalho analítico se propõe a dar significados a esse estado de turbulência emocional de T., funcionando como um continente com "rêverie" para seus terrores de angústias catastróficas.

Cesura do nascimento: primeiras tentativas de apreensão da analista enquanto objeto separado

Após um feriado prolongado, T. veio à sessão e começou a me colocar no conteúdo de seus sonhos:

T: Esses dias, tive uma série de sonhos com você: primeiro, sonhei que queria vir para a análise e olhava a toda hora no relógio. Olhava e dizia a mim mesma: é cedo, vou dormir mais. Aí, entra minha mãe no quarto e me lembra que naquele dia você antecipara a sessão. Levanto e passo a me vestir depressa. Já vestida, olho no espelho e me dou conta que havia colocado uma série de dificuldades e de obstáculos para eu chegar até você. Vou olhando para o relógio e sentindo que não ia dar mais tempo de ter a sessão.

[Terminou a descrição desse sonho e, sem pausa, continuou:]

Acho que estou me comunicando com você através dos sonhos. Esse final de semana peguei, no vídeo, um filme de um diretor russo, chamado O espelho. *Ele conta uma história não linear. Há nele um encadeamento de cenas oníricas, como eu faço aqui. Tive de assisti-lo sozinha porque a L. não gosta desses filmes. Depois sonhei mais duas vezes: primeiro, eu estava tentando um caminho, e havia uma espécie de paredão e, atrás dele, havia um precipício. Eu tinha que caminhar por uma encosta de pedras e tinha que encontrar um lugar firme para me apoiar. Eu ia segurando com as mãos para não cair. A L. ia caminhando comigo. Aí, eu disse a ela para ficar um pouco distante, senão íamos cair juntas no precipício.*

Sonhei também que eu vinha para a sessão e estava junto com a L. Aí, você apareceu e entramos juntas numa sala que era diferente desta. Você abriu uma gaveta e tinha nela uma porção de pares de luvas cirúrgicas.

> *Você vestiu um par com grande facilidade, e eu não conseguia vesti-las. Eu não conseguia, ora porque uma estava dentro da outra, ora porque eu colocava a mão na posição errada. Em seguida, você entrega um prato a cada uma de nós, e eu olho e estranho a L. estar ali conosco. Saímos juntas a andar e encontramos um córrego. No córrego não havia água. Olhando dentro dele, havia muitas aves de todos os tamanhos e cores e de bicos bem finos. Havia, também no fundo, conchas de todos os tamanhos, e nós íamos colhendo tudo aquilo e colocando dentro dos pratos.*
>
> *[Terminou essa fala dizendo:]*
>
> *Realmente, sinto que estou numa fase de grande entrosamento com a L. Estou escrevendo um trabalho com ela, que está muito bonito. Já decidimos que não vamos publicar em revista só de Fisiologia. Queremos mandá-lo a uma revista que abranja várias áreas da ciência, áreas de interesse multidisciplinar. O trabalho mostra uma função integrativa do sistema nervoso central.*

Fiquei impactada, quase imobilizada, com os modelos, com as metáforas que T. trazia nessa sessão. Intuí que não devia interpretar o conteúdo dos sonhos. Falei da ambivalência de ir e vir estar comigo. Falei dos paredões que ela coloca entre nós duas com medo de se ligar e juntas cairmos nos abismos. Falei também das coisas boas que temos colhido que a estão integrando, ou fazendo-a sentir-se melhor. Percebi que houve um bom contato comigo.

Freud (1900/1996), no capítulo VII de *A interpretação dos sonhos*, nos diz que sonho é a realização inconsciente de desejo. Um desejo coloca em ação o aparelho inconsciente.

Era feriado, e havia um desejo em T. Ela estava dormindo e queria ir à análise. O desejo a fez construir o sonho de que ia ter análise.

A mãe entra no quarto e diz-lhe que eu ia atendê-la, e mais cedo. Ela olha no relógio e não acorda. Por que não acorda? Porque, se acordasse, ia perceber que era feriado e não ia ter análise. Ela sonha e se recusa a acordar porque, se olhasse no relógio da vida, ela não teria mais nem a mãe nem a analista. T. entretém nesse sonho um equivalente maníaco. Seu pensamento onipotente não a deixa acordar. Acordar seria se dar conta de que o objeto externo analista é uma pessoa separada dela. Enquanto T. acreditar que vai criando e destruindo os seus objetos, segundo a sua vontade, não poderemos falar em angústia de separação. Na mente dela, se sou um objeto que não tem vida própria, sou um objeto alucinado.

No segundo sonho, ela percebe que há para ela um caminho que é difícil e diferente. Vai em direção a buscar novas formas de viver, que seria estabelecer um vínculo comigo. Mas há um paredão, que é a barreira que existe entre ela e o continente primário. Sem o continente primário, o bebê tem medo de cair num buraco vazio. Há a falha básica. Se romper o paredão, há um abismo sem fim. Parece que T. é esse bebê que carrega em seu âmago experiências depressivas tão dolorosas que a fazem sentir-se sempre aterrorizada diante da possibilidade de uma introjeção de repetição desse passado arcaico traumático que se perpetuaria em qualquer novo vínculo que fizesse. Então ela cria defesas a essa introjeção, cria defesas de contato profundo com a analista.

O terceiro sonho, ou a terceira parte de um grande sonho, é um sonho de esperança. Ela me insere nele. Eu estou participando de sua vida mental. Estamos juntas para um ato cirúrgico, um ato de precisão, para o qual eu tenho mais habilidades que ela. Temos um ritual a fazer juntas, em que tocaremos em partes delicadas que precisam ser reparadas. A cirurgia é a análise. Essa cirurgia pode ser um parto no qual nascerão aspectos inconscientes dela. Há cesura do nascimento psicológico.

Reações contratransferenciais sinalizando ameaça de paralisação do processo analítico

Durante muitos meses a análise de T. se desenvolveu num ambiente favorável. Com uma linguagem muito rica, cheia de lindas metáforas, ela foi mostrando, pela palavra, os destroços de uma experiência catastrófica vivida precocemente em sua vida de relação, numa época em que era ainda incapaz de conter ou elaborar psiquicamente o que sentia. Analista e paciente, juntas, fomos descobrindo fatos ocorridos desde a gravidez, o nascimento, que geraram as comunicações e as fantasias que foram emergindo durante as sessões.

Havia uma seriedade implacável quanto à sua análise. T. raramente se atrasava e quase nunca perdia uma sessão. Ela melhorara dos sintomas que a motivaram a procurar a análise, ou seja, as somatizações (diarreias com dores abdominais), depressões profundas, desinteresse, diminuição de produtividade etc. A sua produção científica melhorou e chegou a ser eleita chefe do departamento em que trabalha.

Parecia que T. havia encontrado o objeto perdido, cuja carência havia desencadeado toda a sua sintomatologia. Eu já aparecia em seus sonhos. Mas, aos poucos, a análise tendia a se paralisar. Havia momentos em que eu me sentia quase imobilizada para pensar. T. ouvia-me com atenção, mas não respondia diretamente às minhas interpretações. Ou suas falas tinham a função de afastar-me do contato com ela ou, na maioria das vezes, eu me sentia englobada, petrificada. Com isso, ela tentava anular a percepção de reviver comigo transferencialmente as ameaças de catástrofe que sentia ter ocorrido com seus primeiros objetos.

T. teve, desde as suas origens, sensações de terror vivenciadas como dispersão, fragmentação, traduzidas por angústias do "não ser", do "não existir".

Andreucci (1969) aponta que uma criança, ante angústias despertadas pelo perigo da dispersão, fragmentação, pode tentar delimitar o objeto por meio da sua fala, do uso da palavra como um pseudossímbolo. Mediante vivências adequadas no interjogo continente-conteúdo, a criança pode ir se integrando, adquirindo coesão em sua personalidade rumo à capacidade de verdadeira simbolização. No caso de acontecerem perturbações graves na relação continente-conteúdo, permanece a inorganização.

T. buscava em mim um continente capaz de contê-la, ordená-la. Se eu ficasse seduzida por seus modelos, suas metáforas, eu me transformaria em um objeto inanimado, desvitalizado.

Bion (1962/1991), no seu livro *Learning from experience*, refere que o continente e o conteúdo são susceptíveis a ser impregnados pela emoção. Assim, unidos ou impregnados, ou ambas as coisas, mudam de um modo geralmente descrito como crescimento. Quando estão separados ou despojados de emoção, diminuem em sua vitalidade, isto é, aproximam-se dos objetos inanimados.

T. é uma pessoa que em seu curriculum se apresenta como proprietária de inúmeros fósseis. Sua moradia contém, como em um museu, despojos de objetos e partes da casa da primeira companheira, que morreu. Concretamente, também guarda em sua garagem sucatas do carro da atual companheira. No terreno ao lado da sua residência, a casa de M. L. não foi terminada. Na sua cabeça, com o passar desses anos, ela se transformou num grande predador, colecionadora de despojos, de espólios.

A manobra que T. usou trazendo-me um leque de sonhos era uma tentativa de entreter-me como num teatro: tenta me fascinar, me seduzir e some de cena. O bebê (predador) distrai a mãe e toma o lugar do seio. Com isso T. deixava de reviver transferencialmente as angústias da posição esquizoparanoide (fragmentação, dispersão etc.) e também as angústias da posição depressiva, e a dor mental de perceber-me um ser separada dela.

T. veio a uma sessão de segunda-feira e disse:

> *T: Este final de semana eu tive que ficar migrando de um canto para outro da sala: um lado era frio demais, no outro batia sol e esquentava demais. Voltei para dentro de casa e, no fim, me acomodei num canto até conseguir ler alguma coisa. Tenho uma forma muito dispersiva de estudar. Em vez de parar e me aprofundar numa leitura, eu recomeço procurando outras coisas relacionadas, até ficar completamente fora do assunto que estou lendo. Tenho que dar aulas sobre fisiologia da visão, divaguei para neurofisiologia tentando fazer correlações e me perdi entrando em assuntos que nada tinham a ver com o aparelho visual. Por exemplo, comecei a ler sobre a influência da luz na secreção de hormônios etc.*
>
> *M: Você quer também que eu não me sinta seduzida por todo esse universo que cerca o conhecimento humano e me concentre essencialmente em você, nas suas emoções, nas suas dores...*
>
> *[Ela parece não me ouvir.]*
>
> *T: Eu pensava em algumas questões quando estudava o sistema visual. Um sinal visual é estudado de maneira sofisticada e fina. Consegue-se estudar o código de um neurônio funcionando para assinalar cada sinal, mas decodificar e perceber como funciona, como retorna o*

estímulo, como são trabalhados na mente, todos aqueles estímulos, não se sabe, e tudo para! A ciência para e é falha. Estou indo para esse seminário despreocupada, porque não tenho obrigação de saber. Estou indo substituir a colega que foi rejeitada e, assim, estarei em pé de igualdade com os alunos e até posso aprender mais nessa condição.

M: Não é fácil para você, se compreender, entender os seus sinais internos, se o que eu falo, você não responde... foge... se eu falo, você voa. Mas você volta sempre porque tem uma intuição de que, na parte em que a ciência falhar, talvez eu possa entrar com a ciência dos sentimentos humanos, a ciência da compreensão humana, falando, e você ouvindo numa linguagem emocional.

[T. fez silêncio, e tive a impressão de que ela se sentiu tocada.]

T: Essa não é uma tarefa tão fácil de entender como é a neurofisiologia. Acho que é só depois de 20 anos que começo a estudar entendendo e tendo a sensação de estar aprendendo os processos integrativos do sistema nervoso. De oito anos para cá, muitas mortes ocorreram em minha vida, doenças e cânceres. Tive que trabalhar dobrado no Departamento. Aí, eu pensei, "pô... esse setor nunca se estabiliza!". Estou tendo que dar aulas que nunca dei. No fundo, essas heranças, essas perdas, representam, para mim, mais esforços, mais trabalhos; mas, no fundo, acho que estou aprendendo coisas que eu nunca suspeitava aprender.

M: Se eu não me transformar em um novo espólio para sua coleção, nós poderemos continuar conversando sem que eu fique imóvel para pensar. Você imagina que imobiliza a todos; assim, sobram muitos papéis para você. Aqui comigo, você pode parar e pensar que pode ser humana e viver seu papel, sem precisar ser a sobrevivente de nenhuma catástrofe.

Sinais de ruptura das defesas onipotentes em direção à intimidade na relação analítica

T. estava mais descontraída, movia-se com mais liberdade na sala e no divã. Ria ao falar. Apresentou-se em sonhos estando "doente" e veio para ser "tratada".

T: Hoje estou com mais fome do que nos outros dias. Saí às 7 horas da manhã de casa e só tomei café. Não levei nada para comer no trabalho. O tempo passou rápido, e eu não consegui me lembrar de comer. Estou em nova fase de adaptação às pesquisas com a M. Ela está trabalhando com ratos no meu laboratório, e a gente aos poucos vai se adaptando. Nós descobrimos que o rato adulto não tem "imobilidade tônica" e nisso difere dos ratinhos recém-nascidos. Eles apresentam o fenômeno quando a mãe os carrega pelo dorso. Quando eles crescem, perdem isso. A imobilidade tônica é um fenômeno defensivo. Estamos trabalhando com uma ninhada de ratinhos, e quase eu levo uma dentada da mãe rata. A M. riu muito de mim porque eu estou acostumada a pegar sapos, e sapos não têm dentes. São passivos... eles só se defendem quando apertados, soltando um veneno pela pele ou assustando o agressor

> *inchando os pulmões que os fazem triplicar de volume. [Falava jocosamente... com mais liberdade.]*
>
> *M: Você espera ser compreendida, não se imobilizar e não ser imobilizada quando começa a ingressar no mundo dos homens, nessa nova fase de pesquisa aqui comigo.*
>
> *T: Eu tenho tido sonhos que refletem bem essa história da minha dificuldade de entrar a fundo no processo da análise. Sexta-feira à noite, sonhei que tinha que vir para cá e tinha que subir uma ladeira, e eu estava com meu sobrinho nas costas. Ele era pesado, a subida era dura, e depois eu tinha que passar por um caminho que entrava numa floresta. Tinha que atravessar uma floresta inteira. Para sair dela, havia vários caminhos, e eu tomo um deles que vai em direção a um hospital que tem paredes de vidro. Era lá que eu tinha que ir. Quando chego, eu entro no saguão do hospital e olho em toda a volta. Eu avistava ao redor das paredes de vidro a paisagem de fora. Era linda! Olhava todos os lados, havia um córrego, e a natureza me encantava tanto que fui me distraindo da função de ter que ir para a análise. Sentia que ia chegar atrasada. Depois sonhei outra vez: eu estava com meu sobrinho no colo, ele tinha que fazer quimioterapia, e era eu que tinha que aplicá-la. Tinha uma caixa de agulhas que eu deveria usar, e todas as agulhas estavam rombas e contaminadas. Foi uma sensação desagradável. Eu queria fazer alguma coisa para melhorar o meu mal-estar e não conseguia.*

T. comunica-se comigo por meio dos sonhos. Nessa fase da análise, ela já pode entrar num hospital para ser "tratada". Entra como uma criança, a sua parte pequena, frágil, vulnerável. Para isso, tem que arrebentar a parede de vidro que nomeia como as suas dificuldades para sentir afetos. A análise é a linda paisagem, a floresta que ela tem que atravessar (uma cesura). T. está mais disponível para romper com a parte encapsulada que há dentro dela e poder entrar em contato com seu sofrimento, seus afetos e comigo.

Em sonho, T. consegue trazer seu desespero, sentindo-se como um menino pequeno que tem coisas malignas dentro de si que carecem de tratamento (quimioterapia afetiva). Sua parte afetiva que ficou aprisionada, cancerizada, finalmente pode vir à tona na intimidade de nossa relação humana. Sozinha, T. não consegue mais lidar consigo. Quis ser médica, mãe de si mesma, estar só e se bastar. Agora, quer romper a parede de vidro e permitir que eu e ela possamos dela cuidar, juntas, em nossa incompletude humana e afetiva.

E nossa relação prossegue...

Referências

Andreucci, J. T. C. (1969, maio). *Estudos de situações arcaicas vivenciadas na situação analítica* [Apresentação de trabalho]. Congresso Brasileiro de Psicanálise, Caxias do Sul, RS, Brasil.

Bick, E. (1967). A experiência da pele em relações de objeto arcaicas. In E. B. Spillius (Ed.), *Melanie Klein hoje: desenvolvimentos da teoria e da técnica: Vol. 1. Artigos predominantemente teóricos* (E. M. R. Barros, Trad.; pp. 194-198). Imago.

Bion, W. R. (1965). *Transformações: mudança do aprendizado ao crescimento* (P. C. Sandler, Trad.). Imago.

Bion, W. R. (1967). Diferenciação entre a personalidade psicótica e a personalidade não-psicótica. In *Estudos psicanalíticos revisados* (W. M. M. Dantas, Trad.; pp. 55-77). Imago. (Trabalho original publicado em 1957)

Bion, W. R. (1991). *Learning from experience*. Maresfield Library. (Trabalho original publicado em 1962)

Bowlby, J. (1990). *El vínculo afectivo* (I. Pardal, Trad.). Paidós. (Trabalho original publicado em 1969)

Freud, S. (1996). A interpretação dos sonhos. In *Edição standard brasileira das obras psicológicas de Sigmund Freud: Vol. 5. A interpretação dos sonhos (II) e Sobre os sonhos (1900-1901)* (W. I. Oliveira, Trad.; pp. 361-665). Imago. (Trabalho original publicado em 1900)

Klein, M. (2006). Algumas conclusões teóricas relativas à vida emocional do bebê. In *Inveja e gratidão e outros trabalhos: 1946-1963* (E. M. R. Barros, Trad.; pp. 85-118). Imago. (Trabalho original publicado em 1952)

Pessoa, F. (2009, 24 de janeiro). Tabacaria. In *Arquivo Pessoa*. http://arquivopessoa.net/textos/163 (Trabalho original publicado em 1933)

Tustin, F. (1988). Psychological birth and psychological catastrophe. In J. S. Grotstein (Ed.), *Do I dare disturb the universe? A memorial to W. R. Bion* (pp. 181-196). Maresfield Library. (Trabalho original publicado em 1981)

Tustin, F. (1990). A natureza do autismo psicogênico: uma revisão. In *Barreiras autistas em pacientes neuróticos* (M. C. Monteiro, Trad.; pp. 23-33). Artes Médicas. (Trabalho original publicado em 1986)

11. Exercício da função paterna em Psicanálise: supervisão[1]

Na década de 1920, Max Eitingon (1923) integrou a supervisão como um dos componentes do tripé da formação analítica, junto com a análise didática e o corpo teórico no Instituto de Berlim, e ela é, até hoje, um procedimento reconhecido da educação psicanalítica.

Anteriormente, tanto as análises pessoais quanto as supervisões eram breves. Entretanto, ao notarem a necessidade de maior elaboração, os institutos foram estabelecendo que ambas se tornassem mais prolongadas, ressaltando dois objetivos principais – um centrado no candidato, e outro, no caso clínico.

Desmistifica-se hoje a ideia de que o supervisor tem uma "visão-super", que é um vértice onipotente de um saber absoluto. Sem perder os referenciais de cada um, podem, o supervisor e o supervisionado,

---

1 Artigo elaborado em coautoria com Maria Letícia Wierman e publicado em 2004 na *Revista Brasileira de Psicanálise* (vol. 38, n. 1, pp. 59-76). Trata-se de um trabalho apresentado em setembro de 2002 no Pré-Congresso Didático do XXIV Congresso Latino-Americano de Psicanálise em Montevidéu, Uruguai. Foi publicado também em 2003 como "Supervisión; ejercicio de la función paterna en psicoanálisis" na *Revista Uruguaya de Psicoanálisis* (n. 97, p. 182-208).

constituir uma dupla de investigadores, estabelecendo uma parceria criativa na apreensão do fenômeno clínico, o que se consolidará como "outras visões" da clínica. É preciso respeitar as diferenças ajudando o supervisionando a desenvolver sua própria linha de trabalho. Alguns riscos podem ocorrer se o vértice onipotente predominar na relação.

Em 1975, Grinberg afirmou que em alguns institutos existia uma inquietação bastante pronunciada quanto a prover aos estudantes principiantes casos "adequados" para o início das supervisões oficiais. Os supervisores, segundo esse autor, procuravam discernir se um caso de histeria seria mais apropriado para ser supervisionado "oficialmente" do que outro, de neurose obsessiva ou borderline etc. Assim, os próprios supervisores é que acabavam escolhendo o paciente a ser supervisionado.

O mesmo autor conclui, nesse texto, que é preferível que o estudante possa escolher livremente seu paciente a ser supervisionado, ainda que corra o risco de se tratar de um caso grave ou de difícil manejo técnico. Com isso, permite-se a ele ter em supervisão um caso que, ao provocar maiores dificuldades, estimulará seu processo de aprendizagem.

A supervisão caracteriza uma relação primordialmente humana, sujeita a comunicações inconscientes e conscientes. A capacidade de continência do supervisor e sua maturidade, disponibilidade, generosidade, vitalidade e entusiasmo são fatores importantes no desenvolvimento da função psicanalítica da personalidade do supervisionando e na formação da sua identidade pessoal como analista.

Observa-se que cada diferente par supervisor-supervisionando possibilita diferentes vértices de apreensão do fenômeno clínico oferecido pelo paciente, estando isso diretamente ligado aos níveis que o supervisor e o supervisionando atingiram separadamente em seus próprios estados mentais por meio das experiências da vida, do trabalho analítico com diversos pacientes e de suas análises pessoais.

Portanto, o limite da Psicanálise é dado pelo nível do modelo teórico de que dispomos hoje e pelo limite da profundidade em que a mente do analista sente que pode e deve mergulhar.

Privilegiando a "livre-escolha" por parte do supervisionando, a dupla constituída pela candidata a analista e pela supervisora optou, objetivando este trabalho, pela escolha de um peculiar caso de supervisão em que se evidenciava o uso da função paterna[2] da personalidade na supervisora como fator imprescindível na função de supervisionar.

Tal função tem a ver com momentos de interdição, discriminação e simbolização, quando auxilia a supervisionanda no desfazimento da relação diádica ou de simbiose inicial, que ocorre entre paciente e analista, observando e intervindo nos momentos da sessão em que tal simbiose deixa de ser "construtiva" para ser "obstrutiva" no processo psicanalítico.

Revisitando a cena clínica: a supervisão e o olhar em parceria

A supervisionanda iniciou essa análise cinco anos antes de iniciar sua supervisão. Durante parte da análise anterior ao nosso trabalho,

2 Bion (1962/1984) define as *funções da personalidade* na mente de um indivíduo: "há fatores na personalidade que se combinam a fim de produzir entidades estáveis, que denomino de funções da personalidade" (p. 1, tradução livre). A função remete ao que não é palpável, não tem cor nem cheiro; é algo psíquico, fruto da combinação de diversos fatores em direção a uma estabilidade funcional que possibilita a transformação dinâmica de uma coisa em outra, como Bion descreve a *função alfa*, responsável pelo processamento dos elementos beta (inúteis para pensar) em elementos alfa (úteis para pensar). Função, portanto, não tem gênero sexual; quando falamos em função materna ou paterna, não me refiro ao papel de mãe ou pai concretos, mas a aspectos da personalidade do indivíduo, independentemente de seu gênero sexual.

ela sentia uma crescente evidência de um desastre mental amplo na paciente, que se manifestava de diferentes modos. Esse desastre mental foi sendo contido pela atividade clínica psicanalítica em que a parceria pôde vir a se capacitar, como a analista tentou traduzir em nosso primeiro encontro.

Ao descrever o caso clínico, a analista contava-me sobre o trabalho de sua paciente junto aos bebês prematuros. A paciente pesquisava, em seu mestrado, a comprovação na eficácia da utilização da saliva dos bebês em substituição às coletas de sangue para exames, pretendendo, assim, diminuir procedimentos agressivos e dolorosos infligidos rotineiramente aos bebês. Imaginei, após esse relato, que os bebês a serem cuidados por essa paciente, em um nível, representariam partes dela mesma, seu desamparo, a dor ainda não nomeada. Em outro nível, ao cuidar dos bebês, ela rivalizava com a mãe. Conjecturo que, retirando de cena o pai, a paciente impossibilitava a vivência da triangulação necessária a seu desenvolvimento mental.

Apreender essa realidade psíquica que transita a maior parte do tempo no nível C da grade de Bion (1963/1989, cap. 14) demandaria da analista transitar também com a paciente em determinados momentos nesse nível, para poder entrar em contato com essa realidade psíquica por meio da função de rêverie, que possibilita formular interpretações ou usar modelos ou construções.

Enquanto a analista ia narrando-me inicialmente a história de sua paciente, em minha mente surgiu o modelo utilizado por Tustin (1986/1990) ao descrever o tratamento de crianças autistas. Essa autora nos conta que, na ocasião em que houve o último terremoto que devastou a Cidade do México, uma maternidade que estava em pleno funcionamento foi soterrada. Após duas semanas, encontraram bebês vivos sob os escombros, e os pediatras observaram que sobreviveram por um período maior que pessoas mais velhas porque o bebê recém-nascido tem uma facilidade inata para desacelerar processos fisiológicos, como respiração e circulação, e, assim, conseguiram sobreviver nesse estado de resposta diminuída por um período mais longo do que se podia esperar. Tustin afirmou que a responsividade de vida física diminuída parece ter uma analogia com a responsividade de vida psíquica diminuída em crianças com defesas autistas.

Ponderei com a supervisionanda que analisar essa paciente seria semelhante à tarefa dos bombeiros durante as catástrofes, quando tiveram que atravessar um túnel de entulhos em direção à vida. Os bebês do terremoto do México sobreviveram até duas semanas. Há limites de tempo para a sobrevivência psíquica?

Níveis primitivos e psicóticos da mente, ao descarregar emoções, produzem fragmentação excessiva, cisão e identificação projetiva (Klein, 1946/1981). Estas não têm somente a finalidade de aliviar a angústia, mas também são usadas como forma de linguagem verbal e não verbal em direção ao analista, com finalidades terapêuticas (Ribeiro, 1999a, 1999b).

Freud (1916/1969), em sua teoria das séries complementares, apresenta-nos o psiquismo primitivo como um estado mental que tem origem genética, estando sempre presente em todos nós, em relação dialética com outros estados mentais no indivíduo adulto. A questão que se coloca é se há possibilidade de transcender a concretude desse mundo primitivo para alcançar a simbolização, a representação, o pensamento.

A supervisionanda selecionou algumas vinhetas de sessão para ilustrar movimentos mentais durante o trabalho analítico, demonstrando como a experiência de supervisão foi se construindo e consolidando seu trabalho clínico.

A cena clínica – uma história em análise: a escolha do paciente para a supervisão oficial

Eu me pergunto quais são os fatores que determinam a escolha de um caso clínico específico para um supervisor específico. São vários, tanto conscientes como inconscientes.

A escolha por Paloma ocorreu no primeiro encontro com minha supervisora: surgiu quase de imediato. Havia preparado uma lista de meus analisandos para escolhermos juntas, mas não foi necessário usá-la. Senti que seria acompanhada nesse processo com Paloma, que, desde o início, fugia dos parâmetros mais habituais de atendimento.

Muito além do aprendizado da teoria e da técnica psicanalítica, imprescindível à formação de um candidato, a aceitação do caso por parte de minha supervisora, sua escuta atenta, interessada, e seu olhar encantado pelos processos mentais de Paloma reposicionaram-me em relação a ela, que, por sua vez, captando ter sido escolhida, trouxe-me, dois meses após o início da supervisão, a foto de um bebê prematuro (de seis meses de gestação) dizendo-me: "Fiquei tão comovida quando vi esta foto, já vi bebês sorrindo, mas como esse nunca, ele está dando gargalhadas. É muito bonito…".

O relato dessa experiência conjunta enfocará o emergir de um estado predominantemente sensorial pré-simbólico para um universo simbólico. Entretanto, por uma questão organizacional, descreverei resumidamente a história dessa paciente e o trabalho anterior à supervisão.

Encontrei Paloma com 37 anos, solteira, médica neonatologista, cuidando de bebês recém-nascidos prematuros, isto é, bebês que nasceram antes de terem completado o tempo uterino de nove meses, tendo que atravessar a cesura do parto precocemente e sofrer essas e outras vicissitudes e traumas para sobreviver.

Em seu mestrado, Paloma pesquisava a utilização de procedimentos menos agressivos, por exemplo, o uso da saliva em vez do sangue para efetuar algumas dosagens bioquímicas, o que diminui o "estresse" (a dor) na manipulação desses bebês, ajudando-os em sua recuperação e desenvolvimento.

A analisanda nasceu no litoral, filha mais velha de uma prole de seis irmãos. Destacou-se deles ao fazer curso universitário. Isso a fez sentir que herdou a "melhor parte" dos pais, roubando os irmãos – fonte constante de culpas.

O pai, comerciante e motorista de táxi, e a mãe, voltada a prendas domésticas, eram na época sexagenários. O pai é alcoólatra.

Paloma sofreu de asma, obesidade, não teve amigos nem namorados. Isolou-se. Hoje vive completamente separada da família, raramente se falam.

Paloma diz ter poucas lembranças; apenas algumas imagens são recorrentes da sua infância:

- com mais ou menos 5 anos de idade, está vigiando o relógio grande da sala, aflita com a chegada de seu pai; escondida atrás do sofá, de onde assistia apavorada à briga entre eles, temendo uma tragédia;
- sua mãe sempre mal-humorada, nervosa, insatisfeita; ocupada com os problemas do casamento, não tinha espaço mental para os filhos; e
- por volta dos 6 anos, ganhou um avental e foi brincar no jardim; descobriu um caramujo e foi mostrar para sua mãe, que mandou jogar fora aquilo e parar imediatamente de brincar com terra. Com medo, escondeu-se sob a cama.

Quando me procurou, havia muito tempo não se sentia bem. Estava com dificuldades para levantar-se e ir ao trabalho; era atormentada pela ideia de morte. Uma vez que mora sozinha, tinha medo de morrer e só ser encontrada dias depois. Suas relações eram restritas ao local de trabalho, e mesmo assim com muitas reservas.

Acreditava que estava ficando louca, pois se "interessou" por um colega imaginando que enquanto estudavam havia um "clima de namoro"; encorajou-se a falar a esse respeito com ele. Este reagiu com frieza, dizendo-lhe que não tinha o menor interesse por ela, passando a evitá-la. Entrou em confusão e depressão.

Era de estatura baixa; a cor morena de sua pele chamava minha atenção, pois parecia ter uma textura brilhante, como se a luz pudesse atravessá-la, de tão fina... Seus olhos negros e redondos pareciam assustados.

Paloma mostrou-se extremamente sensível, vulnerável, falava baixo, seus gestos eram lentos. Quando sua mão se movia, parecia sentir a resistência do ar. Suas palavras iam saindo aos poucos, como se fossem sussurradas para fora do seu pulmão.

Eu percebia todo seu empenho em tentar transmitir-me seu mundo interno cheio de desespero e agonia. Eu tinha fantasias de que ela havia sido "violentada" e preocupei-me com a possibilidade de suicídio.

Sua maneira de vestir-se, usando roupas pesadas e fechadas, cobrindo praticamente todo o corpo, contrastava com o calor do local onde morávamos. Contava que sentia muito frio.

Vinhetas que ilustram o trabalho de reconstrução da cena a partir da supervisão

Como fruto de elaboração das supervisões, apresentarei a experiência vivida com Paloma tentando configurar a emergência de um estado predominantemente sensorial, pré-simbólico, para um universo simbólico.

Essa passagem será descrita em três momentos[3] do processo analítico:

1. a incubadora: o tempo de simbiose necessária;
2. CTI (centro de terapia intensiva): primeiros movimentos em direção à separação; e
3. berçário: movimentos de individuação.

A incubadora

O trabalho com Paloma iniciou com quatro sessões por semana; decorrido um ano, passamos para cinco sessões semanais.

Nesse período percebia-me imóvel na poltrona. Todos os barulhos na sala de análise eram ampliados no contato com ela. Frequentemente sentia dor no peito e taquicardia durante as sessões. Ela, por sua vez, permanecia imóvel com pés e mãos cruzados, as mãos sobre o peito, que chiava fortemente (asma). Ao seu alcance mantinha sempre uma bombinha de ar (broncodilatador), de que fazia uso quando necessário.

O único movimento presente na sala era seu pé, que se balançava lentamente, parecendo manter um ritmo compassado.

Uma forte ameaça de rompimento pairava no ar, sentia-me "entre a cruz e a espada". Por um lado, precisava comunicar-me com ela e tentar sair daquele lugar sombrio. Eu lutava para permanecer "ligada", "atenta", pois frequentemente sentia um entorpecimento engolfando-me. Por outro lado, percebia que qualquer "gota"[4] a

3 Incubadora, CTI e berçário são usados como metáforas das vivências do mundo mental de Paloma.

4 Platão dizia que a linguagem é um *phármakon* (no diálogo *Fedro*), ou seja, precisa ser administrada na dosagem exata (Chauí, 1994/2002). Penso que podemos usar isso como modelo para nossas interpretações com esses pacientes.

mais na nossa comunicação poderia ser excessiva, e levaria à morte nossa relação.

Sentia-me, muitas vezes, isolada na sessão, ante um estado de "vazio", de "falta de contato afetivo", devido ao estado de recolhimento de Paloma, que ficava encistada dentro de seu mundo autista.

Algumas vezes eu questionava a validade desse trabalho analítico, pois me sentia abatida e quase perdia a esperança. Depois a recuperava, pensando que, se ela retornava sessão após sessão, era sinal de que o processo analítico estava ocorrendo, embora em seu timing particular. Predominavam nas sessões silêncios, que podiam durar semanas.

Nessas ocasiões, tentava aproximar-me perguntando o que estava sentindo, no que estava pensando, e ela respondia-me: "Nada, está tudo quieto". Guiava-me pelas suas comunicações não verbais, ou seja, pelo tom de voz e pelos movimentos no divã, para eu continuar ou recuar nas minhas intervenções.

Quando permanecia em silêncio após minha fala, eu dizia para ela coisas do tipo: "Sinto que até o som de minha voz, hoje, a está incomodando, como se fosse um enorme barulho; você espera que eu possa ficar aqui com você, quietinha, o tempo que for preciso".

Quando ela saía desse "buraco negro" para o qual era sugada, comunicava-se por meio de sonhos, queixas físicas, relatos de filmes de terror e descrições do funcionamento do CTI. Não sentia essa vivência como um ataque ao trabalho analítico. Ela não faltava às sessões, chegava sempre no horário, pagava-me pontualmente. Entendia isso como tentativa desesperada de transmitir o horror no qual se encontrava, mergulhada em sensações difusas e sem conseguir ter outras formas de contato com seu mundo interno e externo.

Estávamos na incubadora, e eu tentava monitorar seus mínimos gestos, seus gemidos. Nesse período praticamente oscilávamos em dois movimentos: um de extrema quietude, quando me mostrava que eu não deveria interferir, e outro em que precisava colocar-me diante dela de forma firme, quando ela dizia: "Hoje precisei entubar um bebê. Eles se agitam após esses procedimentos intrusivos. Eles pioram muito, cai a saturação do oxigênio no sangue, a ventilação fica péssima, mas não tem jeito".

Todas essas impressões chegaram à supervisão e, a partir do desenvolvimento, abriram-se caminhos para novas direções.

Sessão do período anterior à supervisão: início do trabalho supervisionado

Paloma trouxe nessa sessão a revivência de níveis arcaicos de comunicação. O bebê, pelo cordão umbilical, nutre-se através do sangue da placenta. Ela queria nutrir-se da análise e começou a introjetar a analista em nível arcaico. Havia movimentos de percepção de existência de mundo interno.

Ela entrou sorrindo, satisfeita. Ao deitar-se no divã, ficou alguns minutos em silêncio e depois disse:

> *P: Estou me lembrando de um pedaço do sonho que eu tive essa noite...*
>
> *Sonhei que eu estava no chuveiro tomando banho, e no chão havia aquela boca de lobo [bueiro], não havia ralo, era essa boca de lobo... eu olhava no chão e havia pedaços de cordão umbilical, aqueles restos do nascimento, eu empurrava com o pé para o buraco.*
>
> *L: O que você pensa do sonho?*
>
> *P: Eu empurrava com o pé aquelas partes que não têm mais utilidade, que se jogam fora mesmo.*

Eu nomeava para ela alguns de seus sentimentos, dizendo que ela sentia que, naquele momento, estava podendo se desfazer de uma parte dela que não tinha mais utilidade, que estava nascendo uma outra forma de se comunicar comigo.

Ela seguiu falando de suas somatizações: "Hoje eu passei o dia sentindo cólicas, com dor de barriga, ia e vinha".

Ela sentia que estava se adaptando a essa nova forma de comunicação comigo, que era algo novo que doía e depois passava... e prosseguia falando sobre "hidrocefalia". Eu sentia sua cabeça "inchada" de angústias paranoides:

> *P: O pai de uma criança com hidrocefalia havia ligado e perguntou pela médica da criança; eu fui chamá-la, e ela disse: "nossa, e agora, o que esse pai vai dizer?". Quando ela falou com o pai, ele só queria convidá-la para o batizado da criança. E o pai de outro bebê também ligou; a residente ficou em dúvida com medo de atender... o pai só queria cumprimentá-la pelo Dia do Médico e agradecer.*

Tentei demonstrar, intuitivamente, que ela havia resgatado uma comunicação consigo mesma, e que tudo se passava dentro de seu mundo interno, de sua mente. Ela se assustou, ficando perseguida ao começar a perceber a realidade psíquica.

Lembrei-me, nesse momento, de que, ao iniciar a análise, ela se assustou quando lhe propus as quatro sessões por semana... No momento desse relato, fazia cinco, e eu a sentia confiante, pois, quando ouvia minha voz, se tranquilizava.

Senti que ela podia estar comigo e acalmar-se. Disse isso, e ela continuou:

> *P: Passei em frente de uma loja de calçados e bolsas e vi um* recipiente *com cravos-da-índia dentro e achei tão bonito... vou fazer igual, eu gosto do cheiro; em casa eu tenho um* recipiente *em que eu posso colocar o cravo igual.*

Num passo seguinte, quando apresentei essa sessão à supervisora, pudemos elaborar que, nesses inícios, eu estava diante de uma "sommelier" – que queria experimentar sabores e cheiros de "especiarias raras"... Ela vinha buscar "especiarias" na Psicanálise, e eu teria que ser uma analista delicada, continente (recipiente), respeitando seu "timing", inicialmente ajudando-a a perceber-se por meio de vínculos ("dos cheiros") sensoriais (Ogden, 1989/1996).[5]

CTI: primeiros movimentos em direção à separação

Lentamente a asma desapareceu, e os silêncios foram se intercalando com novas formas de comunicação, expressas ora pela música, quando levava para a sessão para ouvirmos juntas, ora mostrando-me livros e revistas com trechos assinalados por ela.

Paloma entrou na sala de análise com um sorriso tímido, estava segurando uma sacolinha agarrada ao peito. Senti ternura e ocorreu-me que ela estava trazendo-me algo muito valioso, mas temia que eu a rejeitasse. Deitou-se e entregou-me um CD.[6] Acolhi-a, e o som encheu a sala de emoção profunda, meus olhos marejaram. Um dos trechos da música que estava tocando diz: "é como uma

---

5 A posição autista-contígua descrita por Ogden (1989/1996) é vista como um modo pré-simbólico de gerar e organizar a experiência, e pode ser pensada como originária dessa aproximação do que é sensorial com o que é psíquico.

6 "*Esquadros*", da Adriana Calcanhotto.

segunda pele, um calo, uma casa, uma cápsula protetora. Eu quero chegar antes, pra sinalizar o estar de cada coisa".

Entramos na segunda fase, marcada pela ambivalência entre fusão e discriminação. Intensas angústias relacionadas à separação tomaram a cena analítica.

Os finais de semana, bem como os outros intervalos, jogam-na de volta para sua "concha".

Relato a seguir uma sessão para ilustrar esse período.

Sessão do período CTI: segundo mês de supervisão

Eu a encontrei, e rapidamente passou pela minha cabeça que eu não a vi. Senti vontade de olhar e ver como está vestida. Estava de colete marrom, e pensei que essa vestimenta não combina com o calor que estava fazendo. O ar-condicionado estava ligado. Ela ficou em silêncio alguns minutos, depois começou a falar baixinho, quase sussurrando: "eu tive um sonho esta noite, cheio de pedaços. Sonhei que estava no meu apartamento e fui abrir uma lata com moedas. Haviam mexido. Sobraram poucas moedas forrando o fundo da lata".

Eu estava com dificuldades para ouvir sua voz, fazia um esforço tremendo para entender o que falava. Fui tomada por uma irritação muito grande – "sempre isso, eu é que tenho que me adaptar, ela não faz nada". Fiquei com muita vontade de dizer isso a ela. Dizer que o calor estava grande e se ela poderia falar um pouco mais alto. Em vez disso, levantei-me e disse que ia desligar o ar, pois não estava conseguindo ouvi-la. Ela continua:

> *P: Outro trecho do sonho. Eu estava no cabelereiro lavando a cabeça, e a mulher que lavava meus cabelos tira uns fios da pia, quando olho de novo vejo uma mecha de cabelos. Eu me espanto por meu cabelo estar caindo tanto.*

Lembrei-me de Sansão e Dalila, em que toda a força masculina se centra nos cabelos, atestando a fragilidade que se esconde sob a "pele sensorial" dos cabelos.

> *P: No outro trecho, estou tirando sangue de um bebê, e ele se debate. Briga comigo. Eu saio e, quando volto, o bebê está no chão, rodeado por umas pessoas que estão aspirando-o. Pergunto o que estava acontecendo. Respondem que estavam colhendo material para teste, compreendo que o bebê havia morrido em função do sangue que eu havia tirado.*
>
> *[Nesse momento ocorreu-me a lembrança do quadro de Munch, conhecido como* A vampira *– na verdade,* Amor e dor *–, e também de dois filmes de vampiro:* Entrevista com o vampiro *e* Fome de viver.*]*
>
> *L: O que você associa com os sonhos?*
>
> *P: Perdas, só perdas.*
>
> *[Lembrei-me da sessão anterior, em que havia dito a ela que achava curioso o fato de ela falar numa sessão e, na seguinte, ficar totalmente em silêncio.]*
>
> *L: Você assistiu a* Sansão e Dalila*? Conhece a pintura de Munch* A vampira*?*
>
> *P: Não.*
>
> *L: Em alguns momentos você se sente roubada por mim em sua riqueza, força, depois me transforma em uma mãe vampira que suga todas as suas coisas boas. Em outros momentos, você é quem se sente a vampira.*
>
> *P: Lembrei-me de parte do sonho de ontem. Eu te falei do movimento de pessoas. Havia um homem. Ele era*

atendente. Seu rosto, seu jeito era muito impessoal, inexpressivo. Ele atendia de forma impessoal.

[Penso na irritação do começo da sessão. Da necessidade dela de deixar sua marca.]

L: E o que você associa?

P: Esse homem apareceu lá no hospital e chamou-me a atenção, o seu rosto inexpressível.

L: Esse movimento todo no consultório, entra e sai de gente, você me vê como esse atendente impessoal. Não acredita que eu a vejo e que estou com você.

[Silêncio.]

P: Vou sentindo um sono, um sono...

Comentários

Enquanto transcrevia a sessão, lembrei-me de que, na sessão anterior, eu havia dito que ela se preocupava que eu estivesse com ela, atenta, sem a confundir com "outros" analisandos meus. Respondeu-me que, quando ela passava a visita aos bebês, continuava um a um e conseguia desligar-se do anterior.

Paloma, ao falar baixinho, trouxe-me todo seu desespero... seu grito de desespero por meio de seus sonhos comunicados de forma quase inaudível.

Ao mesmo tempo que quer ser ouvida, Paloma fala baixinho... como se estivéssemos tão juntas que ela não precisasse falar... articular as palavras... queria que eu adivinhasse seu pensamento, predominando a ambivalência entre diferenciar-se ou permanecer em "con-fusão", na medida em que a separação é vivida como tragédia, morte, desaparecimento.

Eu tinha que "ouvir" Paloma. Tinha que ter um "ouvido sensorial"... Quando me senti "irritada" pelo som baixo que ela emitia, houve um "abafamento" da minha intuição e, quando não a capto nesse nível, ela me sente impessoal, rejeitando-me.

Aprendi em supervisão que, quando os modelos são apresentados ao paciente (Sansão e Dalila etc.), eles devem ser expressos numa linguagem oral explicativa afetiva, sem cunho intelectual, e adequada à situação vivida naquele momento no *setting* analítico em que o ritmo, o som das palavras, valem mais do que o conteúdo de qualquer comunicação verbal.

Berçário: movimentos de individuação

Percebi que, aos poucos, com movimentos de aproximação e afastamento, iam ocorrendo mudanças. Ela agora vestia-se frequentemente com roupas mais leves, enfeitava-se, havia um cuidado físico antes inexistente. Transmitia-me maior consistência, seus passos estavam mais firmes, olhava-me nos olhos, em seu rosto transparecia a emoção presente.

Sessão do segundo período: após o primeiro ano de supervisão

Paloma chegou sorridente, achei-a bonita. Seu andar era firme. Assim que se deitou, entregou-me um livro, esticando os braços para trás, gesto habitual de quando quer me mostrar algo. Ela disse: "Este é o livro sobre o qual falei. Achei os dois parágrafos que queria lhe mostrar, eles estão marcados".

O título do livro era *A história das mulheres no Brasil*. Os parágrafos referiam-se à tentativa de comprovação da inferioridade das mulheres pelos médicos, em função do tamanho do cérebro. Uma vez que este é menor e mais leve, isso comprovaria a pouca inteligência das mulheres.

> *L: Você me mostra uma longa e triste história de opressão, desrespeito.*
>
> *P: O livro todo trata disso, mas esses dois trechos são os piores na minha opinião.*
>
> *[E associou:]*
>
> *Hoje no meu trabalho a faxineira contou que quer engravidar novamente, pois seus três filhos já cresceram e estão saindo para cuidar da vida. Ela tem 40 anos, é estranha; seu jeito de falar é estranho. Ela é doente, imagine, ter filho só para isso!*
>
> *[Ela continuou:]*
>
> *Fiquei pensando na maneira de explicar o que se passa entre as pessoas. Pensei na energia que a física pode explicar. Os corpos têm energias que se desprendem e vão de uma pessoa para outra. Não estou falando em superstição, estou falando em energia física, átomos, moléculas.*

Quando começou a falar, percebi seu entusiasmo, mas logo o clima começou a pesar, a angústia foi enchendo a sala. Pensei em nós, agora como um casal analítico, um par diferente: homem e mulher, porque tive, nesse momento, melhores condições para viver a experiência emocional.

> *L: Noto o quanto está assustada. Você quer compreender a nossa história, em que sente que falamos a mesma língua, e a história que você carrega, que te oprime. Um casal cujo pai humilha e maltrata a mãe, e dessa união nasce o bebê Paloma. Seria só para resolver problemas entre eles?*

> *[Ela enxuga com as pontas dos dedos uma lágrima muito discreta que cai.]*
>
> *P: Olha, o jeito que eu queria explicar...*

Pensei em uma criança ensaiando as primeiras hipóteses explicativas de um mundo que começa a se descortinar, rico em sensações.

Paloma imaginou ter sempre nos seus pais um casal "contra" ela e, por isso, vivia uma "vitimização"... Ela podia estar equivocada, podia haver bondade nesses pais... Nesse momento ela estava individualizando-se, e senti poder interpretar "conteúdos" no seu material: "Nós não sabemos se você nasceu como fruto do amor de seus pais ou não, se eles a desejaram ou não... É bem possível que eles a tenham desejado... Você é a filha mais velha, não é?".

Comentários

Na sessão, quando Paloma falou sobre a mulher que teve três filhos e, porque cresceram, quer mais, havia algo que demonstrava que essa "mulher teve um desejo" em relação a um homem.

Paloma teve contato com um homem de quem se enamorou, e não deu certo. Após isso, ela reagudizou a dor do ódio aos pais (maus) que, para ela, a abandonaram e desprezaram.

Essas colocações poderiam, a partir de então, levá-la a outras visões... pois ela competia com a mãe cuidando de bebezinhos e atacando o pai, que foi abolido de cena da sua vida.

Se eu permanecesse com ela somente com a parte mãe "cuidadora de bebês" e vice-versa, ela não desenvolveria a sexualidade adulta em que há um pai, uma mãe e um(a) filho(a).

Paloma não pôde ser a terceira na triangulação edípica, não pôde ter espaço mental para pensar, representar, simbolizar, ser um Eu intérprete e aprender.

Isso ocorreu porque o espaço mental relaciona-se à tridimensionalidade, que seria conquistada com base na experiência bem-sucedida da relação fusional, simbiótica, especular, bidimensional mãe-bebê. Tal desenvolvimento sempre implica a presença do pai como terceiro. Paloma, então, a partir desse novo vínculo analítico, tinha a esperança de vir a ter uma identidade singular.

Conclusão: a supervisão e a função paterna

Na relação analítica se reproduz a relação diádica ou simbiótica[7] inicial do bebê com sua mãe (Mahler, 1974/1982). É função do supervisor estar atento a momentos regressivos e colaborar com o supervisionando para que este crie em sua mente o terceiro vértice de observação da relação que ocorre com seu paciente.

A função paterna, em supervisão, é a função de discriminação, de simbolização, que estabelece no cenário analítico o distanciamento necessário para observar de uma "terceira posição" os movimentos da dupla paciente-analista.

Freud (1905/1969) traz-nos o mito universal de "Édipo Rei" que, na sua versão clássica, revela o desejo secreto de toda criança, e da criança que habita em todo homem, de possuir a mãe e matar o pai, realizando seus desejos incestuosos e parricidas.

Melanie Klein (1928/1981), ao tratar de crianças, afirma que a força dos desejos na situação edípica iniciava muito mais cedo do que observava Freud. Precocemente o bebê reconhece a relação dos pais, mesmo que seja de forma primitiva, e esta continua na rivalidade

7 Essa simbiose refere-se ao período normal do desenvolvimento humano, em que não há separação, como descreveu Mahler (1974/1982). A simbiose descrita por Bion (1970) nos faz pensar em dois indivíduos distintos e separados (como em supervisão) beneficiando-se de sua relação mútua.

com um deles em relação ao outro, e é resolvida pela própria criança pela renúncia de seu anseio sexual pelos pais, e pela aceitação da realidade da relação sexual como um ato criativo.

Ronald Britton (1989/1992) afirma que, se o encontro com a relação entre os pais começa a tomar lugar no momento em que o indivíduo ainda não estabeleceu um objeto materno basicamente seguro, a situação edípica aparece na análise em sua forma primitiva e não é reconhecida imediatamente como o Complexo de Édipo clássico. Forma-se uma configuração edípica ilusória na tentativa de negar a realidade psíquica da relação parental que é registrada, mas passa a ser negada e defendida.

Britton argumenta que essas manobras são estancadas pelo reconhecimento da relação sexual dos pais, com suas diferenças anatômicas. Tal reconhecimento une o mundo compartilhado com seus dois pais. O triângulo familiar primário provê a criança com dois vínculos, conectando-a separadamente com cada genitor e confrontando-a com o elo entre eles, que a exclui. Se o vínculo entre os pais, percebido com amor ou ódio, puder ser tolerado pela mente da criança, irá provê-la com um protótipo de relação objetal de uma terceira espécie, da qual ela é testemunha, mas não é participante. Uma *terceira posição* pode existir e, nela, a relação objetal pode ser observada. Isso nos provê com a capacidade de ver a nós mesmos em interação com os outros, mantendo nossa capacidade de pensar sobre nós mesmos, sobre o outro e sobre a relação em decurso.

A capacidade de visualizar uma relação parental benigna influencia o desenvolvimento de um espaço externo ao self capaz de ser observado e sobre o qual se pode pensar, o que promove a crença num mundo seguro e estável.

Bion (1962/1987) enfatiza que, por meio da rêverie materna, a mãe alfabetiza emocionalmente o bebê no aprendizado de suas funções, que irão estruturar sua personalidade.

A função paterna do par pai-filho permite a conquista do pensamento abstrato. A capacidade da criança de vivenciar ser o filho observando o casal de pais a ela vinculado lhe permite ser o observador fora da relação e marca a hipotenusa do triângulo edipiano. Se por acaso ocorre um isolamento desses elementos, quer por ausência materna, quer por ausência paterna, não ocorre a articulação entre os três elementos do triângulo edipiano, estancando o avanço no sentido do crescimento mental.

Gomes (2001) afirma que a evolução da díade primária para uma triangulação pode ser violentamente atacada e desintegrada por ódio e terror quando um (ou mais) dos elementos da triangulação edipiana sentir-se incapaz de suportar a percepção da sexualidade dos outros elementos. Pode haver catástrofe mental. Como resultado dessa catástrofe mental, em alguns casos, o mito particular edípico de cada indivíduo esfacela-se, e os seus componentes dispersam-se. Em outros casos, torna-se prejudicado, subdesenvolvido ou sujeito a impactos intensos.

A capacidade de investigação inata da criança, estimulada pelo movimento em busca da realização da verdade sexual e da verdade sobre sua origem, torna-se precária, e sua personalidade configura-se de uma forma inábil para compreender a relação entre os pais e a capacidade de ajustar-se a ela, apresentando grave deficiência de sua função simbólica.

Muitas vezes, a dificuldade de determinadas crianças chegarem a realizar o mito edípico estaria estreitamente vinculada à incapacidade dos próprios pais de evoluir na realização disso, assim se tornando empobrecidos em sua capacidade de rêverie, indispensável para sonhar a situação edipiana para suas crianças.

Nos inícios da relação comigo, a supervisionanda e sua paciente estavam construindo uma relação simbiótica diferente do sentido utilizado por Bion (1970). Esse autor nos faz pensar em dois indivíduos separados e distintos que se beneficiam de uma relação mútua. Não era isso que ocorria: a analista sentia-se *muito* ligada à sua paciente, às vezes não se permitindo tirar férias prolongadas, por exemplo.

Grande parte das angústias despertadas pela experiência vivida com essa paciente originou-se de fenômenos ocorridos na relação transferencial-contratransferencial entre elas, os quais emergiram em um terceiro espaço, o campo de continência propiciado pela supervisão. Tais fenômenos clínicos levaram-nos, supervisora e supervisionanda, a repensar alguns pressupostos teóricos e técnicos já conhecidos. Repensamos o timing e o *setting* nessa análise. O número de sessões, as dificuldades de separação durante as férias da analista... Conversamos, no *setting* propiciado pela supervisão, sobre o conceito de *setting* em análise, sobre capacidade de *holding* (Winnicott) e de continência (Bion), às quais a função paterna dá suporte vivo.

Ao transitar no nível C da grade de Bion, a analista usava mitos e metáforas para dar significados à paciente e revelava, nessas ocasiões, aspectos de sua personalidade, de sua sensibilidade, de seu equipamento cultural, seus gostos etc. Astuta, a paciente buscava avidamente encontrar textos, poemas, filmes, livros, músicas que percebia "tocar" a alma da analista, o que as aproximava, tentando mantê-la em estado fusional, evitando reviver, com ela, a angústia terrorífica da separação. Ocorreram várias situações desse tipo, durante as supervisões.

Tais manejos ou movimentos nas sessões tiveram êxito temporário no controle da analista, quando a paciente conseguia, com isso, desfazer a assimetria da relação, o que resultava numa perda temporária de sua função analítica, impedindo-a de pensar o que estava ocorrendo na intersubjetividade da dupla. Dois exemplos:

1. Com o aprofundamento da relação transferencial-contratransferencial, a paciente temia "perder" sua analista, já que não conseguia manter, dentro de si, o objeto primário. Separações

para ela eram equacionadas a rupturas físicas ou morte. Ela, então, inoculava por identificação projetiva tal dor (intensa) na mente da analista, e esta, "mobilizada" (controlada), modificava o *setting*, diminuindo as próprias férias, atendendo a analisanda em feriados e fins de semana.

2. Outro exemplo semelhante, pelas mesmas razões, referia-se ao fato de a paciente não faltar nem se atrasar às sessões. Excepcionalmente, por razões profissionais, ela pedia troca de horário quando precisava faltar. No dia em que ocorreu um imprevisto e ela faltou sem avisar, a analista, em sua rêverie, imaginou-a acidentada, sequestrada ou morta.

Nessas situações, portanto, a assimetria da relação é perdida... e depois recuperada, cabendo à supervisora exercer a função paterna de sua mente, restabelecendo a assimetria da relação, estabelecendo limites... ajudando no desfazimento da relação diádica analista-paciente. Essa simbiose inicial é necessária para a evolução e desenvolvimento do par nos seus inícios. No entanto, a analista (com sua função paterna) deve estar atenta para o momento em que a simbiose deixa de ser "construtiva" para ser "obstrutiva".

A função paterna, presente na mente da supervisora nessas condições, desfaz o conluio da dupla, reconstituindo a assimetria, o distanciamento necessário para observar de uma "terceira posição" o que está ocorrendo com os movimentos da dupla.

No caso apresentado, tal função catalisa, por meio da analista, a introdução do terceiro elemento – "o pai" – na mente dessa paciente, observando com a supervisionanda o timing em que isso poderá ocorrer, sendo essa condição necessária e imprescindível para o desenvolvimento da psicossexualidade da paciente.

A função paterna é fundamental na cultura, pois é ela que permite que a criança evolua em sua relação narcísica com a mãe – da relação dual para a passagem a um espaço triangular.

O que demandam de nós, analistas, supervisores e supervisionandos, esses analisandos tão regredidos? Qual seria a forma de abordar estruturas de caráter ou angústias tão arcaicas?

Como dissemos no início do texto, o limite da Psicanálise é dado pelo nível do modelo teórico de que dispomos hoje e pelo limite de profundidade em que a mente do analista sente que pode e deve mergulhar.

Inicialmente, Freud (1912/1969) nos aconselhava a escolher "os pacientes que tivessem uma condição mental normal" para trabalhar em Psicanálise - com isso, ele queria dizer que o ego do psicótico não era suficientemente forte e integrado para manter uma aliança terapêutica e cooperar com a análise. Ele temia também que o ego do psicótico não fosse capaz de controlar o comportamento e os impulsos agressivos em direção ao analista. Queria nos proteger. Ele acreditava que era necessário um ego forte, já que no método psicanalítico esse ego é usado como um apoio a partir do qual é obtido o controle das manifestações mórbidas. E quando é função do analista colaborar para a construção desse "ego forte"?

O próprio Freud tratou de psicóticos (como descrito em seus casos clínicos) e escreveu trabalhos no final de sua vida esclarecendo sobre os fenômenos (cisão do ego etc.) que propiciaram a evolução da teoria, da técnica e da prática clínica, possibilitando o trabalho com pacientes psicóticos, borderlines etc. (Alvarez, 1994, Bion, 1955/1985, 1962/1984, 1962/1987, Green, 1977/1988, Kernberg, 2001, Ribeiro, 1999b, Sapienza, 1999).

Uma técnica puramente reconstrutiva da história infantil poderia ser adequada para alguns pacientes; para aqueles com aspectos primitivos predominantes (borderlines, psicóticos) se faz completamente inútil e, às vezes, mesmo prejudicial. Novas abordagens abriram cada vez mais as possibilidades de terapia para pacientes graves. Nestas, a mente do analista tem lugar primordial, e o estudo das funções (ou ausência destas) na mente do analista, primordialmente, é alvo da nossa atenção e reflexão.

Supervisão... supervisora... supervisionanda... analista... analisanda... bebês... CTI... berçário... são maternagens em cadeia, como o modelo das bonequinhas russas, as matrioskas, que contêm uma boneca dentro da outra. Essa cadeia de contenção não será possível se não for suportada pela função paterna ativa de decisão, coragem e ousadia, criando um espaço de discriminação propício às mudanças no *setting* e expressando de forma metafórica a imprescindível função paterna na mente do(a) supervisor(a), dando suporte para o desenvolvimento desta na mente da analista durante sua formação, em direção à sua autonomia.

Referências

Alvarez, A. (1994). *Companhia viva: psicoterapia psicanalítica com crianças autistas, borderline, carentes e maltratadas* (M. A. V. Veronese, Trad.). Artes Médicas.

Bion, W. R. (1970). Visual images and invariants. In *Attention and interpretation* (pp. 92-96). Rowman & Littlefield Publishers.

Bion, W. R. (1984). *Learning from experience*. Maresfield. (Trabalho original publicado em 1962)

Bion, W. R. (1985). Language and the schizophrenic. In P. Heimann, M. Klein, & R. Money-Kyrle (Eds.), *New directions in Psycho-Analysis: the significance of infant conflict in the pattern of adult behaviour* (pp. 220-228). Tavistock Publications. (Trabalho original publicado em 1955)

Bion, W. R. (1987). A theory of thinking. In *Second thoughts: selected papers on Psycho-Analysis* (pp. 110-119). Maresfield. (Trabalho original publicado em 1962)

Bion, W. R. (1989). *Elements of Psycho-Analysis*. Maresfield. (Trabalho original publicado em 1963)

Britton, R. (1992). O elo perdido: a sexualidade parental no complexo de Édipo. In J. Steiner (Org.), R. Britton, M. Feldman, & E. O'Shaughnessy, *O Complexo de Édipo hoje: implicações clínicas* (R. C. S. Lopes, Trad.; pp. 70-85). Artes Médicas. (Trabalho original publicado em 1989)

Chauí, M. (2002). *Introdução à história da filosofia: Vol. 1. Dos pré-socráticos a Aristóteles*. Companhia das Letras. (Trabalho original publicado em 1994)

Eitingon, M. (1923). Report of the Berlin Psycho-Analytical Policlinic. *Bulletin of the International Psycho-Analytical Association*, *4*, 254-269.

Freud, S. (1969). Três ensaios sobre a teoria da sexualidade. In *Edição standard brasileira das obras psicológicas completas de Sigmund Freud: Vol. 7. Um caso de histeria, Três ensaios sobre sexualidade e outros trabalhos (1901-1905)* (V. Ribeiro, Trad.; pp. 119-232). Imago. (Trabalho original publicado em 1905)

Freud, S. (1969). Recomendações aos médicos que exercem a psicanálise. In *Edição standard brasileira das obras completas de Sigmund Freud: Vol. 12. O caso Schreber, Artigos sobre técnica e outros trabalhos (1911-1913)* (J. O. A. Abreu, Trad.; pp. 147-162). Imago. (Trabalho original publicado em 1912)

Freud, S. (1969). Conferências introdutórias sobre Psicanálise. In *Edição standard brasileira das obras psicológicas de Sigmund Freud: Vol. 15. Conferências introdutórias sobre psicanálise (partes I e II) (1915-1916)* (J. L. Meurer, Trad.; pp. 13-240). Imago. (Trabalho original publicado em 1916)

Gomes, M. C. A. P. (2001). *O nascimento de Édipo ou a importância da função paterna na configuração das famílias atuais*

[Apresentação de trabalho]. XVIII Congresso Brasileiro de Psicanálise, São Paulo, SP, Brasil.

Green, A. (1988). O conceito do fronteiriço. In *Sobre a loucura pessoal* (C. A. Pavanelli, Trad.; pp. 23-35). Imago. (Trabalho original publicado em 1977)

Grinberg, L. (1975). *A supervisão psicanalítica: teoria e prática* (J. C. Guimarães, Trad.). Imago.

Kernberg, O. (2001) Psicoterapia focalizada en la transferencia: psicodinámica de pacientes con organización de personalidad borderline: una visión general. *Trópicos*, *9*(1), 73-95.

Klein, M. (1981). Primeiras fases do Complexo de Édipo. In *Contribuições à Psicanálise* (M. Maillett, Trad.; 2ª ed., pp. 253-267). Editora Mestre Jou. (Trabalho original publicado em 1928)

Klein, M. (1981). Notas sobre alguns mecanismos esquizóides. In M. Klein, P. Heimann, S. Isaacs, & J Riviere, *Os progressos da Psicanálise* (A. Cabral, Trad.; pp. 313-343). Zahar. (Trabalho original publicado em 1946)

Mahler, M. (1982). Simbiose e individuação: o nascimento psicológico do bebê. In *O processo de separação-individuação* (H. M. Souza, Trad.; pp. 119-131). Artes Médicas. (Trabalho original publicado em 1974)

Ogden, T. H. (1996). Sobre o conceito de uma posição autista-contígua (M. S. G. Moreira, Trad.). *Revista Brasileira de Psicanálise*, *30*(2), 341-364. (Trabalho original publicado em 1989)

Ribeiro, M. M. M. (1999a). Estesia no cotidiano. *Revista Latino-Americana de Psicanálise*, *3*(1), 105-115.

Ribeiro, M. M. M. (1999b). Rêverie hostil e rêverie benigna: estudo clínico do fenômeno da rejeição e sua correlação com a noção de rêverie proposta por Bion em sua obra. *Revista Brasileira de Psicanálise*, *33*(3), 431-447.

Sapienza, A. (1999, 2 de outubro). *Reflexões clínicas sobre o uso e manutenção das funções psicanalíticas* [Apresentação de trabalho]. III Encontro do Curso de Especialização Psicoterapia Psicanalítica, São Paulo, SP, Brasil.

Tustin, F. (1990). *Barreiras autistas em pacientes neuróticos* (M. C. Monteiro, Trad.). Artes Médicas. (Trabalho original publicado em 1986)

12. Seminário clínico apresentado para o Dr. Donald Meltzer[1]

Martha: Apresentarei hoje o caso clínico de uma paciente, que chamarei de T., que está em análise quatro vezes por semana, há quase oito anos, durante os quais ela tenta emergir de um sistema defensivo arcaico que denominarei de relação presa-predador.

Dr. Meltzer: Você pode me explicar por que você escolheu esse termo, em vez do clássico sadomasoquismo?

Martha: Tem a ver com a história da paciente; ela é uma cientista que pesquisa sobre a relação presa-predador e a imobilidade tônica.

Dr. Meltzer: De que forma de predação?

Martha: Vou explicar. T. foi encaminhada ao meu consultório por G., que havia falecido poucos meses antes. Após a morte da amiga, recrudesceram suas somatizações, diarreias com cólicas

1 Transcrição da apresentação de Martha Maria de Moraes Ribeiro realizada no dia 14 de junho de 1996 e publicada no livro *Meltzer em São Paulo: seminários clínicos* (Orgs. M. O. França & E. S. Marra, 1997), pela Sociedade Brasileira de Psicanálise de São Paulo (SBPSP) e Casa do Psicólogo, e em *Meltzer in São Paulo* (2017), pela Karnac.

abdominais, e sua depressão se acentuou tanto que sua capacidade criativa, de concentração e de trabalho estavam se paralisando. Temia não conseguir continuar seu trabalho de docente na universidade.

Dr. Meltzer: G. era namorada dela?

Martha: Sim. Quando me procurou para análise, tinha 46 anos de idade. T. tinha um corpo rígido ao andar, ao cumprimentar-me, não gesticulava para falar, seu olhar era tímido, e quase não se fixava em mim. Ficava imóvel no divã, usava sempre as mesmas roupas, apenas sua voz ecoava do corpo parado, sinalizando um estado mental de imobilidade.

Na entrevista deu algumas informações. Seu pai nasceu na Alemanha e tem 77 anos, é um industrial aposentado e sempre foi um homem severo e rígido. Sua mãe nasceu na Bélgica, foi muito doente, tinha depressões profundas e constantes, que a deixavam psiquicamente ausente por muito tempo. Ela soube, durante a gestação de T., que o marido tinha uma amante, fato que incrementou a depressão e o desânimo que sentia pela vida; faleceu há nove anos, na segunda tentativa de suicídio, ingerindo dose letal de agrotóxico e tranquilizantes. T. tem dois irmãos, o primeiro é homem, seis anos mais velho, a segunda é mulher, quatro anos mais nova.

Quando decidiu estudar Medicina, saiu de casa pela primeira vez e, nessa ocasião, começou a namorar um homem 20 anos mais velho, com quem teve suas primeiras experiências heterossexuais. Era um homem de porte atlético e, como ela, muito ligado à natureza. Após um ano de namoro, ele faleceu de broncopneumonia.

Após formar-se em Medicina, decidiu ser pesquisadora e se instalou na universidade onde trabalha, mudando-se para longe da família. Nessa época começaram suas primeiras relações homossexuais. Teve três amantes, a primeira foi G., envolvimento que durou 17 anos; a segunda foi H., que também é pesquisadora, e essa relação durou três anos; e a terceira e atual é N., uma psicóloga que vive em outro estado. G. faleceu de câncer quando T. estava se ligando a H., que também teve câncer de mama quando ela decidira abandoná-la para ligar-se a N.

T. sente dentro de si forças tragicamente destrutivas, que foram ampliadas por vivências de perda nas relações com seus primeiros objetos. Assim, acreditou ser como um grande predador que passa pela vida imobilizando e matando seus objetos; os seres que vivem à sua volta estão fadados a adoecer, a morrer e a abandoná-la. A confirmação de suas teorias por dados da realidade, durante sua vida, fez crescer dentro dela a crença onipotente nos seus sentimentos destrutivos.

Como pesquisadora em neurofisiologia, T. tem um talento especial para relatar seus trabalhos científicos; logo no início do tratamento, descreveu-me uma pesquisa sua que continha uma metáfora abrangente sobre o seu funcionamento mental: demonstra que, para os seres vivos, a imobilidade é garantia de sobrevivência e o movimento é ameaçador à vida.

Então ela trazia os seguintes dados:

> *Estou preparando uma conferência para o encontro nacional de Etologia, e o assunto sobre o qual me convidaram a falar é imobilidade tônica e hipnose animal. Revendo os meus dados, acabei fazendo uma descoberta que me deixou entusiasmada: a imobilidade tônica é uma reação de defesa ou um estado reversível de inatividade observado em animais de diversos grupos de vertebrados e invertebrados. É uma observação já feita por Darwin. Os cientistas consideram a imobilidade tônica o estágio final de uma sequência de respostas que ocorrem no encontro presa-predador; seria o último recurso da presa para iludir o seu perseguidor. Vários experimentos mostram*

que os animais imóveis têm menos chance de se tornar vítimas de predação e, portanto, a reação teria valor de sobrevivência.

Às vezes, esse fenômeno é conhecido também como hipnose animal, denominação que não é correta, porque há uma relação estreita entre imobilidade tônica e medo que exclui qualquer semelhança com a hipnose humana, em que é essencial uma relação de cooperação entre o hipnotizador e o hipnotizado. Mas o que eu descobri é que há uma ponte entre a imobilidade tônica e a modulação da dor. Então, num dos meus trabalhos, descobri que, quando eu estimulava uma região do cérebro do animal com acetilcolina, eu conseguia abolir, além do movimento, também o reflexo ao estímulo doloroso por um período de uma hora (a imobilização dura 15 minutos). A aplicação prática disso é que, se o animal for mordido, ele continuará imóvel, porque, se sentisse dor ao ser atacado, ele se moveria, e o predador continuaria a devorá-lo. Assim, dois fatores preservam a vida animal: a imobilidade diante do agressor (fingir-se de morto) e a ausência de dor por um período de uma hora.

Descobri isso hoje de manhã e precisava contar essas descobertas para alguém.

Dr. Meltzer: Acabou de sair do forno.

Martha: Era preciso contar a alguém ou contar com alguém para entender suas dores. Senti, desde o início, que estava diante de uma pessoa com uma inteligência superior, mas com um estancamento do desenvolvimento emocional desde os primórdios de sua existência.

Levantei a hipótese de que T. sofreu uma grave perda quando ainda vivia num estado psíquico de concretude, quando seu aparelho psíquico ainda não podia substituir o objeto concreto pela simbolização, e isso fez com que sua vida de relação se baseasse num padrão com características especiais. Em consequência, ela se organiza de maneira frágil, vivendo uma constante e trágica expectativa de ser abandonada por seus objetos, o que a transforma em vítima ou presa. Utilizando o modelo biológico, T. descobriu um meio de interceptar a dor entre dois seres. Na relação analítica, como não consegue introjetar inicialmente a analista como um objeto adequado, e sim ameaçador, T. tenta fugir da dor que emerge na transferência, pela repetição de vivências dolorosas, atuando por meio da fala. Nesse jogo, ela utiliza a linguagem para se transformar ora em predadora, ora em presa, tentando imobilizar a analista e paralisar o processo analítico.

Por meio da palavra, transforma-se em predadora, ficando eu sua presa, e isso se verifica quando suas falas são cheias de ricas metáforas e analogias, quando são longas e intelectualizadas, ou quando ela se insere com hostilidade, colocando dúvidas sobre o método analítico. Ela também se transforma em presa, e eu sou a predadora, quando tento com firmeza decodificá-la: então, ela se fragiliza, faz silêncios prolongados e fecha-se em seu reduto.

Dr. Meltzer: Essa é uma história muito interessante. Nos sentimos tentados a dizer "que falta de sorte, menina". Mas ela não aceitaria isso. Ela quer essas perdas como provas da sua onipotência.

Martha: Isso mesmo. Em uma das sessões vai aparecer que ela cresce quando alguém morre.

Dr. Meltzer: Tem algumas coisas que quero saber. Esse primeiro amante foi o único amante heterossexual que ela teve?

Martha: Foi.

Dr. Meltzer: Quanto às duas amantes homossexuais, a que morreu e a que tem câncer de mama, ela abandonou uma pela outra, ou manteve as duas relações simultaneamente?

Martha: Ela estava se ligando afetivamente à segunda quando a primeira ficou doente, e depois se ligando afetivamente à terceira, quando a doença da segunda se manifestou.

Dr. Meltzer: Isso não responde a minha pergunta. Ela manteve a relação com as duas ao mesmo tempo ou com uma só?

Martha: Com uma de cada vez.

Dr. Meltzer: Estou tentando entender o que a deixou tão excitada essa manhã que a faz comunicar isso imediatamente. Ela sente que descobriu dois fatores que preservam a vida do animal, a imobilidade frente ao agressor e a ausência de dor por um período de uma hora. Esse período parece crítico. Presumo que isso seja uma afirmação a respeito da transferência. Provavelmente podemos ler essa uma hora como 50 minutos. Não há dúvida de que ela foi bem-sucedida em interessar você.

Martha: Ela é muito sedutora.

Dr. Meltzer: Num certo sentido, ela está oferecendo também uma alternativa à Psicanálise para entendê-la. Perguntei se ela tinha esses dois casos amorosos ao mesmo tempo porque parece que ela está vivendo dois casos amorosos: com sua pesquisa e com sua análise ao mesmo tempo. Ainda não está claro o porquê da urgência em comunicar isso para alguém, e por que esse alguém seria você.

Está claro por que ela precisava contar para alguém essas descobertas?

Martha: Penso que sim, ela precisava de alguém, mas era um alguém que ainda não tinha uma representação dentro dela.

Dr. Meltzer: Mas qual era a urgência?

Martha: Não sei.

Dr. Meltzer: Também não sei. Ela provavelmente sentiu que, de alguma maneira, suas técnicas de imobilidade e neutralização da dor por uma hora estavam sendo ameaçadas, e ela estava à beira de experimentar uma dor terrível.

Martha: Fiz um resumo, é uma longa história comigo; fiz uma divisão em três fases, só para efeito didático, porque as três fases ainda se misturam.

Fase I (aproximadamente um ano) – durante muito tempo a análise se desenrolou em um ambiente favorável. Numa linguagem rica, a paciente foi mostrando, por meio da palavra, as experiências catastróficas vividas precocemente em sua vida, numa época em que era ainda incapaz de conter ou elaborar psiquicamente o que sentia.

T. parecia ter encontrado o objeto perdido, cuja carência havia desencadeado toda sua sintomatologia. Comparecia a todas as sessões, raramente se atrasava; melhorara dos sintomas, sua produção científica melhorou, e ela foi eleita chefe do departamento em que trabalha.

Dr. Meltzer: Vamos esclarecer um pouco a cronologia.

Martha: Ela estava com a segunda relação homossexual, partindo para a terceira, quando começou a análise.

Fase II – As relações contratransferenciais sinalizavam que a análise tendia a se paralisar. Havia momentos em que eu me sentia imobilizada para pensar. Ela me ouvia com atenção, mas não respondia diretamente às minhas interpretações. Suas falas tinham a função de afastar-me do contato com ela, ou, na maioria das vezes, eu me sentia englobada, petrificada. Nessa fase, sua defesa chegara ao máximo; eu entendia que havia nela uma tentativa de afastar-me, para não reviver transferencialmente as ameaças de catástrofes que tinha sentido ocorrer com seus primeiros objetos.

Essa fase durou aproximadamente um ano e meio.

Fase III – Começa a haver rupturas das defesas e aparecem momentos de intimidade na relação analítica. Primeiro elas ocorreram nos sonhos; depois ela fala mais diretamente que começa a se dispor a romper a parte encapsulada que há dentro dela; e T. pôde, pela primeira vez, chorar com a analista durante a sessão.

Vou falar de três sessões para exemplificar as fases.

Dr. Meltzer: Quanto tempo durou a fase III?

Martha: Até hoje, as fases estão misturadas.

Dr. Meltzer: Vamos dizer, cinco anos e meio. Como se situa a amante homossexual número três em relação a essas fases?

Martha: Está presente desde o início da análise.

Dr. Meltzer: Então, foi na transição da amante homossexual número dois para a número três que começou a análise?

Martha: Sim.

Dr. Meltzer: É importante esclarecer isso, porque ela tem uma certeza tão onipotente e onisciente sobre o seu efeito destrutivo que parece que a técnica de manter a distância de você é para manter você viva. Assim, a urgência em contar sua descoberta não era só devido a uma ameaça à própria vida, mas também um imperativo pela ameaça à sua vida, porque a situação presa-predador é reversível.

Ainda não está claro por que chamar esse conceito de presa-predador em vez de sadomasoquista. Parece sadomasoquismo com onipotência. A mãe cometeu suicídio quando ela tinha quantos anos?

Martha: Há nove anos, quando ela estava com aproximadamente 38 anos.

Dr. Meltzer: E a mãe, quantos anos tinha?

Martha: Eu não me lembro, mas provavelmente em torno de 60 a 70.

Fase I – numa das primeiras sessões, T. traz a metáfora do seu nascimento biológico. Chega para uma sessão, a quarta da semana, deita-se e começa a falar sem interrupção: "Ontem, se eu tivesse que continuar aqui após a sua intervenção, no final da sessão, eu não aguentaria".

Dr. Meltzer: Uma luz de alerta se ascendeu.

Martha: "Há algo que a mobilizou", eu digo. E ela:

> *É sobre aquilo que se falou sobre a condição intrauterina. O útero deveria ser um lugar de conforto ideal, sem fome, sem sede, sem dores e sem frio; depois que a gente nasce, para sobreviver é preciso chorar e chorar. Aí eu me lembrei de dois fatos vividos por mim, de que eu soube por minha mãe; o primeiro foi quando eu nasci, disseram que chorei muito, chorei tanto nos primeiros dias que meus pais me trancaram por duas noites num quarto escuro, e daí não chorei mais.*
>
> *Fui sempre uma criança dócil, segundo o critério deles. Minha mãe dizia que tinha feito isso porque meu pai não podia perder noites de sono, tinha que trabalhar no dia seguinte, e filho não podia fazer barulho.*
>
> *Comecei cedo a calar as minhas emoções. Minha mãe contava esse fato sempre que tinha de opinar sobre educação de crianças. A segunda coisa parecida com isso que me aconteceu foi quando subi numa árvore, caí, quebrei o braço e tive de engessá-lo. À noite, após o engessamento, eu sentia muita dor e chorava demais. Minha mãe se*

> *levantou e me repreendeu, disse que eu tinha que parar de chorar para não atrapalhar o sono de meu pai. Daí para frente não dei mais preocupação; eles acharam sempre que eu era uma criança modelo, que não fazia peraltices e estava sempre quieta.*

E prossegue associando que durante toda a sua vida tinha procurado resolver todos os seus problemas sozinha, contrastando com o irmão, que era rebelde e problemático.

Dr. Meltzer: O aviso que ela deu no início dessa sessão agora se transforma no aviso de que ela vai parar de reclamar, vai se imobilizar, ficar quieta e ser uma criança perfeita, porque as alternativas são ou vão interferir no sono do pai e atrapalhar o trabalho dele, ou levar a mãe ao suicídio. E parece que se você falar sobre a vida intrauterina dela de uma maneira que lhe provoca dor, você vai receber esse tratamento de silêncio, e isso vai te enlouquecer.

Não vejo necessidade de acreditar nesses fatos sobre sua infância, seu desenvolvimento etc. Parecem simplesmente técnicas para ameaçar você de uma maneira específica, que invoca a procedência histórica. Ao apelar para o precedente histórico, provavelmente ela também nega qualquer responsabilidade ou escolha. Isso se chama resolver os problemas sozinha.

Martha: Parece que foi assim durante muito tempo. Durante essa fase, foi assim a situação comigo em sua análise.

Dr. Meltzer: Podemos presumir que esse confronto foi há sete anos.

Martha: Sim. Nesse momento, ela faz uma pausa e eu digo que, trazendo essas lembranças, ela estava dizendo que sobreviveu, e que para sobreviver é preciso chorar. E agora ela estava ali comigo, e eu podia ouvir o seu choro. Ela se assusta com a minha proximidade, faz uma pausa e, gaguejando emocionada, diz que não havia conquistado espaço em sua família, que nunca dera trabalho aos pais, era sempre boazinha e tirava boas notas; no trabalho com colegas, alunos e subordinados, procurava fazer tudo o que lhe pediam, não conseguia se impor e se sentia sempre explorada.

Agora ela falava mais tranquilamente, e eu pude dizer: "quando precisa se impor, você tem medo de que suas palavras e seu choro arrebentem as pessoas, que suas palavras destruam os outros. Então se cala, como se não existisse".

> *T: Eu sinto que bloqueio as emoções fortes; na morte de minha mãe e na morte de G. parece que na hora eu não liguei, a coisa vem depois. Não consigo ainda mexer na casa de G. geminada com a minha, fica muito forte a presença dela. Não consigo ir a B. A. para passear porque ela está enterrada lá. No momento em que ela morreu, enfrentei tudo, fui até Cumbica embarcar seu corpo, mas não pude ver enterrá-la.*
>
> *A: Atrás da menina que não chora e que aparentemente não sente nada, há alguém que sente muito e que vem expor a mim sua dor. Hoje você está aqui com a sua ferida exposta, como esteve quando pequena debaixo daquela árvore de onde caiu e não teve quem a segurasse. Hoje você não está só como naquele dia.*
>
> *T: Eu queria uma explicação para toda essa dificuldade que tenho de externar os meus sentimentos, sempre achei que isso estava na raça. Meu pai era alemão e a minha mãe era belga, acho que dá tudo no mesmo. Eu fiquei só, mas meus irmãos se casaram com brasileiras e devem ter amenizado isso.*

A: E você veio se analisar com uma brasileira e aqui tenta amenizar sua dor, ou pelo menos conhecê-la.

Dr. Meltzer: O que significa essa história sobre a casa da G.?

Martha: Quando era amante da G., ela mudou-se da casa dos pais e foi trabalhar na universidade. E elas construíram uma casa conjunta que tinha partes comuns. As frentes eram separadas, mas as casas eram ligadas pelos fundos.

Dr. Meltzer: Quer dizer que era possível entrar em qualquer das duas casas pelos fundos? Duas portas em frente e uma atrás?

Martha: Sim. Nos fundos tinha um quintal e na frente tinha duas salas, dois quartos e acho que a parte comum era a cozinha, a biblioteca, o quintal e dois banheiros.

Dr. Meltzer: Ela herdou a casa inteira quando G. morreu.

Martha: A questão ainda está pendente com os herdeiros de G.

Dr. Meltzer: Pelos últimos sete anos?

Martha: Sim, está havendo um processo jurídico quanto a isso.

Dr. Meltzer: Quem está processando quem?

Martha: Ela está tentando que os herdeiros tomem posse ou comprem a casa, assim ela poderia construir outra.

Dr. Meltzer: É como o comediante que conta que tem um relógio de ouro que herdou do avô, e diz com lágrimas nos olhos: "Ele me vendeu no seu leito de morte". Há sete anos?

Estou tentando entender quanto essa moça é psicótica. A maneira como ela conta as coisas e a certeza absoluta pela qual anuncia suas teorias parecem bastante psicótica. "Devido às minhas origens, o meu pai era alemão, a minha mãe belga" e ponto. "Meu irmão e minha irmã casaram com brasileiros, mas eu fiquei solteira."

Não é verdade que tenha ficado solteira. Na verdade, na sua única relação heterossexual o homem morreu, e não é que "não teve outros". Em vez de ter outros homens, ela teve três relações homossexuais.

Ela tem uma capacidade interessante de explicar tudo. Começa a parecer que ela vive num universo de presas e predadores, mas que é uma situação delicadamente equilibrada entre quem é a presa e quem é o predador, dependendo de quem pode se fingir de morto.

Ela é tão boa morta que a gente se pergunta se ela acredita mesmo que essas outras pessoas morreram ou que elas se fingiram de mortas. Ela não pode fazer nada com a casa da G., tudo lá está paralisado, presumo que a casa esteja vazia, talvez caindo aos pedaços etc. Ela não pode ir a B. A. porque G. está enterrada lá.

Você está interpretando corajosamente a transferência. Não está claro para mim se ela escuta alguma coisa do que você fala.

Martha: Eu tento me manter viva.

Dr. Meltzer: Ela ficou furiosa no começo da sessão por algo que você disse a respeito da vida intrauterina, e ela ameaçou abandonar você.

Parece que ela acredita que houve um período na sua vida intrauterina quando tudo era perfeito, sem dor, sem fome, sem sede, e depois ela nasceu, e o choro começou. Então, foi fechada num quarto escuro por dois dias. Parece que ela te ameaçou porque sente que você ameaçou essa ideia a respeito desse período feliz dentro do útero.

Martha: Provavelmente.

Dr. Meltzer: Parece implicar que ela sente que você está a ponto de lhe dizer alguma coisa muito diferente, isto é, que ela estava imóvel no útero, e não feliz, e que, mesmo no útero, ela estava assustada e se fingindo de morta. Vamos continuar e ver o que acontece na fase II.

Martha: Fase II, material A – era a terceira sessão da semana, T. faltara no dia anterior. Entra em minha sala muito pálida, abatida, carregando na bolsa um livro que coloca sobre uma cadeira.

Comunica-me, ao deitar-se, que teve fortes dores abdominais do tipo cólicas e vômitos, procurou um gastroenterologista, que lhe pediu exames ultrassonográficos para afastar a hipótese de pedras na vesícula. Depois diz:

> *Hoje eu recebi um livro importado que contém um artigo de Psicanálise, é uma enciclopédia atualizadíssima. Desde sexta-feira estou extremamente ansiosa porque será amanhã o concurso de efetivação dos docentes do departamento, sou a presidente da banca examinadora. Não deveria ter aceitado esse cargo porque estou envolvida emocionalmente com as duas participantes do concurso; a H. vai ser aprovada, mas a V. não; ela é extremamente infantil, não publicou nada em oito anos, é impossível aprovar alguém assim. Se ela não passar, perde o emprego e, com essa situação que atravessa o país, não será contratada em lugar nenhum.*
>
> *Agora já sei, o que tive ontem foi um piripaque por causa dessa história; a mãe da H. chamou minha doença de frescura.*

Eu disse que acreditava que a sua doença podia chamar-se angústia, e não frescura ou piripaque, senão ela não estaria trazendo-me esse fato para conversar aqui nem estaria interessada em ler artigos sobre Psicanálise. Ela responde arrogantemente que até quis conversar com o professor C., o mais velho do departamento, e ouvir a opinião dele sobre o caso, mas não o fizera porque já sabia que notas deveria dar à H. e à V.

Dr. Meltzer: Não entendi bem. Existe um exame de efetivação para professores da faculdade, que implica uma prova, ou basta um relatório da sua eficiência?

Martha: Nessa fase ela já era chefe do departamento e tinha função de elaborar um parecer. Depois de certo tempo, os docentes têm de fazer um exame de efetivação, e ela era a presidente da banca. É uma prova de títulos e trabalhos.

Dr. Meltzer: Mas tem um exame? Minha questão é se isso é verdadeiro ou é a forma da paciente de entender.

Martha: Creio que é verdade.

Dr. Meltzer: No exército, o comandante escreve seu relatório de eficiência e só ele decide. Mas nesse caso há mais duas pessoas, mas ela se comporta como se a decisão fosse só dela, e como se fosse uma questão de vida e morte.

Martha: Sim, daí o conflito.

> *Esta noite eu sonhei que estava num lugar que parecia um paraíso, tinha flores, rios, lagos, e eu estava dentro daquele mundo, fascinada pelas coisas exóticas espalhadas por lá. Comecei a colher conchas no chão, colocá-las em minha mão, mas elas se transformavam em pedras comuns, e aí eu as jogava fora. Depois fui andando e encontrei um lago límpido e transparente onde nadavam seres estranhos, eram invertebrados, polvos coloridos, mas quando eu chegava perto para apanhá-los, eles não tinham vida e eram feitos de plástico transparente. Na beira do lago havia uma mulher, ela mergulhou e saiu da água trazendo uma linda concha, que se abriu, e até apareceu um animal exótico. Eu me aproximo e, quando chego perto, percebo que não era animal,*

> *era uma massa disforme, sem vida, sem forma, de consistência plástica.*
>
> *Agora me lembrei de outra história que nem sei se pode ter ligação com isso. Hoje de manhã um colega que veio de outra cidade para participar da banca examinadora contou-me as pesquisas que tem feito no seu departamento sobre manipulação genética. Eles produziram uma galinha que tem uma massa muscular enorme, o dobro da comum, é uma megagalinha que cresce em 60 dias, só há uma desvantagem: essa super galinha morre com muita frequência de parada cardíaca, porque seu coração é pequeno e não nutre a grande massa muscular.*

Dr. Meltzer: Mas que mundo esse em que ela vive! O mundo onde tudo que é bonito torna-se sem vida, plástico e artificial na hora que ela toca e onde a ciência produz monstros que não podem sobreviver.

Esse não me parece simplesmente o mundo da identificação projetiva. O mundo dela é primeiramente descrito como um paraíso. "Eu estava lá naquele mundo, fascinada pelas coisas exóticas que estavam por lá, e comecei a colher as conchas, como restos de seres mortos."

O que ela disse antes, "eu me mantive solteira, mas o meu irmão e a minha irmã casaram-se com brasileiros, e isso deve tê-los suavizado", é como se ela tivesse feito um grande sacrifício de poupá-los para que eles não ficassem solteiros, estéreis, suicidas etc. Acho que isso está além da grandeza comum da identificação projetiva.

Martha: Quando ela parou de falar, eu me senti petrificada por alguns instantes, sem conseguir pensar. Depois pude dizer que ela trazia naquela ocasião o seu lado intelectual crescido com muitas funções, como presidente da banca, e o seu lado emocional vulnerável que adoece e somatiza. Traz um livro atualizadíssimo para eu aprender a cuidar dela, porém quando chamo sua atenção para a sua parte frágil, que ela chama de V., ela foge e sai da relação.

Dr. Meltzer: Isso é muito bom. Certamente ela não te deixou petrificada.

Martha: Quer colher coisas boas, bonitas, vivas e coloridas comigo, mas se assusta ao me sentir tão próxima e tenta petrificar-me ou transformar-me numa supergalinha, que tinha muito a oferecer como alimento, mas, morta, de nada lhe adiantaria...

Dr. Meltzer: Isso é uma interpretação excelente. Você é essa galinha grande com esse megapeito etc., mas não é viável. É certo que ela vai condenar V., como uma parte dela mesma, à morte.

Martha: Ela murmura "hum, hum" à minha resposta, e depois fica em silêncio até terminar a sessão.

Dr. Meltzer: Não entendo bem a música do "hum, hum".

Martha: Ela sempre fazia isso quando não queria me ouvir.

Dr. Meltzer: Mas você, como analista, também faz esse som enquanto a ouve? Isso que queria saber.

Martha: Não.

Dr. Meltzer: Eu faço. Às vezes os pacientes reclamam do meu "hum, hum..."

Martha: Material B – sessão de segunda-feira. T. diz:

> *Neste final de semana eu tive que ficar migrando de um canto para outro da casa: um lado era frio demais, e no outro batia sol e esquentava demais. Entrei e me acomodei num canto, até conseguir ler alguma coisa.*

> *Tenho uma forma muito dispersiva de estudar, em vez de parar e me aprofundar numa leitura, recomeço várias vezes, até ficar completamente fora do assunto que estou lendo. Tenho de dar aula sobre a fisiologia da visão, e divaguei para a neurofisiologia, tentando fazer correlações, e me perdi entrando em assuntos que nada tinham a ver com o aparelho visual. Comecei a ler, por exemplo, sobre a influência da luz na secreção dos hormônios etc.*

Dr. Meltzer: Provavelmente isso é uma bela descrição do que acontece quando ela te escuta. Ela poderia ter dito: "Sim, tenho uma forma muito dispersiva de te ouvir; em vez de parar e entrar no seu texto, começo a procurar outras coisas relativas à intenção da sua fala, e isso me leva longe de qualquer coisa que você de fato diz".

Martha: Eu disse que, quando está comigo, ela queria que eu não me sentisse seduzida por todo esse universo que cerca o conhecimento humano e ficasse concentrada essencialmente nela e nas suas emoções. Ela pareceu não me ouvir e disse:

> *Quando eu estudava o sistema visual, pensava em algumas questões. Um sinal visual é estudado de maneira sofisticada, consegue-se estudar o código de um neurônio em funcionamento para assinalar cada sinal, mas nada se sabe quanto a decodificar e perceber como funciona, como retoma os estímulos, e como esses são trabalhados na mente. Aí, a ciência para e é falha.*

Ela faz uma pequena pausa e diz que está indo dar aulas para substituir a V. (que ela matou), a colega que foi rejeitada, por isso não tem obrigação de saber tudo.

Dr. Meltzer: Ela está te ensinando tudo o que precisa saber sobre coisas que te interessam muito, e com certeza não prestou atenção ao que você falou. Infelizmente tudo isso soa científico, sofisticado, refinado: o código do neurônio, decodificação etc. E subitamente "não sabemos nada sobre como isso funciona no cérebro; aí a ciência para e é falha". Qual é a falha? Por que a ciência para subitamente?

Martha: Creio que a falha está em entender as emoções dela.

Dr. Meltzer: Com certeza isso significa chegar aos limites do seu conhecimento, que aqui está denominado como cérebro. É possível fazer todas essas coisas sofisticadas e inteligentes com o aparelho visual, mas subitamente você se depara com o cérebro e percebe que não sabe nada. Presumo que, na transferência, você é cérebro; não é só uma megagalinha com esse peito enorme, mas é um cérebro que sabe pensar, escutar e observar. Alguma coisa está acontecendo para que ela se dê conta de que erra ao te tratar de uma forma tão insultante e superior.

Ouvimos a seguir que ela vai substituir a V. Em vez de matá-la, viu-se identificada com ela, tendo de fazer o trabalho dela. Nesse momento ela está suplicando para não ser obrigada a saber tudo, como se a sua onisciência fosse simplesmente cúmplice dessa exigência de saber tudo.

Martha: Disse-lhe com firmeza que, se quando falo ela foge e não me ouve, não seria fácil para ela se compreender a partir de seus sinais internos. Mas disse também que ela tinha uma intuição de que, naquela parte em que a ciência falha ou não lhe dá as respostas, talvez eu pudesse entrar com a ciência dos sentimentos, da compreensão humana, e nós falaríamos numa linguagem emocional.

Dr. Meltzer: Sim, isso é muito bom. Nós não precisamos falar a linguagem da matemática para falar com precisão. Podemos falar a linguagem das emoções, que tem um tipo diferente de precisão e merece o nome de ciência.

Martha: Ela diz:

> *Essa não é uma tarefa tão fácil como entender a neurofisiologia. Acho que só agora, depois de 20 anos, começo a estudar entendendo, com a sensação de estar aprendendo os processos integrativos do sistema nervoso.*
>
> *De alguns anos para cá ocorreram em minha vida muitas mortes, doenças e cânceres; tive de trabalhar dobrado no departamento. Aí pensei: "pô, esse setor nunca se estabiliza"; tenho que dar aulas que nunca dei. No fundo, essas heranças e perdas representam para mim mais esforços, mais trabalhos, mas no fundo acho que estou aprendendo coisas que nunca imaginei aprender."*

Senti que precisava decodificar as falas de T. com firmeza. Evidenciava-se nessa sessão a sua parte intelectual, que cresce ou se desenvolve quando alguém morre ou é rejeitado.

Dr. Meltzer: Dessa vez ela realmente te ouviu, porque o que ela está dizendo é que sua teoria antiga de que a única coisa importante era a sobrevivência talvez não seja verdadeira, pois existe um outro sistema de valores, que você representa, representado por "aprender com a experiência e se desenvolver". Porque aqui não estamos lidando com um mundo rígido, estável; lidamos com um mundo em constantes fluxos e mudanças; não tentamos controlá-lo, mas entendê-lo um pouco. Ela não só nunca imaginou que aprenderia as coisas que está aprendendo, mas nunca imaginou que essas coisas existissem para ser aprendidas.

Há oito anos ela vem te ensinando como ser científica; certamente ela está no momento de matar você, seja você um polvo, um crustáceo, uma megagalinha ou uma colega chamada V. Como ela ameaçou no começo: se você ousasse falar com ela daquele jeito, ela iria embora. Ela faz uma ameaça, como presidente da banca, quando diz: "Se eu tivesse de continuar aqui depois da sua intervenção no fim da sessão, eu não aguentaria".

Isso é uma forma de humildade nessa moça tão arrogante. Mas ainda não responde à minha pergunta: estamos lidando com identificação projetiva, ou com um estado mais psicótico?

Martha: Fase III – T. comunica-se comigo por meio de sonhos. Nessa sessão, ela está mais descontraída; ri ao falar de suas pesquisas sobre imobilidade tônica, conta que está estudando uma família de ratos recém-nascidos e descobriu que só apresentam imobilidade ao nascer; ao crescer, perdem-na. Depois fala sobre o filme *Nas montanhas dos gorilas*, dizendo que se identificava com a americana que tinha um grande contato com os animais. Nesse momento faço a intervenção: "você espera compreender-se melhor e não ter de se imobilizar, nessa nova fase de contato maior comigo."

Então ela diz:

> *Tenho tido sonhos que refletem bem essa minha dificuldade de entrar a fundo no processo da análise. Sexta--feira à noite sonhei que tinha de subir uma ladeira para vir para cá. Eu estava com meu sobrinho nas costas, ele estava doente e era pesado. A subida era dura, e depois eu tinha que atravessar uma floresta inteira. Havia vários caminhos para sair dela, e eu tomei um deles, que vai em direção ao hospital que tem paredes de vidro; era lá que eu queria ir, que eu teria que ir. Quando cheguei, entrei no hospital e olhei para todos os lados; ao redor das paredes de vidro avistei a paisagem de fora. Olhava para todos os lados, e era linda: havia um córrego, e a natureza me encantava tanto que fui*

me distraindo da função de ir para a análise; sentia que ia chegar atrasada.

Depois sonhei outra vez: eu estava com meu sobrinho no colo; ele tinha de fazer quimioterapia, e era eu que tinha de aplicá-la. Tinha uma caixa de agulhas que eu deveria usar, e todas as agulhas estavam rombas e contaminadas. Foi uma sensação desagradável; eu queria fazer alguma coisa para melhorar o meu mal-estar e não consegui.

Percebi sua fala aflita, mas bem próxima a mim. Disse-lhe que, como uma criança, a parte pequena dentro dela vem para ser tratada; para isso temos que arrebentar juntas as paredes de vidro, que simbolizam a sua dificuldade de sentir afetos, de se ligar a mim.

Percebo-a emocionar-se e chorar até o final da sessão, quando eu lhe digo também que sua parte afetiva ficou cancerizada, aprisionada como a de um menino que tem coisas malignas dentro de si. Ela quis ser médica, mãe de si mesma, estar só, se bastar, mas percebia que não dava mais para lidar sozinha consigo mesma. Agora ela queria romper a parede de vidro para permitir que eu e ela pudéssemos cuidar dela.

Dr. Meltzer: Isso é muito bom. Parece que ela está no ponto de emergir da identificação projetiva. Talvez ela não seja psicótica, mas tenho que confessar que não estou totalmente convencido disso. Muito bom. Trabalho difícil.

Participante: Gostaria de saber o que o senhor considera mais psicótico do que a identificação projetiva?

Dr. Meltzer: A identificação projetiva pode ser muito primitiva e pode envolver a pessoa em todos os tipos de perversão, vício, confusões etc. Mas viver em identificação projetiva sempre traz um certo perigo de cair num sistema delirante e tornar-se inacessível ao contato analítico. Nem sempre isso acontece com a personalidade toda, mas a parte da personalidade que se torna esquizofrênica fica inacessível à análise.

Minha opinião sobre esse material é que essa paciente provavelmente já foi esquizofrênica, e a analista foi capaz de fazer contato com partes não esquizofrênicas da personalidade que estavam vivendo em identificação projetiva. Oito anos parece um período razoável para conseguir isso e chegar ao ponto de conseguir fazer uma análise com ela. Se se tratasse apenas de ajudá-la a sair do estado de identificação projetiva, oito anos talvez ultrapassem o que geralmente seria necessário. Mas, quando se chega a esse ponto, há ainda pela frente todo o curso comum da análise, e isso ainda se complica com os feriados, pois cada vez que a transferência fica especialmente estressante, a esquizofrenia volta à tona, e a analista tende a sentir que não conseguiu nada, ficando muito desencorajada.

Se, como suspeito, essa paciente tem um sistema delirante, não é um sistema delirante ortodoxo, do tipo que se costuma ver, mas é um sistema delirante científico, que me parece bastante comum atualmente.

13. A história de um colecionador: memórias-arquivo em direção às memórias-sonho[1]

> *Caminho pelas vias e pelo gramado, assinalo o contraste entre as lápides bem polidas, enfeitadas com muitas flores, e as que perderam a cor brilhante, substituída por um melancólico cinza. Ao vê-las, reforço a certeza da finitude que a todos espera, como se, pelo contrário, o brilho do bronze fosse uma prova de vida.*
>
> – Fausto, 2014, pp. 12-13

A epígrafe do escritor Boris Fausto expressa algumas das questões que serão abordadas no presente artigo. Esse autor descreve, no livro, o dia a dia de sua visita ao cemitério onde foi, recentemente, enterrada sua esposa. Ao caminhar pelo extenso e verde gramado, como um observador sensível e atento, descreve o ambiente com as lápides bem polidas, muitas flores vivas e coloridas, em contraste com outras flores esmaecidas, de cor "melancólico cinza". Seus pensamentos se dirigem para a finitude da vida, que a todos espera,

1 Artigo publicado em 2020 na revista *Berggasse 19* (vol. 10, n. 1, pp. 201-214).

e ele fixa o olhar no brilho do bronze, pois, por esse vértice, a vida ainda está presente.

O modelo literário citado remete-nos a pensar no contraste entre a vida e a morte (Eros e Tânatos), permite-nos refletir sobre a evolução da técnica psicanalítica para trabalhar lutos e melancolias. Com a mente viva, temos possibilidades inatas de aprender com a experiência, diferenciando-nos dos outros animais viventes neste planeta, que nascem com suas funções previamente codificadas no seu DNA. Nós, os humanos, temos que aprender na vida o pensar/sonhar por meio da colaboração da função de rêverie materna, mesmo que certos condicionamentos inatos também nos digam respeito.

Em termos psicanalíticos, o trabalho de luto constitui-se numa tarefa psíquica muito bem definida para a mente humana desempenhar, ou seja, se desligar dos mortos, das coisas mortas, das memórias saturantes, do investimento libidinal sequestrado e sequestrador. A ampliação da técnica psicanalítica na clínica atual, com a evolução das teorias de Freud, Klein, Bion e outros teóricos, tem favorecido a expansão e o número de pessoas atendidas pela Psicanálise.

Neste texto, pretendo apresentar as vicissitudes de um caso clínico em que o processo do trabalho de luto, como descreveu Freud (1917/1974) em *Luto e melancolia*, é negado (e não se processa), ilustrando as dinâmicas do "esmaecimento" das flores, em busca de trazer cor ao mundo dos vivos...

Modelo clínico: o "coleciona-dor"

> *O sujeito está assombrado, possuído por seus ancestrais, há muito tempo falecidos e incapaz de enterrar seus mortos, uma vez por todas.*
>
> – William Shakespeare, *Hamlet*

Atendi Pedro para análise em caráter de urgência. Chegou abatido, de ombros caídos, pálido, aos 60 anos, sofrendo intensa dor mental, que o impelia a cometer suicídio. Presidiu uma empresa familiar que prosperava quando seu irmão (cinco anos mais novo), após a morte do seu único tio paterno, recebeu dele uma herança que o elevou ao cargo de sócio majoritário. Esse fato fez com que o irmão "usurpasse" seu lugar de presidente da empresa. O pai falecera havia dez anos e sua mãe, octogenária, é portadora de estado avançado do mal de Alzheimer.

Casado, em segundas núpcias, tem quatro filhos, sendo dois do primeiro casamento. Seu primeiro casamento entrou em colapso após o nascimento dos filhos e, diante da perda das funções mentais da primeira esposa, que adoeceu gravemente, levou as crianças para a segunda esposa criá-los. É um bom provedor para sua família. Vive um tipo de relação fusionada com a esposa, e um distanciamento afetivo, empobrecido e difícil, com os filhos.

A perda de status na empresa intensificou em Pedro um drama interno que o levou a uma profunda depressão. Esse drama se agravou pela avidez intensa que o fazia envolver-se em briga fratricida por status, poder e bens materiais. Tal situação o impulsionava, cada vez mais, a aumentar seu acervo de sofisticado colecionador de animais vivos (aves raras, cães, peixes exóticos e animais selvagens), que Pedro acolhia numa espécie de arca de Noé, e de objetos inanimados (tapetes, pinturas, esculturas, discos, CDs, vários aparelhos de som), que sobrecarregavam a decoração de sua casa.

O ato de colecionar, como um projeto filosófico, é uma tentativa de organizar o caos do mundo mental, buscando seu significado oculto. No mundo mental, tal ato lembra um fenômeno que nos aponta para a discriminação entre um grupo de memórias que favorece a sanidade e outro grupo de memórias que gera psicotização, proliferação de tramas psicóticas. Essas últimas são denominadas "memórias-arquivo", acumulando as memórias e impedindo a abertura de novos significados. As primeiras surgem espontaneamente, no decorrer da sessão analítica, e correspondem às "rêveries", ou devaneios, que, ao se manifestarem, nos permitem associações valiosas para o trabalho analítico (Bion, 1962/1991). Colecionar também pode ter um significado de luta contra o esquecimento e a morte, pois assume características de uma tarefa bíblica, como a da arca de Noé, para evitar o desaparecimento dos seres vivos.

Alguns comportamentos, em relação ao gosto artístico, nos levariam a entender o gosto de Pedro e seu refinamento. No contexto em que a arte se insere na vida do paciente, em conjunção com bichos, pedras, discos, tapetes, entre outros seres vivos/objetos a compor coleções, ressignifica-se o estético em novo campo semântico. Assim, o conjunto e a mistura dos objetos vivos e mortos, a voracidade, a avidez de reunir elementos do mundo animado e inanimado, acabam por revelar não a beleza, mas o excesso, a saturação, mobilizada pelo desejo de vasculhar onipotentemente a vida como "dono" dela, sendo seu decifrador. Falta-lhe, entretanto, sentir a fruição, a duração do tempo necessária ao prazer do conhecimento, à apreensão da beleza da arte, da música, pelos sentidos. Como colecionador de discos e aparelhos de som, está sempre buscando a essência do gênio, da beleza da música. Por exemplo: a Nona Sinfonia de Beethoven fazia parte de seu acervo, então, colecionava vários registros e execuções dessa peça musical feitos por intérpretes renomados. Também procurava ter aparelhos cada vez mais sensíveis e mecanicamente sofisticados, para apreender a essência da execução.

A busca incansável da descoberta do nível mais aprimorado de execução musical, a exemplo das diferentes produções de Beethoven, significa a metáfora com que ele pensa garantir a competência de suas "investigações científicas". Conjecturo que ele acredita que, tendo todo esse domínio, chegará a decifrar o Édipo dentro de si: essa busca o levará a descobrir a "verdadeira" filiação de seu irmão, condenando-o a enxergar a verdade de suas suspeitas e, sem saída, poderá deparar-se com um suicídio/homicídio, matando-o e/ou matando-se, em um final trágico.

Em nível profundo, um ciúme intenso o impulsionava a investigar a paternidade de seu único irmão. Queria se vingar e provar a traição da mãe como amante do tio paterno, descobrir o verdadeiro pai de seu irmão. Tinha suspeitas e "provas" que queria investigar... assemelhando-se à história de Hamlet (Shakespeare, 1975).

Hamlet tem presentes o desgosto pela morte do pai, a repulsa pelo comportamento da mãe e o ódio pelo tio – que era três vezes usurpador: do lugar do pai, do afeto da mãe e do próprio trono –, provocando-lhe um estado de depressão durante o qual lhe é confiada, por um espectro, a missão de vingança!

Pedro estava à beira de um colapso mental, sofrendo depressão, crises de pânico, falência nos vínculos humanos, tentativa de suicídio, quando finalmente aceitou o tratamento analítico proposto, com a frequência de quatro sessões semanais.

Em uma das primeiras sessões, Pedro começou dizendo que sofria de insônia. Quando conseguia dormir, tinha um sonho recorrente que precisava me contar. Explicou que, no cemitério da cidade, estavam enterrados juntos seu pai, os avós e outros parentes, inclusive um bebê natimorto que era filho seu. No sonho, havia uma espécie de capela que continha, no seu interior, várias urnas e, nelas, os mortos ainda tinham um corpo reconhecível.

Sonhou que queria "acertar umas contas com seu pai" e, para isso, ia ao cemitério, à procura do corpo dele. Entrava na capela dos mortos da família, abria uma urna e fechava, porque não era a dele; em seguida, abria outra urna, era a de sua avó, e fechava; em outro dia, abria outra e encontrava a de outro parente; nunca era a do seu pai. Ele continuava sonhando esses pesadelos. Acordava frustrado, até que um dia sonhou que, ao abrir uma urna, encontrou seu pai de corpo inteiro. Deu-lhe uma surra, fechou o caixão e foi embora.

A partir de então, tal sonho não mais se repetiu. Mas continuaram as insônias.

Após contar o sonho na sessão, falei que estava percebendo nele uma evolução, um progresso, pois havia "acertado algumas contas com seu pai" e, agora, poderia "tocar sua vida com mais liberdade". Percebi nele um grande alívio, naquele momento da sessão. Ficou surpreso, pois, diante de uma situação inusitada, ele encontrou alguém que fez um juízo de esperança diante de fatos tão "surreais". Isso determinou que ele pudesse aceitar o trabalho analítico comigo, pois já tentara em outras oportunidades, sem dar continuidade.

Ele não mais sonhou o mesmo sonho. Entretanto, dias depois, voltou concretamente ao cemitério, passando a cometer uma série de atuações, seguindo seus planos de investigar as questões da paternidade do irmão. Com esse objetivo, foi ao jazigo da família com um funcionário de sua confiança e abriram o caixão do pai. Retirou alguns ossos, como pedaços de maxilar com dente, fios de cabelo, para fazer o teste de DNA. Com o tio não pôde fazer o mesmo, pois este escolhera ser cremado. Captou também cabelos e células das mucosas da boca da própria mãe, ainda viva, sendo ajudado pela esposa, que também o acompanhava. Ele colhia o material (ossos) e os limpava com álcool para evitar "contaminações". Sabemos que essa "desinfecção" não se resolve com álcool, uma vez que a contaminação é de outra ordem, pois trata-se da "loucura" de fazer uma "desinfecção dos vírus e bactérias" que vieram dos mortos e agora estão habitando sua casa/mente.

Tais feitos eram carregados de sentimentos ambivalentes: ao mesmo tempo que investigava, buscando a verdade sobre a traição materna, ficava com muito ódio pelo risco de perder a cabeça e matar o irmão, tornando-se um assassino; ou ainda se matar, tornando-se um suicida. Andava armado, acreditando que poderia ser morto pelos capangas do irmão, ou que os mataria antes, embora tentasse ocultar a guerra fratricida dos conhecidos mais próximos.

Como analista, impus limites a ele. Eu o proibi de entrar armado no consultório. Ele escondia, sob o casaco, um cinturão com armas, sempre perseguido pelo fantasma ou pela materialização de ações, vindas dos capangas do irmão. Logo que me dei conta desse fato, determinei que, em nosso espaço de análise, ele começasse a despojar-se desses recursos violentos, desenvolvendo a capacidade para lidar com outras possibilidades para sua saúde mental.

Em sua "pesquisa", ele tem uma intenção voltada à vingança. Falei a ele que, além de pesquisador, ele tem uma "sentença bem estabelecida, que não é de investigador em ciências, mas, sim, uma sentença de morte". Por isso, não consegue dormir. Teme descobrir a "verdade", e isso, segundo ele, poderia aliviá-lo, mas também poderia torná-lo, por meio da vingança, um assassino fratricida. Estava criado, naquele momento, um círculo vicioso, terror que emanava do excesso de curiosidade, arrogância e estupidez – elementos característicos de um desastre mental (Bion, 1957/1967).

Trabalho de luto e função alfa: rêverie a serviço da vida

No exercício da Psicanálise, Bion (1963/1973), em "A grade", nos fala sobre a importância de o analista favorecer e armazenar elementos alfa sob a forma de pensamentos oníricos inconscientes, sonhos e mitos, com a finalidade de se nutrir para exercer sua função de continente com rêverie. Descreve, entre outros mitos, cenas da "Cova da Morte do Cemitério Real de Ur", destacando que nós, analistas, somos semelhantes aos saqueadores de tumbas, no modelo do Cemitério de Ur.

Por meio da função de rêverie do analista, o sonhar a sessão analítica representa um acolhimento, fundamental, para se trabalhar o luto, resgatando o movimento, a vida em oposição à imobilidade, à melancolia, à morte. Esse modelo expande para outras vertentes do luto em que as perdas trabalhadas trazem à tona o viço para continuar cada trajetória humana, fortalecida, ressignificando o objeto perdido. Entre a perda da presença e a presença da perda está a função analítica (Britton, 1998/2003).

Observando áreas de ruínas (mente primitiva), podemos utilizar o modelo da maldição para os ladrões que invadiam as tumbas buscando tesouros soterrados com os reis. Entretanto, os analistas, os arqueólogos e os cientistas estão à procura de tesouros de outra qualidade. Bion escolheu essa narrativa como modelo por ter vívidas qualidades pictóricas (categoria C da grade), o que, na prática psicanalítica, é útil para construções visando lidar com camadas catastróficas de sofrimento psíquico. A construção usando modelos, diferentemente da interpretação, é composta de elementos oníricos que são muito mais ágeis na apreensão do material inconsciente primitivo (Sapienza, 2016).

Bion (1963/1973) escolheu alguns mitos como modelo a fim de disponibilizá-los para uso pelo analista em funções de rêverie positiva ou benigna, contrapondo-se à função de rêverie negativa ou hostil (Ribeiro, 1999, 2017). Ele aponta para a "curiosidade estúpida" (Bion, 1957/1967) como um desastre para a mente, imagem válida para entender Pedro e para definir o trabalho psicanalítico, com o extremo cuidado de não se perder em investigações que levem a impasses ou ao trágico do reconhecimento sem saída. A Psicanálise é, essencialmente, para a vida.

Em Pedro, toda "investigação" se faz de forma secreta e concreta. Busca ajuda de um capanga para fazer a coleta de material dos corpos enterrados e tem grande temor de ser visto. Diz que, se as pessoas o vissem com ossos nas mãos, com pedaços de crânio, cabelos, iriam dizer, no mínimo, que ele era um "canibal". Em certas ocasiões, ele próprio dizia que estava ficando louco. Ao perceber essa condição, ia construindo certa condição de pensar, de avaliar, ainda que de forma incipiente, a insensatez de suas ações.

Entre a superatividade e a inferatividade: trânsitos mentais

Um sentimento de solidão pontua a trajetória existencial desse paciente. Quando tinha 8 anos de idade, Pedro teve uma pneumonia que complicou com septicemia, deixando-o em coma por uma semana, internado em uma unidade de terapia intensiva (UTI). Chamaram a família e, diante de todos, o padre lhe deu a extrema-unção. Nesse dia, estando "no leito de morte", sentiu que estava "levitando". Olhava do alto para os parentes, sentindo-os indiferentes à agonia dele, incluindo seus pais. A partir de certo momento, percebeu-se numa encruzilhada: entre a vida e a morte, numa dor de solidão profunda. Havia no local uma "freirinha-mãe" que o medicava, alimentava e cuidava pessoalmente dele. Nessa parceria, ele pôde agarrar-se à vida e sobreviver. Quando me contou esse episódio, emocionou-se, chorando copiosamente. Falei a ele que se emocionava por ter encontrado em mim alguém que o compreendia e que, tal qual a "freirinha-mãe", o estava ajudando a se alimentar, só que dessa vez em nível mental.

Tais vivências desde sua infância, em estado de extrema solidão, em meio à família e ao seu entorno, o punham, muitas vezes, a elevar-se a uma posição superativa, como descreveu no fenômeno de levitação e, a seguir, a descer ao espaço inferativo/arrogante, ao mundo dos mortos (depressão), que o fazia, naquele momento, transitar em ambientes insólitos. Se ele viveu e sentiu a "levitação", esta é equivalente, para ele, à sensação "da descida ao Hades". Configura-se como um fato concreto, um contato familiar com a "quase morte", quebrando os limites segundo os quais os vivos circulam e os mortos se confinam. Segundo sua fantasia onipotente inconsciente, os corpos dos mortos da família não se decompõem.

A descida ao Hades, mundo dos mortos, tem, na literatura clássica e em suas reescrituras, diferentes versões, invariantes na estrutura profunda de significação. Descer "aos infernos" é, na *Odisseia*, de Homero (2001), buscar decifrar o que é obscuro e poder contar com a colaboração dos mortos. O objetivo de Ulisses, por exemplo, é encontrar Tirésias, que habita a região subterrânea – o Hades. O tesouro que lá se esconde é o adivinho cego, que pode organizar a travessia de Ulisses para sua volta à terra natal. No diálogo em que o herói grego "escuta" a fala do adivinho, há a indicação dos passos seguintes que, elaborados na mente do "viajante", o põem a continuar seu percurso com êxito.

O trabalho analítico, vencendo as maldições do Cemitério de Ur, tem, no encontro do herói grego e do adivinho cego, Ulisses e Tirésias, o modelo de uma forma de lidar com o limiar entre vida e morte, em busca de sobrepor a primeira à segunda, sem excluí-la. Mas Pedro, ao contrário, era mais resistência do que escuta! Senti que precisava ser uma analista que, como o pai de Hamlet, infiltrava na pele do espectro para ir em busca de verdades, desarmando questões de melancolia, paranoia, morte. Eu dizia a ele: "Você está encontrando uma analista que está conseguindo fazê-lo continuar sentindo e pensando, oferecendo-lhe nutrição mental para conseguir sonhar sonhos e não sonhar pesadelos".

Desse modo, Pedro transita entre a vida e a morte em coexistência, sem sentir que há uma identidade de vida e um outro estado material de morte, de finitude. Não sabe lidar com a cesura de morte. Embora esteja em nós, viventes, o princípio de Eros e Tânatos, há um momento em que este, dominante em certo sentido, se impõe como finitude. Para Pedro, o espaço superativo dos vivos e o inferativo dos mortos necessitam ser devidamente nomeados, simbolizados, para assim ele poder ganhar trânsito interno e poder visitar objetos internos (funções de personalidade) presentes na inferatividade do Hades, bem como na superatividade da levitação, em busca de sua capacidade para sonhos e transformações em pensamento.

Considerações finais

Pedro é órfão desde que nasceu. Não reconhece a mãe como MÃE, chamando-a de "a velha". Odeia o pai a ponto de violar seu túmulo para surrá-lo (sonho). No entanto, ele mesmo é um pai capaz de "roubar" os próprios filhos de seu primeiro casamento para criá-los com a segunda esposa. Seria sinal de ser um bom pai? Um homem capaz de restaurações? Ele mesmo tem suas dúvidas sobre isso, não acredita nisso, apesar das evidências de sentir ter uma família atual "quase" em harmonia.

A capacidade de restauração viva contrasta com a do colecionador. Penso que suas coleções são dinâmicas obsessivo-compulsivas que visam criar um "*splitting* forçado": onde não há afetos, que haja coisas (Bion, 1962/1991). Mas que afetos lhe faltam? Ele é um ser carente querendo chamar a atenção da mãe para ser amado. Essa dinâmica de sedução/encantamento para ser amado aparece nas primeiras sessões: ele tenta encontrar a analista exibindo toda sua capacidade de colecionador, de ser ótimo empreendedor de negócios e, assim, obter raros objetos de arte etc. Depois de tudo isso, aparece um vazio, que em parte é devido ao "*splitting* forçado": o que ele mais quer e precisa é do amor dos pais, mas este é substituído por "coisas de valor", e mesmo estas não são de tanto valor assim, porque são apenas "coisas".

Quando ele se dá conta, a vida passou... e lhe aparecem apenas dois "seres", como se lhe restasse somente duas dimensões sem sua mente: um está com 60 anos, regredido, tentando encantar a analista-mãe com sua inteligência; o outro, um autodidata solitário com grande sensibilidade. Mas quando se volta para si mesmo, sente-se uma "farsa", um falso self, e aparece um terceiro, um velho desistindo da vida, querendo se matar para descansar do martírio de sonhar ser uma pessoa comum e não conseguir. O suicídio seria uma maneira de tentar acabar com o falso self de um "coleciona-dor", incapaz de colecionar vida.

Pedro se dá conta da sua finitude, assemelhando-se a Hamlet, sendo a imagem visual mais significativa da peça presente no ato 5, quando Hamlet encontra com os coveiros que estão retirando uma ossada antiga para preparar uma nova cova e, diante do crânio do bobo da corte Yorick (ali enterrado), interpreta o encontro com a mortalidade humana e a inevitabilidade da morte: "ser ou não ser, eis a questão!".

Ele também me lembrou o personagem do livro *Todos os nomes*, de José Saramago (1997), que colecionava os vivos e os mortos de seu arquivo e os misturava, enlouquecendo de solidão, pois não conseguia fazer uso das pessoas vivas que o cercavam. Também, ao desejar ser uma "pessoa comum", remete ao mito de Jesus em *A última tentação de Cristo*, tão bem descrito por Nikos Kazantzákis (1952/1988), e ao poeta Fernando Pessoa (1925/1986), em "Guardador de rebanhos", de Alberto Caeiro, parte VII.

Penso que Pedro precisa de "holding" e "continência com rêverie" (Bion, 1962/1991, Sapienza, 2016, Winnicott, 1945/1978). Ao conseguir estabelecer uma transferência benigna e revisitar as funções de mãe e/ou pai, que ele acha que nunca teve na vida, abrem-se possíveis perspectivas para ele alcançar sua dimensão humana: ser quem se é, apenas.

No presente artigo, em que me proponho a discutir as vicissitudes do luto na clínica contemporânea, já se vão constituindo condições, ainda que incipientes, para o paciente Pedro buscar transcender seus impulsos destrutivos, paralisantes. No universo em que vivemos, parece que a oportunidade para a "curiosidade" não tem fronteiras, nem limites, como vimos no caso clínico apresentado. Como analistas, há o risco de, algumas vezes, tentarmos produzir um número ilimitado de teorias, favorecendo, também em nós, um acréscimo de "memória-arquivo", ficando a mente analítica saturada, com pouco espaço para o livre sonhar/pensar restaurador, revigorante.

O analista, por meio da função alfa e da sua função de rêverie, elabora com o paciente a transcendência da "memória-arquivo" para a "memória-sonho", usando mitos, sonhos, poemas, pinturas etc. – sempre necessários para transpor a saturação. O par analítico vai "limpando o campo" para fazer novos plantios. Há, todavia, situações em que a memória emperra, cristaliza a narrativa, faltando espaço para fazer emergir a vida, abrindo espaço para a instalação da depressão, da melancolia e das mais diversas paralisias mentais.

Elaborar luto, nessa perspectiva, é transcender a saturação, encontrando frestas pelas quais se possa recriar experiências emocionais como vetores em direção a novas elaborações. O trabalho de luto é essencialmente necessário para reconfigurar a perda, o vazio, de diferentes ordens, e mobilizar os recursos internos para olhar o presente e o futuro.

Entre as flores esmaecidas e o bronze que brilha, admitir a finitude é poder olhar o brilho. No *setting* analítico, dois seres estão vivos, e é da vida que estamos cuidando.

Referências

Bion, W. R. (1967). On arrogance. In *Second thoughts: selected papers on Psycho-Analysis* (pp. 86-92). Heinemann. (Trabalho original publicado em 1957)

Bion, W. R. (1973). A grade (M. R. A. Junqueira, Trad.). *Revista Brasileira de Psicanálise*, *7*(1), 103-129. (Trabalho original publicado em 1963)

Bion, W. R. (1991). *Learning from experience*. Maresfield Library. (Trabalho original publicado em 1962)

Britton, R. (2003). *Crença e imaginação: explorações em Psicanálise* (L. P. Chaves, Trad.). Imago. (Trabalho original publicado em 1998)

Fausto, B. (2014). *O brilho do bronze [um diário]*. CosacNaify.

Freud, S. (1974). Luto e melancolia. In *Edição standard brasileira das obras completas de Sigmund Freud: Vol. 14. A história do movimento psicanalítico, Artigos sobre a metapsicologia e outros trabalhos (1914-1916)* (T. O. Brito, P. H. Britto e C. M. Oiticia, Trads.; pp. 245-266). Imago. (Trabalho original publicado em 1917)

Homero. (2001). *Odisseia* (F. Lourenço, Trad.). Penguin Classics Companhia das Letras.

Kazantzákis, N. (1988). *A última tentação de Cristo* (W. Barcellos e R. N. Pizzinga, Trads.). Rocco. (Trabalho original publicado em 1952)

Pessoa, F. (1986). Guardador de rebanhos. In *Obra poética* (pp. 203-228). Nova Aguilar. (Trabalho original publicado em 1925)

Ribeiro, M. M. M. (1999). Rêverie hostil e rêverie benigna: estudo clínico do fenômeno da rejeição e sua correlação com a noção de rêverie proposta por Bion em sua obra. *Revista Brasileira de Psicanálise*, *33*(3), 431-447.

Ribeiro, M. M. M. (2017). Revisitando o conceito de rêverie hostil e rêverie benigna. *Berggasse 19*, *7*(2), 53-72.

Sapienza, A. (2016). *Reflexões teórico-clínicas em Psicanálise*. Blucher.

Saramago, J. (1997). *Todos os nomes*. Companhia das Letras.

Shakespeare, W. (1975). *Hamlet/Othello* (R. Alberty, Trad.). Verbo.

Winnicott, D. W. (1978). *Textos selecionados: da Pediatria à Psicanálise* (J. Russo, Trad.). Francisco Alves. (Trabalho original publicado em 1945)

Posfácio

Concluímos a leitura do livro da querida Martha com satisfação e saudade das intermináveis conversas vivas e criativas que tínhamos com ela. Nos textos escolhidos para compor seu livro, os diálogos se apresentam como presenças luminosas, confrontadas com dimensões explosivas e abissais da mente, cujos registros são dores que demandam e, simultaneamente, se opõem à experiência viva da interação humana.

Acompanhar a evolução e os desdobramentos do pensamento e do trabalho clínico de Martha é uma experiencia estética. Percebemos isso por meio da descrição de momentos extraídos do seu trabalho analítico cotidiano, nos quais a beleza e os riscos do processo analítico vão se esboçando como uma senda em meio à floresta escura e tenebrosa das muitas dimensões mentais pelas quais ela transitou, movida por sua capacidade de sonhar e por sua paixão pela psicanálise.

Desde a sua experiência como médica endocrinologista, acompanhando pacientes com o instrumental médico especializado, ela já não encontrava respostas para as dores que examinava. Sendo levada por suas observações sensíveis e premonições valiosas, encontrou horizontes de acontecimentos nos quais a psicanalista cuidadosa e corajosa se delineava.

Cuidadosa, pois suas observações mantinham-se à meia-luz – claridade ideal para se olhar algo – dizia também que "o excesso ofusca o sonho e o sombrio aterroriza a alma".

E corajosa, pois via em sua clínica cotidiana momentos que continham um potencial de aprisionamento e cristalização – nomeados por ela "cápsulas de auto envenenamentos", mortíferas como campos minados. Tal visão permitiu que a psicanalista encontrasse passagens criativas através de cesuras assombrosas.

Persistiu, construindo pontes inefáveis de possibilidades de observação, sustentadas temporariamente por sua intuição, por sua capacidade negativa e por sua capacidade de acolhimento – todas altamente significativas. Para tanto, foi provida pelo desenvolvimento e exercício da função de rêverie benigna que sua contínua exposição às dores mentais inomináveis evocavam.

Nesse caminho, teve uma feliz premonição a respeito da observação fina do sentimento de rejeição no seu trabalho clínico. Correlacionando-a com o conceito de rêverie proposto por Bion, fez nascer o conceito de rêverie hostil, tão caro a todos nós analistas.

Este livro é o testemunho do caminho profícuo de um pensamento clínico criativo, dos movimentos de construção/desconstrução de suas ideias, que permitiram o desenvolvimento da função psicanalítica e de muitas personalidades que passaram por ela e sentiram sua presença viva.

Martha foi uma psicanalista esculpida pela paixão ao método analítico e pela beleza do seu processo. Nos oferece um olhar profundo para os embates e encruzilhadas que todo psicanalista comprometido com a expansão da "Sonda Psicanálise" encontra em seu trabalho cotidiano.

A leitura deste livro é valiosa para os que pretendem dar um salto na técnica psicanalítica.

Thais Helena Thomé Marques e *Miguel Marques*

Membros Efetivos com Funções Didáticas da Sociedade Brasileira de Psicanálise de Ribeirão Preto